Es begann in Atlantis –
ein Lebensweg durch die Jahrhunderte

Christiane Sautter

Es begann in Atlantis

Ein Lebensweg durch die Jahrhunderte

ch. falk verlag

Originalausgabe

Umschlaggestaltung: Josef Nysten-Riess
nach einem Gemälde von Petra Schwabe
Satz: Plejaden Publishing Service, Boltersen
Druck: Druckerei Sonnenschein, Hersbruck

Printed in Germany
ISBN 3-89568-037-0

Inhaltsverzeichnis

Danksagung		7
Vorwort von Michael Booth		9
Einleitung		10
Kapitel 1	Atlantis – Dein Wille geschehe	18
Kapitel 2	Im Zwischenreich	37
Kapitel 3	Das Kaleidoskop	48
Kapitel 4	Der Medizinmann	56
Kapitel 5	Zwischenspiel im Zwischenreich	77
Kapitel 6	Krischna	84
Kapitel 7	Zwischenspiel im Zwischenreich	96
Kapitel 8	Tibet	103
Kapitel 9	Zwischenspiel im Zwischenreich	127
Kapitel 10	Palästina	132
Kapitel 11	Zwischenspiel im Zwischenreich	155
Kapitel 12	Der Druide	169
Kapitel 13	Zwischenspiel im Zwischenreich	194
Kapitel 14	Der Erleuchtete	203
Kapitel 15	Zwischenspiel im Zwischenreich	221
Kapitel 16	Der Kreuzritter	233
Kapitel 17	Das Mosaik der Leben	252
Ausklang		264

Für Alexander und Marian

Danksagung

Auf diesem Wege möchte ich mich bei allen bedanken, die in irgendeiner Weise dazu beitrugen, daß dieses Buch zustandekam. Ich meine damit nicht nur die Menschen, die mir ganz konkret beim Schreiben halfen, sondern auch jene, die die Voraussetzungen für diese Arbeit schufen.

In erster Linie gebührt mein Dank meiner Familie, vor allem aber meinem Mann Alexander. Ohne seine liebevolle Unterstützung, die sich nicht nur darin zeigte, daß er mich immer wieder in frühere Leben zurückführte, sondern auch darin, daß er mir den Rücken freihielt und viele meiner Aufgaben im Haushalt einfach übernahm, hätte ich dieses Buch nicht schreiben können. Mein Sohn Marian ertrug über lange Monate geduldig seine am Computer sitzende Mama. Meine Mutter las das Manuskript und machte mich auf Unstimmigkeiten aufmerksam, mein Vater korrigierte es und besorgte, wenn nötig, den stilistischen Feinschliff.

Meiner Verlegerin Christa Falk danke ich für ihre Unterstützung und ihren Glauben an mich. Hätte sie mich nicht zu meinem ersten Buch „Dein Engel und du“ ermuntert, wäre auch dieses Buch nie geschrieben worden.

Ich bedanke mich bei Dr. Jan Erik Sigdell, der mich in viele Leben zurückführte, und dessen einfühlsame Begleitung mir half, durch so schwierige Inkarnationen wie die atlantische zu gehen. Ich danke Margrit Krause, die mich in der Aura-Soma-Farbtherapie ausbildete und mir einen tiefen Zugang zu den Farben ermöglichte. Michael Booth und Oskar Marcel Hinze danke ich für ihre

Unterstützung und für die Erkenntnisse, die ich in mit ihrer Hilfe sammeln durfte.

Möge dieses Buch zum Wohle aller Wesen wirken!

Vorwort

Es ist mir eine große Freude, diesem Buch ein gutes Wort mit auf den Weg zu geben. Ich begegnete Christiane Sautter in verschiedenen Ländern Europas auf Seminaren, die dem Austausch von Wissen über Aura-Soma dienten.
Ich finde ihre Geschichte deshalb so bemerkenswert, weil es ihr gelungen ist, dieses Wissen wirklich zu integrieren. Sie stellt es nicht nur in außergewöhnlicher, sondern auch in einer für jeden verständlichen Weise dar. Ich denke, daß dies ein großer Vorzug ist, etwas, das ich in den äußerst kritischen Zeiten, in denen wir leben, sehr zu schätzen weiß.
Viele spirituelle Gedankengebäude sind nicht so leicht zugänglich wie das ihre. Außerdem erkenne ich, daß Christiane einen Weg der Wahrheit ausdrückt, denn wir alle sind schon so viele Persönlichkeiten in so vielen Leben gewesen. Der Weg, den sie in ihrem Buch darstellt, kann für jeden erhellend wirken, und dies wünsche ich allen, die mit ihm in Berührung kommen.

In Licht und Liebe,

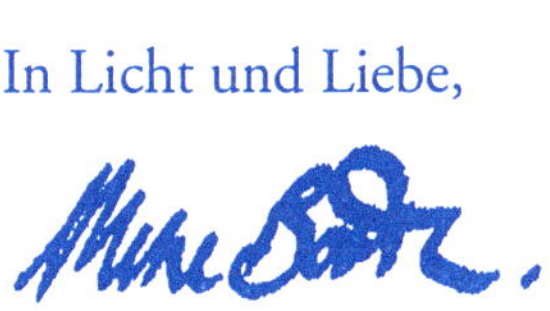

Mike Booth
Direktor von Aura-Soma, Internationale Akademie für Farbtherapie

Einleitung

Ich träumte von einer großen senkrecht stehenden türkisfarbenen Steinplatte, die in einen goldenen Rahmen gefaßt war. Es war mir, als würde sie auf mich zugeschoben; sie kam näher, immer näher und blieb dann endlich dicht vor mir stehen. Ein weißgekleidetes Wesen trat hinter der Platte hervor. Es sah mich eindringlich an und wies mit dem Finger auf die helltürkisfarbene Fläche. Ich brach in Tränen aus.

Morgens wachte ich zerschlagen auf, als hätte ich die ganze Nacht über schwer gearbeitet. Ich konnte mich zwar erinnern, etwas Wichtiges geträumt zu haben, doch den Inhalt dieses Traumes hatte ich vollständig vergessen. Zum Nachdenken blieb mir keine Zeit. Ich mußte mich beeilen, denn ich besuchte gerade einen Ausbildungskurs in Aura-Soma-Farbtherapie und wollte pünktlich im Seminarhaus erscheinen. Jeden Morgen sollten wir uns dort in Ruhe die Farben aussuchen, die uns an diesem Tag am meisten ansprachen. Was mir an jenem Morgen bei der Farbwahl geschah, kann man nur dann verstehen, wenn man ein wenig über Aura-Soma weiß.

Als ich die siebenundneunzig Flaschen, gefüllt mit den leuchtenden farbigen Flüssigkeiten, zum erstenmal sah, war ich wie elektrisiert. Die Flaschen erschienen mir wie unendlich kostbare Edelsteine. Etwas in mir freute sich, und ich wußte plötzlich, woher mir diese Kombinationen aus Licht, Farbe, Edelsteinen und Düften so vertraut waren. Vor meinem inneren Auge erschien der

Heilungstempel von Atlantis und seine großen farbigen Edelsteine, durch die das Sonnenlicht gelenkt wurde, um die Patienten von ihren Krankheiten zu heilen. Endlich war das Wissen über die Heilung durch Farben, Licht, Duft und Edelsteine wieder da, für jeden einfach anwendbar, ohne komplizierte Rituale und unerschwinglich teure Smaragde, Rubine oder Saphire.

Die Ausbildungskurse waren ein Fest für meine Seele. Das alte atlantische Wissen erwachte in mir, und meine einfühlsame Ausbilderin tat alles, um mich in diesem Prozeß zu unterstützen und meine Reise in die Innenwelt zu begleiten. Ich lernte, daß die Auswahl meiner Lieblingsflaschen zutiefst mit mir zu tun hatte. Die Farben halfen mir, die Ziele meiner Seele wahrzunehmen und umzusetzen.

An jenem Morgen stand ich also gesammelt vor den farbigen Flaschen, durch die das helle Licht der Morgensonne fiel, und versuchte, mich auf jene Farben einzustimmen, die mir an diesem Tag entsprachen. Die erste Flasche schien mir klar, seit Monaten war ich ihr treu geblieben. Doch als ich nach ihr greifen wollte, trat eine Teilnehmerin leise neben mich. Ich wandte mich ihr zu, um sie zu begrüßen, und dabei fiel mein Blick auf ihre Halskette: eine Perlenkette aus Türkisen. Die türkisfarbene Platte! Der Traum war wieder da.

Traurigkeit stieg in mir hoch. Ich spürte, daß etwas von mir erwartet wurde, etwas, das mich bekümmerte, ein Schritt, der mir in seiner Auswirkung noch nicht klar war. Unentschlossen betrachtete ich die Flasche mit dem helltürkisfarbenen Inhalt, auf die mich mein Traum aufmerksam gemacht hatte. Sollte ich es wirklich wagen? Doch schien es wichtig zu sein, sonst hätten es die unsichtbaren Helfer nicht so geschickt arrangiert, mich an den vergessenen Traum zu erinnern. Hatte mich nicht jeder Schritt, den ich auf meinem geistigen Weg gewagt hatte, weitergebracht? Was konnte mir passieren?

Ich nahm also die neue Flasche, die „Maha Chohan“ genannt wird und hilft, den inneren Meister zu wecken, und dazu die Quintessenz, einen zarten Duft, der die Botschaft der Farbe vertieft. Die Kursleiterin begann mit der Eingangsmeditation, doch ich konnte ihr diesmal nicht folgen, denn ich sah plötzlich einen hellblauen Himmel über einem hellblauen Meer, den Himmel und das Meer von Atlantis, und ich verstand, warum mich die hellblaue Flasche bisher so sehr angezogen hatte, die „El Morya, Dein Wille geschehe“ genannt wird. Plötzlich spannte sich ein weiter Bogen von jenem hellen Blau, der für das ferne Leben in Atlantis stand, bis zum gegenwärtigen Augenblick im Seminarhaus. Ich schaute wie von außen auf dieses gewaltige Bild. In einem einzigen Moment überblickte ich einen Zyklus von ungefähr dreißigtausend Jahren. „Schaffe Ordnung“, hörte ich eine Stimme in mir, „schreibe diesen Zyklus auf.“

Daß sich die Abstammung eines Menschen entscheidend auf sein Leben auswirkt, hatte ich bei meiner Ausbildung zur systemischen Familientherapeutin nicht nur gelernt, sondern zuerst am eigenen Leibe und danach bei meinen Klienten erfahren. Die segensreiche Auswirkung eines geordneten Systems hatte ich immer wieder erlebt. Deshalb war ich einverstanden, dieses Prinzip auch auf meine früheren Leben anzuwenden. Doch warum sollte ich das alles aufschreiben? Ich sträubte mich beharrlich. Kind, Mann, Haus, Garten, meine Tätigkeit als Übersetzerin im Christa Falk-Verlag, ein wissenschaftliches Studium, die Arbeit in der psychotherapeutischen Praxis und verschiedene Zusatzausbildungen verschlangen bereits mehr Zeit, als der Tag an Stunden anzubieten hatte. Wann sollte ich schreiben?

Doch wenn die Engel mich dazu bringen wollen, daß ich ein Buch schreibe, sind sie einfallsreich; das hatte ich bei meinen Kinderbüchern schon erlebt. Sie waren gnädig und ließen mich zuerst eine äußerst wichtige Prüfung bestehen, sie warteten auch noch so lange, bis mein Sohn in den Kindergarten kam, doch dann griffen sie ein. Seltsamerweise fiel ein Übersetzungsauftrag nach dem anderen aus, und als Christa Falk ganz unschuldig einfließen ließ, ich hätte ja nun sicher Zeit, mit dem Schreiben zu beginnen, wußte ich, daß ich mich nicht mehr länger sträuben konnte. Also setzte ich mich an den Computer und begann.

Als ich die atlantische Inkarnation wiedererlebte und danach verarbeiten mußte, wußte ich, warum mich der Traum so traurig gemacht hatte. Die Verletzungen, die ich durch den Untergang von Atlantis davongetragen hatte, wirkten noch heute, und das Aufschreiben legte den Finger in die Wunde. Wenn mein Helfer nicht gewesen wäre, mein innerer Meister, auf den mich die hell-türkisfarbene Flasche aufmerksam gemacht hatte, hätte ich diesen Prozeß nicht durchgehalten. Doch er stellte gleich eine innige Verbindung zu mir her, begleitete mein Schreiben und gab mir unzählige wertvolle Informationen, mit deren Hilfe es mir immer besser gelang, die Lehren aus den verschiedenen Leben zu verstehen. Wenn ich gar nicht mehr weiterwußte, versetzte ich mich in eine leichte Trance, und mein Mann half mir, noch tiefer mit dem Helfer zu kommunizieren.

Dieses lichtvolle Wesen beschämte mich zuweilen durch seine einfache Weisheit, wenn ich mir besonders klug vorgekommen war. Er nahm mir lächelnd den Wind aus den Segeln, wenn ich das Gefühl hatte, mit Recht empört sein zu dürfen. So half er mir nicht nur, meine persönlichen Tragödien zu verstehen, sondern setzte meine Erfahrungen in den größeren Zusammenhang der Menschheitsentwicklung. Punkt für Punkt fielen meine Widerstände in sich zusammen. Ich wurde immer ruhiger und sicherer, denn ich versöhnte mich mit mir selbst.

Viele Menschen staunen, daß ich mich an so viele Leben erinnern kann. Ich meditiere nicht besonders viel und nicht besonders regelmäßig, sondern versuche eigentlich nur, mein irdisches Leben von Grund auf in Ordnung zu bringen. Die Fähigkeit zur leichten Rückerinnerung habe ich wohl aus meinen Inkarnationen mitgebracht. Mein erstes früheres Leben erlebte ich übrigens „ganz normal" bei einer Rückführung. Ich hatte gerade eine intensive Schulung in einer tibetischen Meditationspraxis hinter mir, und der Lama hatte gemeint, daß ich diese Praxis nicht zum erstenmal ausübte. Das machte mich natürlich neugierig. Dr. Jan Erik Sigdell, ein bekannter Reinkarnationstherapeut und Freund, hatte diesen Kurs ebenfalls besucht und meinte nur: „Wenn du willst, können wir ja nachschauen." Und ob ich wollte!

Ich erlebte bei dieser Sitzung tatsächlich das tibetische Leben, in dem ich die besagte Meditationspraxis ausgeübt hatte. (Davon handelt das 8. Kapitel meines Buches.) Die Ereignisse stellten sich mir außerordentlich realistisch dar und unterschieden sich von inneren Bilderreisen darin, daß ich sie, auch wenn ich es gewollt hätte, nicht beeinflussen konnte und durch schlimme Erlebnisse gehen mußte. Ich bin von Natur aus äußerst skeptisch. Vielleicht hätte ich der Rückführung nicht viel Gewicht beigemessen, wenn nicht noch etwas ganz Entscheidendes geschehen wäre.

In jener ersten Sitzung präsentierte mir mein innerer Helfer noch ein weiteres Leben. Ich erfuhr mich als jungen, begabten Geiger namens Felix von H. Meine damalige Mutter förderte meine Karriere, die sehr vielversprechend anfing, doch dann erkrankte ich an Tuberkulose und starb bald darauf. Das Besondere an diesem Leben war, daß ich in meiner damaligen meine heutige Mutter wiedererkannte.

Ich erzählte natürlich meinen Eltern, daß ich eine Rückführung gemacht hatte, ohne jedoch das Leben mit meiner Mutter zu erwähnen. Meine Mutter, von der ich die Skepsis geerbt habe, wurde neugierig und verabredete ebenfalls eine Rückführung bei Dr.Sigdell, bei der ich anwesend sein durfte. Das Unglaubliche geschah: Obwohl ich nichts erzählt hatte, erlebte sie dieses selbe

Leben in Wien aus ihrer Perspektive als Mutter des Felix von H. und bestätigte meine Erlebnisse. Als Dr. Sigdell sie gegen Ende der Sitzung fragte, ob sie eine Person aus dem vergangenen Leben in ihrem heutigen Leben wiedererkenne, richtete sie sich kerzengerade auf, deutete mit dem Finger auf mich und rief: „Christiane! Sie ist Felix.“ Dieses Erlebnis war für alle Beteiligten äußerst eindrücklich und räumte bei mir die letzten Zweifel über die Realität meiner Erfahrung aus.

Nicht, daß ich irgend jemanden damit überzeugen wollte! Ich trete auch keinen Beweis an. Innere Erfahrungen sind wissenschaftlich nicht beweisbar, das ist mir nicht erst seit meinem Studium der sozialen Verhaltenswissenschaften bewußt. Meine Erfahrungen bleiben meine Realität und erheben keinen Anspruch auf Allgemeingültigkeit. Allerdings existiert seit Heisenberg ein Lehrsatz in der Quantenmechanik, der besagt, daß das Objekt nicht vom Beobachter zu trennen ist. Die Persönlichkeit des Menschen, der einen Versuch ausführt, wirkt sich auf das Ergebnis aus, eine Tatsache, die den Sozialwissenschaftlern und Psychologen schon lange vertraut ist. Der Anspruch einer allgemeingültigen objektiven Realität wird langsam abgelöst von dem Versuch, die unterschiedlichen Perspektiven in ein gemeinsames Bild einzubringen.

Es fällt mir außerordentlich leicht, mich zu erinnern, und ich habe seither oft erlebt, daß mir an bestimmten Orten, an denen ich schon einmal gewesen bin, die dazugehörigen Leben ganz von alleine einfallen. Ich sehe dann plötzlich Bilder und ziehe mich, wenn möglich, an ein ruhiges Plätzchen zurück, um meinem inneren Kino zu folgen. Mein Mann und ich waren fasziniert von der Möglichkeit, durch Rückführungen heilen zu können, denn häufig ist die Ursache von Schwierigkeiten in diesem Leben in früheren Inkarnationen zu finden. Dr. Sigdell bildete uns zu Reinkarnationstherapeuten aus, wir gaben Seminare und führten viele Menschen zurück. Doch uns beschäftigten auch jene Menschen, die nicht an frühere Leben glaubten. Durch die systemische Ausbildung wurden wir Familientherapeuten und sind inzwischen dazu übergegangen, Probleme grundsätzlich zuerst in diesem Leben anzugehen, bevor wir auf frühere Inkarnationen zurückgreifen, eine Praxis, die sich im allgemeinen gut bewährt.

Dem Leser mag auffallen, daß ich in der überwiegenden Mehrzahl meiner Leben als Mann inkarnierte. Es ist nicht ungewöhnlich, daß das Geschlecht im Laufe der Leben wechselt. Manche Menschen haben ihre Vorlieben, doch ich richtete mich im allgemeinen danach, was ich in einem Leben verwirklichen wollte. Die patriarchalischen Strukturen der letzten fünftausend Jahre ließen mir als Frau keine andere Wahl, als Gefährtin eines Mannes zu sein, ihm Kinder zu gebären und seinen Haushalt zu versorgen. Wenn ich es doch einmal wagte, mich weiblich zu inkarnieren, stieß ich unweigerlich an die Grenzen von Tradition und Kultur. Nie beugte ich mich diesen Grenzen, die ich als willkürlich und einschränkend empfand, und brachte mich damit regelmäßig in große Schwierigkeiten. Oft bezahlte ich dafür mit dem Tod, und einmal erinnere ich mich, als Strafe dafür, daß ich mich einem wunderbaren Gaucho hingegeben hatte, in ein Kloster verbannt worden zu sein, wo ich den Rest meines Lebens Altartücher sticken mußte, was für mich einem Todesurteil gleichkam. Ich vertrocknete und wurde leider ziemlich alt.

Dieses Buch enthält natürlich nicht alle meine Leben. Mein Helfer wählte das Wichtigste aus, die Schlüsselpunkte meines Entwicklungsweges. Ich kann mich an viele ganz normale Inkarnationen erinnern, die nur der Bearbeitung persönlicher Konflikte dienten. Diese Erfahrungen habe ich zum Teil im „Mosaik der Leben" zusammengefaßt. Für mich selbst überraschend war der Anfang dieser Lebensreise, das Erlebnis der Einheit mit dem göttlichen Schöpfergeist und die Trennung von dieser Quelle. Ich konnte nicht anders, als dies „poetisch“ auszudrücken. Wem die Sprache nicht liegt, der kann den Teil getrost überspringen.

Jetzt lade ich dich, lieber Leser, ein, mich auf der Reise durch nahezu dreißigtausend Jahre zu begleiten. Ich wünsche dir spannende Unterhaltung. Vielleicht findest du dich wieder, und möglicherweise sind die Beiträge meines Helfers auch für dich bedeutsam, denn im Kern stammen wir ja alle aus derselben göttlichen Quelle. Möge dieses Buch dem Wohle aller Wesen dienen!

Kapitel 1

Atlantis – Dein Wille geschehe

Wir sind ewig geborgen in Ihm, dem Absoluten Heiligen Sein!

Herr, es ist Dein Wille, der geschieht, Dein Wille! Dein Wille ist mein Wille, war mein Wille und wird es immer sein. Unendlicher Liebesozean des Seins, unfaßbarer Lebensquell der Weisheit, in dem ich bin, an dem ich teilhabe, der mich ausmacht, untrennbar von Dir, unlösbar von Deinem Sein. Ich bin durch Dich, und ohne Dich, da wäre nichts, nicht die Universen, nicht die Galaxien, kein Sternenstaub, kein Mondenlicht, kein Sonnenfeuer, nicht ich, kein Leben. Doch Dein Wille wurde Wort, und das Wort hatte Macht, Allmacht, Alliebe und Allweisheit, und Du sprachst! Aus Deinem unteilbaren Sein gebarst Du Myriaden von Facetten Deiner unendlichen Möglichkeiten, gleich einem funkelnden Diamanten, in dessen regenbogenfarbig glitzernden Feuerspiegeln doch nur Du zu sehen bist, und Du schufst Leben, Universen, Galaxien, Sternenstaub, Mondenlicht, Sonnenfeuer – und mich. Geborgen in Dir, in Deinem Willen, Deiner Macht, Deiner Weisheit, Deiner Liebe bin ich immer jetzt im ewigen Augenblick des Seins.

Dein Wille ist mein Wille! Flüsternd gabst Du neuen Bahnen Raum, schufst Du winzig kleine Inseln neuer Möglichkeiten, nährtest sie in meinem Sein und machtest sie mir offenbar. Untrennbar, unteilbar, unlösbar bin ich von Dir, und doch entstand in mir das Bild, daß ich mich trenne, teile, löse ... und selbst bin? Durch wen, wenn nicht durch Dich, gespeist von Deiner Liebe, Weisheit, Allmacht, wuchs dies Bild und prägte sich mir ein. Ein Sein getrennt von Dir und doch in Dir, denn ewig giltst nur Du, zählt nur Dein Wille. Der neue Weg – ein Gottesleben in den Welten der Materie, den Samen auszubringen in das Erdreich einer neuen Dimension. Belebte Materie, begabt mit eigenem Willen, von Dir ermächtigt, das noch Getrennte zu vereinen, die Dunkelheit in Licht zu wandeln, die Zweiheit in die Einheit zu geleiten.

Dein Wille geschehe, Herr, ich gehe. Dein Auftrag sei mein Lebensziel, wie lange er auch währen mag, ich bleibe dort, bis Du mich rufst, zurück in Deinen Liebesozean des Seins. Werde ich sein wie jetzt, werde ich anders sein können und trotzdem Dir nahe? Ein Ich, ein eignes Sein, ein Teil von Dir? Ein Sein aus Dir und mir? Doch wer bin ich, wer werde ich dann sein? Vertrauensvoll geborgen wage ich den Schritt, die unermeßlich große, unfaßbare Tat. Vertrauensvoll, da Du es bist, der will, und ich nicht weiß, was ich mir anderes wünschen könnte. Es sei!

* * *

Der Himmel schimmerte in transparentem Blau und setzte dem forschenden Blick keinen Widerstand entgegen. In den ruhigen Wogen der Dünung, in der sich die leuchtenden Strahlen der Morgensonne funkelnd brachen, spielten schnatternde Delphine, weit genug entfernt von den zartgrauen Klippen, an denen sich die Wellen plötzlich schäumend türmten, ein letztes Mal sich bäumten, zurückwichen, um sich neuerlich zu sammeln und tosend zu zerbersten. Ewiges Rauschen, Kämpfen, nie verzagend, wie von einem mächtigen Willen angetrieben, immer wieder. Ganz allmählich würde der Stein diesem Drängen nachgeben, langsam, nicht in einem Menschenleben, nicht in vielen, und doch unaufhaltsam. Und der Fels, auf dem sie stand, würde nicht mehr sein, wäre Sand, auf den die sich brechenden Wogen immer neue weiße Linien malten, immer neue Gischt, ewig neues Rauschen, Schäumen.

Alaia stand mit weit geöffneten Armen auf dem Felsplateau hoch über dem Strand im hellen Licht der Morgensonne. Der Tag war jung, das Licht noch frisch und klar, eine Stunde, die sie besonders liebte. Nur jetzt waren Himmel und Wasser von derselben Farbe und schienen sich in weiter Ferne zu vereinen, die Linie der Trennung zwischen beiden Welten kaum wahrnehmbar: hellblauer Himmel über hellblauem Wasser. Das Tosen der kämpfenden Wellen schirmte sie von allen anderen Geräuschen ab. Nur ab und zu gelang es einem Möwenschrei, den brausenden Schutzwall zu durchdringen. In sich ruhend, mit nach oben gewandten Handflächen, nahm sie jene feine Schwingung auf, die im Licht der Sonne, im Säuseln des Windes, im Duft des Meeres, im Rauschen der Wogen, ja selbst im Schrei der Möwen schwang und die sie als Nahrung ebenso brauchte wie die Menschen jene Substanzen, die ihnen die Erde in Form von Früchten, Gemüsen und Getreide gab. Alaia atmete tief und voller Wohlbehagen das Lebenselexier ein, welches sich in ihren Körperzellen sammelte und diese mit frischer Kraft füllte. Es würde nicht mehr lange dauern, dann wären die Menschen ebenfalls bereit, die nährende Schwingung gleich dort aufzunehmen, wo sie im Überfluß zur Verfügung stand: aus Licht und Luft, über den Atem und die Haut, ohne den Umweg der Verbrennung in den Verdauungsorganen des Körpers.

Alaia hatte schon lange aufgehört, die Jahre zu zählen, die sie hier in Atlantis lebte. Als der weise Rat unter den Bewohnern des Planeten Sirius nach Geeigneten gesucht hatte, war die Wahl auch auf sie gefallen, und sie hatte einfach gehorcht, hatte nicht gefragt, warum gerade sie gerufen worden war, sondern war gegangen. Der Wille des weisen Rates entsprach dem Willen des Einen, und dies war auch ihr Wille. Der Auftrag bestand darin, mit den Menschen auf dem Planeten Erde zu leben und ihnen beizubringen, wie die Energien des großen planetarischen Gitternetzes, jenes kosmischen Schwingungsmusters, welches jeden einzelnen Planeten umgab, das die Sonnensysteme zusammenhielt, die Universen und Galaxien miteinander verband, wie man diese unendlich starken, verwandelnden Schwingungen durch den menschlichen Körper in die Erde lenken konnte, um diese mit Licht zu tränken. Gaia, erleuchtete Materie! Der Menschenkörper, gottbestimmter Kanal zur Lenkung Seiner mächtigen Energien! Der göttliche Geist verlangte Raum in der Verdichtung! Mit ihrem überlegenen Wissen sollten die Planetarier dazu beitragen, dies neue Wesen, in dem sich Geist und Materie vereinten, ins Leben zu rufen.

Das Volk von Atlantis war eingehend geprüft worden. Allein die Fähigkeit dieser Menschen, sich mit dem intergalaktischen Rat in Verbindung zu setzen und dessen Hilfe zu erbitten, zeugte von ihrem hohen Reifegrad. Lange hatte man das Ersuchen der Atlanter innerlich bewegt, von allen Seiten, ja selbst mit dem Intellekt beleuchtet, und zuletzt war der Entschluß getroffen worden: Es war den Versuch wert, mit Wesen zusammenzuarbeiten, deren Sicht der Wirklichkeit auch die Abwesenheit von Licht mit einzuschließen schien.

„Dunkelheit läßt Licht deutlich werden. Die Menschen können zwischen beidem unterscheiden, sie dürfen frei entscheiden! Der Regenbogen, das Sinnbild für ihr Bündnis mit dem Einen, wäre ohne Dunkelheit nicht sichtbar."

„Und wenn sie es nicht schaffen, wenn sie dem Prinzip der Dunkelheit erliegen?" hatte einer der weisen Räte zu bedenken gegeben.

„Es ist ein neues Sein, das dort geboren werden will, ein beispielloses neues Existenzmuster. Es wird gelingen, denn es ist Sein Wille; doch welche Zeit die Menschen dazu brauchen, liegt in ihrer Hand, das dürfen sie entscheiden. Es sei, wie es werde!"

Dann waren alle einzeln geprüft und die Auserwählten einberufen worden. „Auch du kannst gehen, wenn es dein Wille ist", hatte der Meister zu Alaia gesagt. „Lehre sie, das Schwingungsmuster zu begreifen, zu achten, zu beherrschen und in ihren Planeten zu lenken. Die Menschen von Atlantis brauchen deine Hilfe. Sie sind bereit und scheinen die Zusammenhänge zu erfassen. Der Eine sei mit dir!"

„Sein Wille ist mein Wille", hatte Alaia entgegnet, sich verneigt und mit dieser Verneigung den Auftrag demütig angenommen. Trauriger Abschied war ihr eine gänzlich unbekannte Regung. Sie wußte sich zutiefst verbunden mit allen Wesen ihres Planeten, ganz gleich, ob diese körperlich anwesend waren oder in den Galaxien reisten. So war sie mit den anderen zur großen Halle der Kristalle gegangen, und als die Reihe an sie kam, hatte sie ihr Bewußtsein in einem einzigen Augenblick über die Bahnen des großen kosmischen Gitternetzes bis auf den fernen Planeten Erde gesandt. Die Atome ihres Körpers waren dem Bewußtsein gefolgt und hatten sich ganz natürlich wieder um ihren Seelenkern gesammelt. Ein fern von den großen Städten gelegener Tempelbezirk war ihr Zielort gewesen, der Platz, an dem sie seither lebte und wirkte. Sie fühlte sich wohl, mit den anderen Priestern und Priesterinnen verband sie tiefe Freundschaft und Liebe, und dieses gemeinsame Band überbrückte alle Unterschiede zwischen Wesen so unterschiedlicher Kulturen.

Die Menschen hatten die Spaltung vom Einen um einen weiteren, sichtbaren Schritt vollzogen. Alaia bewunderte den Mut zu diesem kühnen Schritt: Jener Teil des göttlichen Wesens, welcher machtvoll entschied und schöpferisch den Willen in die Tat umsetzte, offenbarte sich bei dieser Rasse in einem anderen Geschlecht als die lebenspendende Liebe, das Erbarmen und die Hingabe. Die Menschen teilten sich in Männer und in Frauen, was beide Seinsqualitäten des Einen wunderbar deutlich sichtbar machte, jedoch die Menschen dazu verführte, Erfüllung in der Verbindung mit einem Angehörigen des jeweils anderen Geschlechts zu suchen. Das schien meist schwierig zu sein und nur

selten wirklich zum angestrebten Ziel zu führen, und Alaia hatte nie bedauert, beide Anteile gleichermaßen in sich zu vereinen. Mit ihren feinen Sinnen erspürte sie in jedem Manne auch die Frau, in jeder Frau den Mann, doch dies schien die Menschen, die nicht Priester waren und im Tempel Heilung suchten, unsäglich zu verwirren. Da ihre Erscheinungsform in dieser Welt eher dem Äußeren einer Frau entsprach, ließ sie es dabei bewenden, sich als eine solche anreden zu lassen. Wahrheit blieb Wahrheit, und es genügte, daß sie sie kannte.

Sie hörte den vollen Klang des großen Gongs nur mit ihren inneren Ohren, da sich die äußeren immer noch vom Rauschen der Wogen umhüllen ließen. Langsam senkte sie die Arme und verneigte sich dankend vor Himmel und Meer. Der Gong rief sie zum Ritual, zu jener Aufgabe, wegen welcher sie nach Atlantis gekommen war. Rasch schritt sie aus und schnupperte im Vorübergehen genießerisch an den weißen Blüten, die sich am Rand des kleinen Pfades verströmten. Sie ließ das hohe Tor hinter sich, wandte sich nach links und trat durch eine offene Tür in ein kleines rundes Gebäude mit Kuppeldach. Durch eine Öffnung in der Decke fiel das Licht auf ihre Lebenssteine, die in der richtigen Anordnung auf einer goldenen Platte lagen. Dies waren nicht einfach nur kostbare Edelsteine, es waren jene Steine, die ihre Verbindung mit dem Gitternetz aufrechterhielten, und wenn die Steine stimmten, schwang sie in Einklang mit allem, was ist, mit dem Einen, den Menschen, Tieren, Pflanzen, diesem Planeten, ihrem Planeten und allem, was dazwischen liegen mochte. Jeder Stein entsprach in seiner Färbung einem Nervenzentrum und damit bestimmten Eigenschaften, Fähigkeiten, Möglichkeiten. Die Menschen in ihrer Dualität entschieden sich zuweilen gegen diese Eigenschaften, Fähigkeiten und Möglichkeiten und wurden krank. Solch ein blockiertes Zentrum konnte mit der Farbe und der Energie des entsprechenden Edelsteins geheilt werden. Im

Tempel der Heilung gab es riesige farbige Steine. Durch feine Linsen wurde das Sonnenlicht so durch sie hindurchgeleitet, daß der Kranke in der seinem Leiden entsprechenden Farbe baden konnte. Manchmal legten die Heiler kleinere Steine auf die erkrankten Körperteile auf. Für die Arbeit mit dem großen farblosen Kristall aber bedurfte es einer besonderen Ausbildung, da solche Steine außerordentlich machtvoll waren und in den Händen Unkundiger Schaden anrichten konnten. Jeder Tempel hatte seinen eigenen Meisterstein, der mit Licht und reinem Quellwasser gereinigt wurde und sich während des großen Rituals mit göttlicher Heilkraft auflud.

Die Sonne ließ die Farben der herrlichen Edelsteine leuchten: das tiefe Violett des Amethyst, das kräftige Blau des Saphir, darunter das warme Grün des Smaragds, das strahlende Gelb des Citrin, das satte Orange des Topas, das klare Rosa des Rosenquarz und endlich das machtvolle Rot des Rubin. Der helltürkisfarbene Larimar, der etwas abseits neben dem Smaragd lag, würde später eingegliedert werden können, dann, wenn das göttliche Sein mit dem persönlichen Ich unlösbar verbunden sein würde, hoffentlich schon sehr bald. Alaia nahm den großen Bergkristall, den Meisterstein, vorsichtig von der Platte, hielt ihn in ihren Händen und versenkte sich in seine klare Schwingung. Zufrieden nickend verließ sie mit dem Stein ihr Zuhause und folgte dem schmalen kiesbestreuten Weg zum Platz des Rituals, wo Jokanin die Einladung zur Vereinigung mit dem göttlichen Sein dem Klang des großen Gongs übertrug.

Von allen Seiten näherten sich weißgekleidete Männer und Frauen schweigend und gesammelt dem kreisrunden Areal, auf dessen Boden mit weißen Steinplatten ein großer vielzackiger Stern gelegt worden war. In der Mitte, wo in einem türkisfarbenen runden Becken eine klare Quelle sprudelte, entsprangen dessen Strahlen und erweiterten sich zum äußeren Rand dergestalt, daß sie sich in einem breiten Band vereinten. Neben dem Becken hingen verschieden große Gongs in ihren goldfarbenen Gestellen, darunter jener, dem Jokanin in tiefer Versenkung Töne entlockte, welche die Geschichte des Einen zu erzählen schienen, des Einen, der sich in den Vielen verkörperte und sein ewiges Sein in ihnen feiern wollte. Die Männer und Frauen begaben sich an ihre Plätze im äußeren Kreis. Alaia schritt mit dem Meisterkristall zum Becken, hielt den Stein unter das frische Wasser und sprach die Formel der Reinigung: „Mögest du rein sein und heilen, im Namen des Einen!“ Sie bot den Stein der Sonne, ließ ihn von deren warmen Strahlen trocknen und stellte ihn schließlich auf einen Sockel über die Quelle, wo er sich mit heilender Energie aufladen würde. Nach dem Ritual würde sie sich mit diesem Stein in den Tempel der Heilung begeben, um die Kranken zu heilen, die dort um ihre Hilfe baten.

Die anderen hatten ihr zugeschaut und den Vorgang geistig mitvollzogen. Alle Priester und Priesterinnen waren auch Heiler, und alle achteten den Meisterstein. Als Alaia ihren Platz in der Gruppe eingenommen hatte, wandte sich Jokanin dem größten der Gongs zu und ließ die schimmernde Scheibe mit einem dicken Klöppel schwingen. Tief und hoch zugleich waberte der Klang, durchdrang die feinen Poren des grobstofflichen Leibs und löste die Blockaden aus den Nervenzentren. Wieder tönte der Gong, und diesmal vereinte er die einzelnen Zentren zu einem feurigen Kanal, welcher den Kosmos mit der Erde zu verbinden schien. Ein drittes Mal erklang der Gong. Die Priester hoben ihre Hände mit nach oben gerichteten Handflächen gen Himmel. Köstliche, unendlich starke Kraft strömte durch jeden einzelnen, durch den menschlichen Kanal des Körpers bis in jede Zelle, speicherte sich in jedem Atom, bis die Körper zitterten vor unendlich liebesstarker Energie. Alaia war eins mit diesem Zirkel, eins mit der kraftvollen Schwingung, vertraut mit ihr. Sorgfältig überprüfte sie, ob jedes Mitglied ihres Kreises angeschlossen war, ob alle Teile dieses Ganzen bereit waren, zu einem Leib zu verschmelzen. Zufrieden senkte sie die Arme in die Waagerechte, die linke Hand weiter nach oben gewandt, die rechte nach unten. Die anderen folgten ihrem Beispiel, so daß jede linke Hand unter der rechten des Nachbarn schwebte, ohne diese zu berühren, und die rechte Hand über der linken. Der Kreis vereinte sich, die einzelnen Teile wurden zu einem Leib, einem einzigen kraftvollen Menschenleib. Wieder schlug Jokanin den Gong, und mit einem wunderbaren großen Ausatmen gab der große Menschenleib die kosmische Liebeskraft der Erde, spendete sie dem riesigen Leib Gaias, um diese an der Verwandlung teilhaben zu lassen. Verwandelte Materie, gottdurchdrungene Materie! Erst den einzelnen Menschenkörper, dann den großen Menschheitsleib und dann Gaia, die Erde. Wie nahe der letzten Vollendung!

„Dein Wille, Dein wunderbarer Wille, er geschehe! Und ich darf Mittler sein, o Herr, Dein Mittler“, dachte Alaia glücklich. Lange verharrte die Gruppe in schweigender Versenkung. Dann ertönte der kleinere Gong, der das Ende des Rituals verkündete, die Priester lösten sich aus ihrer Vertiefung, reichten einander die Hände und machten sich in kleinen Gruppen auf den Weg zur großen Halle, wo ein einfaches Frühstück auf sie wartete.

* * *

„Alaia, ich muß mit dir reden“, hörte sie Jokanins Stimme hinter sich.

„Alaia, bitte warte!“

Das war Riona. Die Priesterin blieb stehen, drehte sich um und sagte: „Wir wollen zusammen frühstücken, doch...“ Sie faßte die beiden scharf ins Auge und fuhr fort: „ihr scheint betrübt zu sein, was ist...“

„Nicht hier“, unterbrach Jokanin, „nicht hier, Alaia!“

„Es ist gut, ich bin nicht hungrig. Gehen wir zu mir. Wir können dort etwas Wasser trinken und ungestört sprechen."

Schweigend legten sie den kurzen Weg zu Alaias kreisrunder Behausung zurück. Sie trat ein und warf einen kurzen Blick auf ihre Steine. Es war alles in Ordnung. Jokanin und Riona waren an der Tür stehengeblieben. Erstaunt hörte Alaia, wie Jokanin die machtvolle Formel sprach, die dieses Haus und alle, die darinnen waren, vor sichtbaren und unsichtbaren Eindringlingen schützte. Riona zeichnete mit dem Finger der linken Hand Symbole in die Luft, welche verhinderten, daß in diesem Raum gesprochene Worte von anderen gehört und verstanden werden konnten. Die beiden traten ein, und Riona versiegelte den Eingang mit dem heiligen Symbol des Einen auf der Erde, dem Kreis und dem Kreuz.

„Was hat das zu bedeuten", fragte Alaia erstaunt, „wovor müßt ihr euch schützen?" Der ernste Blick der Freunde traf sie. Schweigend wies sie auf die dicken Kissen am Boden und bedeutete ihnen, sich darauf niederzulassen. Dann nahm sie den großen Tonkrug vom Wandbord, stellte drei Becher daneben und füllte diese mit frischem Quellwasser. „Seid mir willkommen", sagte sie und reichte jedem einen Becher, „seid mir mit allem willkommen, was ihr mit euch bringt." Sie setzte sich.

Mit Jokanin und Riona verband sie mehr als die Zuneigung, die alle hier füreinander empfanden. Mit diesen beiden konnte sie Empfindungen teilen, denen die meisten Bewohner der Erde verständnislos gegenüberstanden. Sie hatten keine Angst vor ihrer Nichtgeschlechtlichkeit, mit ihnen konnte sie sich schweigend in die kristallene Klarheit des blauen Meeres versenken, in die Schönheit der blühenden Schöpfung und sich eins fühlen mit der Luft, den Vögeln und den großen Meerestieren, die schnatternd in den Wogen spielten.

„Wir haben lange gezögert, Alaia, doch jetzt sind wir sicher...", begann Riona. Alaia spürte ihre Unsicherheit und daneben das furchtbare Gefühl der Angst, eine Empfindung, die sie erst auf diesem Planeten wahrzunehmen gelernt hatte.

„Es ist gut, Riona", beruhigte sie die Freundin, „sprich es aus."

„Jokanin und ich, wir nehmen wahr, daß nicht alle Menschen in Atlantis Gottes Plan erfüllen wollen", beendete diese leise ihren Satz.

Alaia versuchte, die Bedeutung dieser Nachricht in ihrer ganzen Tiefe zu erfassen, doch etwas in ihr war zu dieser Überlegung gar nicht fähig.

„Das ist unmöglich, Riona, das kann gar nicht sein. Gottes Wille geschieht. Niemand kann gegen Gottes Plan sein oder gegen diesen handeln. Er ist in uns, ohne Ihn existieren wir nicht! Wie könnte ein lebendes Wesen beschließen, gegen das Leben selbst zu entscheiden? Das kann nicht sein!" Sie lächelte die Frau aufmunternd an. „Du brauchst dich nicht zu fürchten, Riona!"

„Und doch ist es genau das, was wir empfinden", entgegnete Jokanin ernst. „Wir fürchten uns, denn zuerst waren es nur kleinere Störungen, fehlgeleitete Energien, die rasch neutralisiert werden konnten, da sie schwach waren. Doch sie werden immer stärker, heute stärker als gestern, und morgen werden sie noch machtvoller sein. Jemand muß ihnen Energie zuführen, kosmische Energie, denn irdische Energie zeigt ein anderes Schwingungsmuster."

„Kosmische Energie? Vom Gitternetz? Das ist undenkbar, denn es ist Seine Energie!"

„Alaia, es scheint Menschen in Atlantis zu geben, die nur deshalb lernten, wie man die Energien des Gitternetzes auf die Erde herabholen kann, um dieses Wissen für eigene Ziele einzusetzen." Jokanin atmete erleichtert auf, denn endlich hatte er es ausgesprochen. Die Planetarierin schien indessen unbeeindruckt.

„Es gibt nur ein Ziel, Gottes Ziel. Da Er es ist, der uns das Leben gibt, wie könnten wir etwas anderes wollen?" erwiderte sie ruhig.

„Das mag für dein Volk uneingeschränkt gelten", wandte Riona ein, „doch irdische Menschen können auch gegen ihn entscheiden. Verstehst du, Alaia, wir haben Licht und Dunkel, Wahrheit und Irrtum, Recht und Unrecht. Wir leben in der Dualität und können mit freiem Willen wählen."

„Wie könnte ein lebendiges Wesen gegen sich selbst entscheiden?" entgegnete Alaia. Riona und Jokanin sahen sich an. Jetzt lebte die Freundin schon so lange unter ihnen, und doch schien ihr dieser Aspekt des Menschseins so unendlich fremd zu sein, daß sie sich nicht einmal gedanklich darauf einzulassen vermochte.

„Es liegen Dinge in der Luft, die nicht gut sind, Dinge, die du wahrnehmen solltest", sagte Jokanin eindringlich, „verstehst du, Alaia, sie sind da! Riona spürt es, ich spüre es und wahrscheinlich einige der anderen ebenfalls, auch wenn sie es nicht auszusprechen wagen. Auch wenn du sie nicht wahrnimmst, existieren sie trotzdem, und sie wirken! Es gibt noch andere Absichten mit dem Gitternetz als die unsrige."

„Und was sollten diese anderen Absichten sein?" fragte Alaia nachdenklich.

„Die große göttliche Schöpferkraft für die eigene, die persönliche Macht einzusetzen", erklärte Jokanin. „Mit dieser Kraft könntest du die Erde beherrschen und ihre Geister beschwören, dir zu Diensten zu sein und ihre unermeßlichen Schätze für dich zu heben. Das würde dich zum Herrscher machen über andere Menschen."

„Persönliche Macht?" rief die Planetarierin erschrocken aus. „Das würde ja bedeuten, jemand wollte sich mit Ihm messen, wollte sein wie Er und Seine Ziele in Frage stellen. Vielleicht sogar sich widersetzen! Seid ihr sicher, Jokanin und Riona, seid ihr wirklich sicher?"

„Die Schwingungen verdichten sich in dieser Richtung."

„Alaia, versuche, dich auf diese Energien einzustimmen", bat Riona. „Wir verstehen, daß es dir nahezu unmöglich ist, etwas so

Ungeheuerliches, Wahnsinniges zu denken. Dir fehlen alle Rezeptoren, doch wenn es die Wahrheit ist, mußt du es wissen... und auch der intergalaktische Rat!"

Alaia schwieg. Sie bewegte die Worte ihrer Freunde im Herzen und versuchte sich vorzustellen, daß es Wesen geben mochte, die ihre eigene Quelle, ihr Leben verleugneten, um einem Scheinleben, einer Illusion von eigener Macht zu fröhnen. Denn daß der Glaube an eine persönliche, nicht von Gott gegebene Macht ein Fehler sein mußte, war ihr vollkommen klar. Sie schauderte. Welch gnadenloser Irrtum, welch unsagbare Dummheit... Dunkelheit zu wählen, wenn Licht die Wahrheit ist? Und wer wollte es wagen, sich ohne den Schutz des göttlichen Auftrags einer Kraft zu bedienen, die das eigene winzige Sein so gewaltig überragte! Ein Staubkorn forderte den Kosmos heraus...

„Ich werde es versuchen", sagte sie langsam, „und ich werde den intergalaktischen Rat unterrichten. Ich kenne euch als meine Freunde, und was ihr seht, kann nicht ganz falsch sein, auch wenn ich selbst es nicht zu sehen vermag. Ich hoffe, daß ihr irrt, denn diese Möglichkeit wäre furchtbar und zerstörerisch. Ich danke euch, meine Freunde, bitte, laßt mich jetzt allein. Ich möchte mich versenken, ich brauche Stille..."

Sie erhoben sich und umarmten einander. Seufzend ließ sich Alaia wieder auf ihr Kissen sinken und verdrängte nach kurzer Zeit die sorgenvollen Gedanken, um sich auf die Arbeit der Heilung mit dem großen Kristall vorzubereiten.

* * *

Alaia hatte die Befürchtungen ihrer Priesterfreunde dem weisen Rat mitgeteilt. Der Meister hatte ihr zugehört und zu bedenken gegeben, daß das Volk von Atlantis kein Untertan des intergalaktischen Zusammenschlusses sei und der Rat daher keinerlei Weisungsbefugnis habe. Eingreifen könne und dürfe niemand. Welche

Erfahrung dieses Volk zu machen gedenke, sei ganz allein dessen Entscheidung. Er hoffe allerdings, daß die irdischen Freunde sich täuschten, da solche Erlebnisse das ganze Menschengeschlecht Jahrtausende lang prägen würden und danach viel Arbeit geleistet werden müsse, um die dort geschlagenen Wunden zu heilen. Er hatte gefragt, ob Alaia ihre Mission beenden und zurückkehren wolle. Das hatte diese nach kurzem Zögern verneint, da auch sie nicht an das Furchtbare glauben wollte. Daß der Meister und mit ihm der ganze Rat die Möglichkeit des Scheiterns überhaupt in seine Überlegungen einbezogen hatte, stimmte sie sehr nachdenklich. Doch das Ziel lag schon so nahe. Es gelang immer rascher, den menschlichen Energiekreis aufzubauen und die Schwingungen des Gitternetzes in die Erde zu leiten. Nichtsdestotrotz wurde sie immer wachsamer, und es gelang ihr ab und zu, merkwürdig rasche, unharmonische Energiemuster aufzufangen, die sich von den ausgeglichenen, kraftvollen Vibrationen, die sie herabzuleiten pflegte, deutlich unterschieden, nicht in ihrer Stärke, denn stark waren auch die anderen, jedoch in ihrer Absicht. Dienten die göttlichen Schwingungen nur der Verwandlung, der Heilung und der Läuterung, waren die anderen seltsam ziellos, als bedürften sie einer richtunggebenden Macht, die ihnen gleichsam aufgepfropft werden mußte. Sie glichen ungebändigten, wilden, triebhaften Tieren, die jedem Meister folgen würden, der stärker war als sie.

Oft widersetzten sie sich den Versuchen der Priesterin, ausgleichend auf sie einzuwirken. Sie entzogen sich, und da die Planetarierin ihnen empfindungsmäßig nicht folgen konnte, blieb sie machtlos gegen diese Energien. Sie saß jetzt häufig mit Jokanin und Riona zusammen. Schon längst hatten sie den Teil des Landes geortet, von dem die unharmonischen Schwingungen ausgesandt wurden, von dem aus das Feld sich immer weiter ausbreitete und das herrliche Land wie mit einem Spinnennetz überzog. Ohne die schützende Formel wagte keiner ihres Kreises mehr, die innersten

Gedanken mit den anderen zu teilen. Gerüchte von Kämpfen um die Herrschaft in den fernen Städten drangen immer häufiger auch in diesen abgelegenen Tempel des Lichts. Es schien jetzt zwei Fraktionen in Atlantis zu geben, die „Weißen", die „Lichtvollen", wie sie sich nannten, und die „Schwarzen, dunklen", die all ihr Licht für sich behalten wollten und nicht daran dachten, andere Wesen daran teilhaben zu lassen. Auch nicht die Erde, Gaia, die unterjocht und ausgebeutet werden sollte, die kein Lebewesen war, nein, nur tote Materie aus Dreck und Felsen, vermischt mit Gold und anderen Reichtümern, die man ihr ruhig entreißen durfte. Wer das Netz für seine Zwecke anzuzapfen vermochte, war der Herrscher, und da er seine Macht nicht teilen wollte, wurde er zum Unterdrücker, Mörder, zum Despoten. Die kleine Gemeinschaft um Alaia wurde zu einer Insel des Lichts im Meer der Dunkelheit. Was konnten sie anderes tun, als die guten Kräfte anzurufen und den anderen entgegenzusetzen. Gottes Wille geschah, und Er wollte die verwandelte Materie! Also mußte es trotz aller Hindernisse doch gelingen.

* * *

Der Tag, den Alaia später den Tag des Verhängnisses nennen sollte, begann drückend schwül. Selbst die frühe Morgenstunde war nicht klar, grau der Himmel, grau die Wogen, die wie flüssiges Blei müde an die Felsen schwappten. Der Tag versprach sehr heiß zu werden. Es fiel ihr schwer, die nährenden Schwingungen aus den disharmonischen Energien herauszufiltern und ihren Körperzellen zuzuführen. Heute schien das störende Feld noch dichter, nahezu undurchdringlich.

Den Blitz, der plötzlich aus dem Nichts mit ungebremster Kraft ins Erdreich raste, erlebte sie mit allen Fasern ihres Seins, mit allen stofflichen und mit allen nichtstofflichen Antennen. Eine ungeheuer brutale Gewalt schmetterte sie zu Boden, raubte ihr den Atem, preßte ihre Außenhülle zusammen, bis fast nichts mehr von ihr übrigblieb. Sie flüchtete in jene Leiber, die der Grobstofflichkeit entzogen waren, blieb dort und wartete, ob das, was sie sich einst als Menschenkörper aufgebaut hatte, dem rohen Ansturm dieser Kräfte widerstehen konnte. Schützend umgab sie ihn mit einem Mantel blauen Lichts. Die Atmosphäre zitterte elektrisch, entlud sich noch ein paarmal in häßlich gezackten Blitzen, die jedoch in ihrer Zerstörungswut nicht an den ersten großen heranreichten. Langsam beruhigten sich die aufgewühlten Energien, Alaia blickte forschend auf den Körper, der reglos unter ihr lag. Vorsichtig drang sie mit ihrem Bewußtsein durch die äußeren Hüllen, überprüfte die Nervenzentren, die Steuerung der Blutversorgung, die lebenserhaltenden Entgiftungsfunktionen und füllte alle Zellen mit feinen, nährenden, heilenden Schwingungen. Dann ließ sie sich langsam wieder in ihren grobstofflichen Leib hineinsinken. Die Glieder gehorchten ihr, keine Zelle meldete Schmerz und Zerstörung, alle Funktionen schienen im Gleichgewicht. Die Meldungen ihrer körperlichen Sinne ließen dagegen ihr Blut erstarren: Totenstille, kein Vogel, kein Insekt, selbst das Meer schien verstummt zu sein. Sie sprang auf die Beine, die Augen meldeten nichts Tröstliches, denn aus dem Tempelbezirk stiegen feine Rauchwolken auf. Alaias Beine setzten sich wie von selbst in Bewegung, rannten, während ihre feinstofflichen Sinne verzweifelt Leben aufzuspüren suchten. Nichts! Kein körperliches Leben, nur disharmonische, rasche, wilde Schwingungen, die sich an ihrem Schrecken zu berauschen schienen.

Keuchend sprang sie in ihr Haus. Die Steine! Schwarz verglüht der Solar- Plexus-Stein, schwarz verglüht der Meisterkristall, die anderen Steine matt und leblos. Angst griff nach ihrem Herzen, ein fast nicht gekanntes, quälendes Gefühl! Was war mit Jokanin, was mit Riona, was mit den anderen Mitgliedern ihres Kreises? Sie hastete zu Jokanins Behausung und stürzte fast über den gekrümmten Körper auf der Türschwelle. Tot! Der Freund tot, nicht wie sie in der Lage, dem physischen Körper für kurze Zeit zu entfliehen und ihn von außen schützend zu umsorgen. Mit tränenblinden Augen stürzte sie zum Nachbarhaus und fand auch dort nur einen leblosen Körper. Die Gewißheit stürzte mit der Gewalt donnernder Sturmeswogen über ihr zusammen: Niemand hier hatte überlebt, niemand konnte überleben, nur sie, Alaia, denn nur sie war nicht menschlich. Die anderen, die Dunklen hatten zugeschlagen, hatten zerstört, vernichtet, um die vermeintlichen Nebenbuhler um die Macht auszuschalten. Gottes Plan! Was war mit Gottes Plan? Was war mit Seinem Willen?

Urplötzlich spürte Alaia ein Gefühl, das sie noch nie empfunden hatte. Es war heiß, feuerheiß, blutrot, brennend und machtvoll, und es forderte Raum, Raum, den sie ihm erst schaffen mußte, indem sie sich von allem trennte, was ihm im Wege stehen wollte: von Zartheit, von Empfindsamkeit, von Mitleid, von Schönheitssinn und kosmischem Bewußtsein und von der Fähigkeit, in allen Wesen Gott zu finden und zu lieben. Es schmerzte sie, es tat entsetzlich weh, doch das andere, das wilde Gefühl war nicht zu bremsen. Jener Teil von ihr, der dieses Gefühl nicht auszuhalten vermochte, löste sich aus ihr und entschwand in der anderen Welt. Zurück blieb ein Fragment, beraubt des kostbarsten Gutes: seines Urvertrauens in die Alliebe, die Allweisheit, die Allmacht Gottes. Die anderen waren stärker gewesen, hatten Seinen Plan durchkreuzt, ihre Liebsten gemordet, ihre Steine und ihr Sein zerstört. Sie war nicht mehr fähig, ihren Freunden in die feinstoffliche Welt zu folgen, um diese tröstend in die andere Ebene zu begleiten. Das brennende Gefühl in ihr verlangte anderes, es verlangte Rache! Für den Tod der Freunde sollten andere sterben, die dieses Schicksal hundertmal mehr verdienten als jene Menschen, die ihr Leben der Erfüllung des göttlichen Plans gewidmet hatten. Ein Teil Alaias rechtfertigte sich damit, für eine gute Sache gegen die Bösen zu kämpfen. Ohne es bemerkt zu haben, hatte sie das Schwingungsmuster der Dualität in sich aufgenommen.

* * *

Danach folgte die Zeit der Dunkelheit. Die Tage verschmolzen zu einer einzigen klebrigen, wütenden Masse, die Nächte zu Höllen aus Verlassenheit, Einsamkeit und Haß, Empfindungen, die sie noch nie zuvor gespürt hatte. So war sie ihnen hilflos ausgeliefert und tat, was diese von ihr zu verlangen schienen: Sie kämpfte unerbittlich und fügte ihren Feinden große Verluste zu, denn sie war immer noch mächtiger als jeder einzelne von ihnen. Daß der Kontinent, das Blühende Land, daß Atlantis diese Schlacht nicht überleben würde, dämmerte ihr erst kurz vor dessen Untergang. Die unermeßlich starken Energien des Gitternetzes, die sich während der Kämpfe immer wieder mit brutaler Gewalt entluden, bewirkten unterirdische Zerstörungen, die so lange unbemerkt blieben, bis es zu spät war. Neue Vulkane brachen aus, Erdbeben erschütterten das Land, die Menschen starben zu Tausenden, und nur wenigen gelang die Flucht über das große Meer. Alaia fühlte nur ihren Zorn, das einzige, was ihr an Empfindung geblieben war. Als sich einer der zerstörerischen Blitze im Meer entlud, sah sie die Flutwelle heranrollen: eine riesige gläserne Front, die alles mit sich riß, was ihr im Wege stand, und das war Atlantis. Teilnahmslos erwartete sie den physischen Tod, froh, daß die Glut ihres Hasses endlich gelöscht werden würde. Ihre Seele löste sich vom Körper, und körperlos wurde sie Zeugin des Untergangs.

Die große Welle war durch ein unterirdisches Beben ausgelöst worden, welches sich durch tief im Meeresboden verlaufende Spalten auf den Kontinent fortpflanzte. In der Erde taten sich klaffende Abgründe auf, Wasserfluten stürzten sich gierig strudelnd in die tiefen Höhlungen, rissen noch tiefere Wunden, einzelne Landmassen brachen seitlich weg. Gaia, die Gequälte, wehrte sich und verschlang ihre Kinder. Es dauerte Monate irdischer Zeit, bis sich die Fluten wieder beruhigten. Ein gewaltiger Sturm hatte sich erhoben, ungeheure Regenmassen hatten sich fast über dem gesamten Planeten entleert und alle Länder außer den hohen Gebirgen überflutet. Atlantis, das Blühende Land, war nicht mehr, und alle seine Bewohner waren mit ihm im Meer versunken – außer einigen wenigen, die sich ihr Wissen bewahrt und den Auftrag erhalten hatten, dieses der Nachwelt zu übermitteln.

Alaia hatte so lange über dem Ort ihres Scheiterns geschwebt, bis die Wogen sich geglättet hatten. Ihr Zorn war erloschen. Jetzt spürte sie nur noch Trauer, tiefste, furchtbarste, verzweifeltste Trauer über ihr Versagen. Sie hatte das Verhängnis nicht verhindern können, hatte die Fähigkeit der Menschen, sich gegen das Licht zu entscheiden, von Anfang an nicht richtig eingeschätzt. Ihr gebührte die Verantwortung für den Tod der Freunde, für den Tod der Mitglieder ihres Kreises und wohl auch für diese Katastrophe. Als sie endlich aus diesen Gefühlen emportauchte, traf sie die neue Erkenntnis wie eine riesige Keule: Sie hatte auf der Erde nicht nur versagt, der Rückweg zu ihrem Planeten war ihr versperrt. Jener Teil, den sie um ihrer Rache willen geopfert hatte, war den Weg allein zurückgeflogen, sie jedoch würde sich hier so lange inkarnieren müssen, bis es ihr gelungen war, diesen Teil auf die Erde zu holen, um wieder eins zu werden mit sich selbst.

Doch was war mit Gott? Warum hatte er diese Katastrophe zugelassen, hatte sie Opfer werden lassen, sie, seine treue Dienerin? Zorn gegen Gott? Unfaßbar, undenkbar, viel zu schlimm! Dunkelheit war möglich in dieser unsichtbaren Welt, dumpfe, beruhigende, barmherzige Dunkelheit, nicht ausgesetzt der beißenden Klarheit des Lichts. Dankbar ließ sich Alaia in das Nicht-Wissen fallen, in das Nicht-handeln-, Nicht-verstehen-, Nicht-erkennen-Müssen. Nur noch schlafen, nicht sein, nie mehr sein...

Kapitel 2

Im Zwischenreich

„Erwache, mein Kind!"

Alaia hörte die Stimme aus weiter Ferne. „Nein", dachte sie entsetzt, „nicht aufwachen, nur das nicht, nie mehr aufwachen!" Und sie ließ sich in das beruhigende Nichts zurückgleiten.

„Erwache, mein Kind!"

Die Stimme klang gütig, liebevoll, nicht furchterregend und auf seltsame Weise unwiderstehlich. Obwohl sich alle Fasern ihres Seins zu sträuben suchten, konnte sie sich diesem Klang nicht entziehen, der sie aus dem dumpfen Morast der Betäubung an die Oberfläche ihres Bewußtseins lotste.

„Erwache, mein Kind!"

Zum drittenmal erklang die Stimme und diesmal so machtvoll, daß sie die Augen öffnete. Nebel umgab sie, dicht, undurchdringlich, und legte sich schützend um ihre Dumpfheit. Unsichtbare Wesen schienen ihn zu durchschweben, betörende Worte aus lautlosen Mündern versprachen ihr Geborgenheit: „Bleib hier..., geh nicht fort..., Licht schmerzt..., Licht ist grausam..." Erleichtert schloß sie die Augen und ließ sich wieder fallen.

Die Stimme hielt ihren Absturz unerbittlich auf. „Ich habe dich bei deinem Namen gerufen! Du bist mein!"

Die Worte trafen sie wie ein Blitz. „Was..., was..., wer..., wer bist du?" stammelte sie und blickte sich suchend um, doch ihre Augen vermochten den Sprecher nicht aus dem Nebel herauszuschälen.

„Ein Diener des Einen, dem Er Seine Worte anvertraut, um dich zu halten. Alaia, dein Weg ist noch nicht zu Ende! Hier noch nicht", wiederholte die Stimme eindringlich.

„Der Eine...", flüsterte sie, „ach ja, der Eine!" Erleichterung spülte die Dumpfheit wie eine wohltuende Woge hinweg. Wie hatte sie Ihn vergessen können! Plötzlich sah sie klarer. Der Nebel war jetzt lichter, nicht mehr undurchdringlich, nicht mehr abschirmend, und sie erkannte entsetzt die schemenhaften Umrisse ausgemergelter Gestalten, die mit geschlossenen Augen ziellos über die graue Einöde wankten.

„Willst du so werden wie diese Wesen? Willst du wirklich bleiben, wo du bist, Alaia, oder willst du sehen? Du hast die Wahl!"

Die Stimme schien zu einer Gestalt zu gehören. Erst jetzt gelang es Alaia, Umrisse auszumachen, denn erst jetzt nahmen ihre Augen den schwachen Lichtschein wahr, der die Gestalt zu umgeben schien. Licht! Fast hatte sie vergessen, daß es noch etwas anderes gab als dichten gelblichgrauen, undurchdringlichen Nebel. In jenem Teil der Welt, aus dem das Wesen mit der ruhigen, seltsam unwiderstehlichen Stimme zu ihr sprach, schien Licht Realität zu sein.

„Entscheide dich!" forderte das Wesen.

Alaia erschrak. Entscheiden? Sie? Wofür oder wogegen?

„Ich weiß nichts von mir, nichts von anderen, nichts von dem, was war, nichts von dem, was ist", flüsterte sie ratlos. „Wie soll ich da entscheiden – und was?"

„Welche Seite wählst du?"

Eine Seite wählen? Sie fühlte sich unendlich müde. Und wenn es so bliebe, wie es gerade war? Doch dann würde sie zu einem dieser lichtlosen Wesen mit ihren sichtlosen Augen und tonlosen Mündern...

„Hilf mir!" bat sie die Stimme

„Das darf ich nicht", entgegnete diese, „du selbst hast die Kraft."

Sie blickte zögernd in den Nebel und dann wieder zum Licht. Ihre Füße taten unwillkürlich einen Schritt in diese Richtung.

„Nein! Tu es nicht!"

Der gellende Aufschrei ließ sie erstarren, und sie drehte sich zögernd wieder um zum Nebel. In den wogenden Schwaden hatten sich die Lichtlosen versammelt und schleuderten ihr mit weit aufgerissenen Mündern Worte entgegen, die sie trafen wie Keulen.

„Licht ist grausam! Komm zurück! Licht ist schrecklich! Komm zurück!" kreischten sie. „Es gibt sowieso keinen Ausweg, nicht für dich!"

Sie erstarrte. Keinen Ausweg? Die unfruchtbare Ebene der Hoffnungslosigkeit riß an ihr, schien sie zurückzuzerren in das vertraute Nichts. Kraftlos ließ sie sich zu Boden sinken.

„Alaia, was willst *du*?" fragte die Stimme nachdrücklich.

„In mir ist nur Leere, ein gähnendes, abgrundtiefes Nichts, in dem sogar der Eine mitversunken ist. Ich weiß nicht, wer ich bin, und ich weiß nicht, was ich will!" entgegnete sie verzweifelt.

„Du kannst das Nichts mit Sinn erfüllen oder den Sinn im Nichts verlieren."

„Nicht noch mehr verlieren!" rief sie gequält. „Habe ich denn überhaupt eine Chance?"

„Ich habe dich bei deinem Namen gerufen! Ich lasse dich nicht, denn du bist mein!" wiederholte die Stimme.

„Licht ist furchtbar! Komm zurück! Licht ist entsetzlich! Komm zurück!" kreischten die Lichtlosen.

„Ich lasse dich nicht!"

„Hoffnungslos!"

„Du bist mein!"

„Aussichtslos!"

Die Stimmen vermischten sich zu einer unerträglichen Kakophonie. „Nein!“ brüllte sie dem Chor der Lichtlosen entgegen, „nein, ich will das Licht!“

Der schrille Chor brach in sich zusammen. Alaia verstummte voller Entsetzen. Sie hatte gewählt, nein, nicht sie, etwas in ihr hatte gewählt, hatte sich tatsächlich entschieden, doch zu welchem Preis? Was erwartete sie in diesem Licht?

„Zu spät“, raunte der Chor, „bezahle, Alaia.“ Sie schauderte. Die Nebel wichen vor ihr zurück, die Lichtlosen verblaßten, ihre Stimmen verstummten.

„Du bist mein!“ bestätigte die ruhige Stimme. „Komm zu mir, Alaia.“

„Womit bezahle ich?“ fragte sie bebend.

„Mit der Erinnerung“, entgegnete die Gestalt.

* * *

Glühend brach das Wissen des Gewesenen über sie herein, füllte die Leere mit der flüssigen Lava des verlorenen Landes, des im Meere versunkenen Traums, mit Atlantis. Grausam bahnte sich die Erinnerung ihren Weg in jede Zelle ihres Seins, scharf wie ein Messer durchschnitt sie ihr Herz. Riona, Jokanin, ihre Freunde, ihre Steine, das große Werk! Unfaßbares Entsetzen ersetzte das Nichts, und sie krümmte sich vor der Wucht der auf sie einstürmenden Pein. Kaum vermochte die Stimme den blutroten Dunst des Schreckens zu durchdringen.

„Alaia, komm zu mir! Es sind nur noch wenige Schritte.“

Sie zwang sich, die Augen zu öffnen. Die Woge des Leids mußte sie dem Licht entgegengetragen haben, denn jetzt konnte sie die Gestalt in ihrem dunkelblauen Mantel deutlich wahrnehmen. Schwankend kämpfte sie sich auf die Beine, setzte zögernd einen Fuß vor den anderen und wankte dem Klang der Stimme entgegen, die Trost verhieß in unfaßbarer Qual. Immer rascher wagten sich die Füße in das Unbekannte, gingen, eilten, liefen schließlich der Gestalt entgegen, die sie mit weit ausgebreiteten Armen erwartete. Der dunkelblaue Mantel hüllte sie ein, sie versank in einem Meer von Güte, Liebe, Mitgefühl.

„Weine, mein Kind", flüsterte die Stimme, „weine!"

Und Alaia weinte. Das ganze, in dumpfe Betäubung eingepferchte Leid brach sich ungestüm Bahn und entlud sich in einem Meer von Tränen, die schmerzten und doch gleichzeitig seltsam befreiten. Zeit war in dieser Welt nicht von Bedeutung, und so verweilte sie in dieser schützenden Umarmung, bis sie erleichtert und erschöpft verstummte. Hier war tiefer Frieden, hier konnte sie sein. Warum nicht für immer?

„Du kannst nicht bleiben", nahm das Wesen ihren Gedanken auf, „hier darfst du ausruhen, doch sein mußt du aus eigener Kraft."

Aus eigener Kraft? In Alaia war nichts als Schwäche, bodenlose, überwältigende Erschöpfung, ihr Sein aufgespalten in zwei Hälften, deren bessere jetzt in anderen Sphären weilte. Wieder wogte die Qual in ihr hoch, und ein zweitesmal überließ sie sich der schützenden Umarmung des mitfühlenden Wesens. Konnte sie unter diesen Umständen überhaupt existieren? Sie fühlte sich verlassen, jämmerlich im Stich gelassen, nicht von den Menschen, sondern von dem Einen, von Gott, dessen treue Dienerin sie gewesen war, dessen Wille ihr mehr gegolten hatte als ihr eigenes Leben. Zweifel und Zaudern hatten von ihr Besitz ergriffen, und sie fühlte den Unterschied zu der früher so vertrauten Gewißheit göttlicher Nähe und Führung in all seiner schmerzlichen Deutlichkeit. Verlust und Ohnmacht, diese beiden Empfindungen schienen alle anderen Gefühle zu verdrängen. Ihr Versagen war schwer, doch Gottes Versagen schien ungeheuerlich! Ihr Vertrauen, ihr unendliches Vertrauen war zerstört, unwiderruflich dahin. Wieder glitt sie ab, schien Dumpfheit die bessere Wahl zu sein. Wozu Licht und Klarheit?

Die ruhige Stimme ließ sie nicht entkommen. „Höre, Alaia“, fuhr sie fort, „*untrennbar, unteilbar, unlösbar bist Du von Ihm, und doch entstand in dir das Bild, daß du dich trenntest, teiltest, löstest ... und selbst bist! Durch wen, wenn nicht durch Ihn, gespeist von Seiner Liebe, Weisheit, Allmacht, wuchs dies Bild und prägte sich dir ein. Ein Sein getrennt von Ihm und doch in Ihm, denn ewig gilt nur Er, zählt nur Sein Wille. Der neue Weg... ein Gottesleben in den Welten der Materie, den Samen auszubringen in das Erdreich einer neuen Dimension. Belebte Materie, begabt mit eigenem Willen, von Ihm ermächtigt, das noch Getrennte zu vereinen, die Dunkelheit in Licht zu wandeln, die Zweiheit in die Einheit zu geleiten.*“

Die Worte trafen sie, bohrten sich wie Messer in ihr Herz, seltsam vertraut, unerträglich aufrüttelnd.

„*Dein Wille geschehe, Herr, ich gehe*“, fuhr die Stimme fort, „*Dein Auftrag sei mein Lebensziel, wie lange er auch währen mag...*“

„Nein“, schrie sie gequält, „nicht, schweige! Ich will es nicht hören!“

„*... ich bleibe dort, bis Du mich rufst, zurück in Deinen Liebesozean des Seins...*“

„Still“, flehte sie, „still...“

„*Vertrauensvoll geborgen wage ich den Schritt, die unermeßlich große, unfaßbare Tat. Vertrauensvoll, da Du es bist, der will, und ich nicht weiß, was ich mir anderes wünschen könnte. Es sei!*“

Schluchzend barg sie ihr Gesicht in den schützenden Falten seines dunkelblauen Mantels und überließ sich zum dritten Male ihrem tiefen Schmerz. Zeit war in dieser Welt nicht von Bedeutung, weder für sie noch für das Wesen.

* * *

Als sie den Kopf endlich wieder hob, blickte sie in ein gütiges Antlitz.

„Wer bist du?“ fragte sie.

„Ich bin dein Helfer, Alaia“, antwortete er. „und hier im Zwischenreich bin ich für dich da, um dich zu stärken, dich zu trösten und deine Fragen zu beantworten.“

„Was soll denn jetzt mit mir geschehen? Ich kann nicht mehr zurück!“ rief sie verzweifelt.

„Nein, das kannst du nicht“, bestätigte der Helfer, „doch für all jene, die herabgestiegen sind, um den großen neuen Weg des Einen zu beschreiten, ist die Erde sowieso der einzige Planet, auf dem es weitergeht.“

„Der Eine!“ rief Alaia bitter. „Ich fühle mich von ihm verraten! Sein neuer Weg brachte dem Blühenden Land Zerstörung und Tod.“

„Nicht Sein Weg“, antwortete der Helfer ruhig, „zum einen war es die Art der Menschen, damit umzugehen, zum anderen... Ich darf dir hier nicht mehr enthüllen, doch sei gewiß, daß dieser Plan nicht fehlgeschlagen ist und du weiterhin beauftragt bist, den göttlichen Funken mit der Materie zu verbinden. Kannst du das glauben, Alaia?“ Sie zögerte. *Vertrauensvoll geborgen wage ich den Schritt, die unermeßlich große, unfaßbare Tat. Vertrauensvoll, da Du es bist, der will, und ich nicht weiß, was ich mir anderes wünschen könnte.* Die Worte tönten in ihr, wiederholten sich, seltsam beruhigend, und taten ihr wohl. Ihm noch einmal vertrauen? Doch wem sonst, wenn nicht Ihm? Ihm allein? Nein! Nie wieder würde sie sich blind auf Ihn verlassen! Sie selbst würde Verantwortung tragen und dafür sorgen, daß sie das Schicksal nicht noch einmal so grausam überrumpelte.

„Ich glaube, daß es weitergeht, wenn ich auch nicht verstehe, warum Atlantis auf diese Weise enden mußte, und nicht weiß, ob es zum großen Plan gehörte oder ob man es hätte abwenden können“, antwortete sie langsam. „Doch da ich in dieser Welt hier nicht bleiben will, werde ich die Richtung nehmen, die du mir empfiehlst. Ich muß also als Mensch geboren werden?“ Ihre Frage klang mehr wie eine Feststellung.

„So ist es“, antwortete der Helfer.

„Wie oft? Wie lange?“

„So oft und so lange, bis du wirklich Mensch geworden bist. In irdischer Zeit gemessen wird das viele Jahre dauern, in kosmischer ist es gleich vorüber.“ Alaia seufzte.

„Das bedeutet ja dann wohl auch, daß ich mein Sein nochmals spalte und mich als Mann oder als Frau verkörpere! Ich fühle mich jetzt schon vollkommen unzulänglich und weiß nicht, worauf ich bei einer Verkörperung im Ungewissen noch verzichten könnte.“ Angst stieg in ihr auf, Angst vor einer Aufgabe, der sie sich nicht gewachsen fühlte.

„Du bist nicht gänzlich unerfahren, Alaia“, beruhigte sie der Helfer, „denn du bist nicht zum erstenmal auf der Erde. In Atlantis hast du mit Männern und Frauen zusammengelebt, und einige von ihnen sind dir lieb geworden. Außerdem wirst du vergessen, daß du Alaia bist, ein Wesen von den Sternen. Statt dessen wirst du dich als Mensch erfahren, als Mann oder als Frau. Das Gefühl der Fremdheit mag dir bleiben, doch dieses Gefühl wird dich antreiben, dem Menschsein auf den Grund zu gehen. Es wird nicht zulassen, daß du dich zufriedengibst.“

„Vergessen“, wiederholte Alaia, „Segen und Fluch zugleich! Denn wie soll ich verstehen, wenn ich alles vergesse?“

„Du wirst vergessen, was dich belasten würde, und dich an das erinnern, was dir im irdischen Leben weiterhilft. Wenn die Zeit reif ist, kehrt das Wissen zu dir zurück, sei unbesorgt. Und zwischen den Leben werde ich auf dich warten, um dir den Sinn deiner Erfahrungen zu erhellen.“

„Jedesmal?“ fragte sie.

„Jedesmal!“ bestätigte er. „Doch jetzt ist es meine Aufgabe, dich auf das Leben auf der Erde vorzubereiten. Das kann ich nicht hier, wir müssen uns an einen anderen Ort begeben. Bist du dazu bereit?"

Sie atmete tief und nickte dann.

„Es sei!" flüsterte Alaia und folgte langsam der Gestalt des Helfers. Gleitend bewegten sie sich fort über eine Ebene gelblich grauer Eintönigkeit. Die Wesen dort hatten Gesichter und schauten aus Augen, und als sie sie erblickten, stießen sie hörbare Laute des Verlangens aus. Mit klauenartigen Händen griffen sie gierig nach ihr, als ob sie versuchen wollten, sie vom lichteren Pfad ins Namenlose zu zerren.

„Gib uns, denn du hast!" kreischten sie. „Wir brauchen es! Wir brauchen es!"

„Was ist mit ihnen?" fragte Alaia schaudernd und klammerte sich an den königsblauen Mantel, der ihr wie eine Verheißung von Heilung und Gesundung vorausschwebte.

„Gib uns doch endlich!" heulten die Wesen immer jämmerlicher, als sie bemerkten, daß Alaia und ihr Führer an ihnen vorbeigingen, ohne sie zu beachten. „Her damit! Wir müssen es haben! Wir müssen es sofort haben!" Die ruhige Stimme des Helfers übertönte das gräßliche Gewimmer.

„Es sind jene, die ihr Leben ausschließlich dem Genuß gewidmet haben, so daß sie selbst hier nicht von ihm lassen können. Doch jetzt fehlt ihnen der physische Leib, und so können sie nicht satt werden. Deshalb nennen wir sie die hungrigen Geister." Das Geheul der Wesen war jetzt nur noch als fernes Wimmern zu hören.

„Kann man nichts tun, um ihnen zu helfen?" fragte Alaia entsetzt und voller Mitgefühl.

„Nur dann, wenn sie erkennen, daß das, woran sie ihr Herz gehängt haben, sie nicht ernähren kann. Solange sie noch dort suchen, wo nichts ist, können sie das Sein nicht finden", antwortete der Helfer. „Verstehe, Alaia, es ist keine Verdammnis, die wir ihnen auferlegen. Sie selbst sind es, die sich in diese Lage brachten, und deshalb können auch nur sie sich wieder daraus lösen. Sobald sie diesen Schritt getan haben, stehen Engel bereit, um sie rasch aus diesem Zustand herauszuführen."

Langsam wurde es heller, die Wesen hier schienen zufriedener, wenngleich sie sich mit absurden Tätigkeiten abzulenken schienen. Sie zeigten mit keiner Regung, ob sie die beiden Gestalten, die dicht an ihnen vorbeizogen, bemerkten, oder waren sie in ihrer selbstbezogenen Versunkenheit nur gleichgültig? Alaia seufzte. Der Helfer führte sie aus diesem Elend heraus. Wo waren denn die Engel, die für diese Wesen sorgten?

„Die Seelen hier sind viel zu beschäftigt, um die Engel zu bemerken", erklärte der Helfer, „sie gehen, wie auf der Erde, rastlos ihren Geschäften nach und sind damit zufrieden. Wenn sie nur einen Augenblick innehalten würden, dann sähen sie die Lichtgestalten, die sie beständig rufen. Schau hin, Alaia, öffne die Augen."

Sie hatte geglaubt, mit offenen Augen zu gehen, doch jetzt erkannte sie, daß sie sie noch weiter öffnen und noch klarer schauen konnte. Plötzlich sah sie die lichten Gestalten, die zwischen den verbissen hantierenden Wesen standen und geduldig versuchten, sich bemerkbar zu machen, zumeist vergeblich, wenn auch einzelne zögernd wagten, den hellen Engeln auf denselben Weg zu folgen, auf dem sie ging. Das tröstete Alaia nur wenig, denn so viele blieben stumpf zurück.

„Warum schaffen es nur so wenige?" fragte sie den Helfer.

„Weil sie sich in ihren alten Mustern so verfangen haben, daß sie nicht glauben, von ihnen lassen zu können. Erst wenn sie diese Muster so oft wiederholt haben, daß sie deren überdrüssig geworden sind, erinnern sie sich an den freien Willen und treffen eine neue Wahl." Es wurde jetzt immer heller, und von allen Seiten strömten Wesen und gesellten sich zu ihnen auf den Weg, der zu irgendeinem Ziel zu führen schien.

„Haben wir alle denselben Bestimmungsort?“ fragte Alaia und deutete auf die anderen, die paarweise vor oder hinter ihnen schritten.

„Nein“, antwortete der Helfer, „jeder hat einen anderen, braucht einen anderen Ort, um das zu erhalten, was für die nächste Verkörperung nötig ist. Jetzt, wo du wirklich siehst, können wir dort ankommen, wohin ich dich führen wollte. Da du noch nie als Mensch verkörpert warst, brauchst du das Kaleidoskop.“

Kapitel 3

Das Kaleidoskop

Kaum hatte der Helfer diese Worte gesprochen, befanden sie sich in einer riesigen lichtdurchfluteten Kuppelhalle. In der Mitte des Bodens sah Alaia einen großen runden silbernen Spiegel, der das durch die Kuppel einfallende Licht zurück nach oben warf. Neben diesem Spiegel erblickte sie ein großes Rad. Der Helfer trat zu diesem Rad und drehte daran, und plötzlich trafen von überall her verschiedenfarbige Lichtstrahlen auf den Spiegel und wurden von seiner glänzenden Oberfläche zurückgeworfen, bis der Raum bis unter die Kuppel in vielfarbiger Pracht leuchtete.

„Das ist wunderschön!“ flüsterte Alaia ergriffen.

„Ja, das ist es“, bestätigte der Helfer und hielt das Rad an. Die Farben ordneten sich ganz von selbst nach einem altbekannten Muster.

„Ein Regenbogen!“ rief Alaia überrascht.

„Das Zeichen des Bundes zwischen Gott und den Menschen“, bestätigte der Helfer. „Weißt du, Alaia, jede dieser Farben spricht eine eigene Sprache, bildet eine eigene Facette im Diamanten der Schöpfung. Wenn du ihre Botschaften zu lesen verstehst, könnten sie dir helfen, die Schöpfung zu begreifen.“

„In Atlantis kannte ich die Bedeutung von Farben und Licht“, sagte Alaia traurig, „doch dieses Wissen scheint sich ebenfalls von mir getrennt zu haben. Bitte, führe du mich wieder ein in diese Kunst.“ Der Helfer betrachtete sie voll Mitgefühl.

„So sei es!“ sagte er und drehte langsam am Rad. Die Farben des Regenbogens verblaßten eine nach der anderen, bis nur noch eine übrigblieb, ein kräftiges, strahlendes Rot. Alaia seufzte, denn diese Farbe schien etwas von ihr zu fordern, etwas, vor dem sie sich fürchtete. Der Helfer lächelte.

„Dies ist die Farbe irdischer Verkörperung, die dir auf der Erde Wurzeln gibt und Kraft und Mut, die Anforderungen des Lebens dort zu erfüllen. Sie ist auch Ausdruck für energiegeladene Gefühle wie Leidenschaft, Zorn und zielgerichteten Willen. Diese Kraft ist machtvoll, und sie kann dich schützen oder überwältigen, ganz wie du mit ihr umgehst."

„Der blutrote Zorn, der sich meiner in Atlantis bemächtigte", überlegte Alaia, „und auch der Haß, sie alle waren rot. Ich habe Angst vor dieser wilden Kraft."

„Zu Recht", antwortete das Wesen, „denn wehe, wenn du dich von dieser Kraft beherrschen läßt! Sie kann in dir den Wunsch entstehen lassen, andere zu beherrschen und ihnen deinen Willen aufzudrängen. Vergiß nicht, du inkarnierst auf einem Planeten der Gegensätze! Das, was gut und hilfreich ist, kann in sein genaues Gegenteil umschlagen, wie du bereits schmerzlich erfahren hast. Nutze die Kraft dieser Farbe, denn du wirst sie brauchen, um zurechtzukommen, doch fürchte ihre Wildheit und ihren leidenschaftlichen Willen zur Macht."

Der Helfer wandte sich wieder dem Rad zu und drehte daran. Langsam veränderte sich die Farbe, ein klarer Gelbton drang in das dichte Rot ein und vermischte sich mit diesem zu einem erfrischenden Orange. Alaia atmete hörbar auf. Der Ton tat ihrer Seele gut.

„Die Farbe kann dich heilen, das hast du richtig empfunden", bestätigte der Helfer, „wenn du dich dieser Farbe anvertraust, wirst du verstehen, was dich leiden macht, und dadurch gesunden. Befreit durch dieses Wissen, kannst du dich freuen an den Wundern, an den Schätzen dieser Erde. Dazu gehört die Erfahrung der Sinnlichkeit, die Freude am Schauen, am Hören, am Schmecken und am Spüren. Und natürlich die lustvolle körperliche Vereinigung von Mann und Frau."

Die lustvolle körperliche Vereinigung von Mann und Frau? Die bloße Vereinigung der Körper mochte lustvoll sein, doch meist fingen damit die Schwierigkeiten an. Das hatte sie in Atlantis ziemlich oft beobachtet. Nur selten fanden Männer und Frauen in ihren Beziehungen die Erfüllung, die sie sich ersehnten. Außerdem schien Sinnlichkeit nicht ungefährlich zu sein.

„Ist es nicht ein großes Wagnis, sich diesen Freuden hinzugeben?" fragte sie deshalb. „Ich denke an die hungrigen Geister."

„Nur dann, wenn du dich in ihnen verlierst und Sinnlichkeit mit deinem Lebenszweck verwechselst. Du darfst genießen, denn das Leben als Mensch auf der Erde ist keine Strafe. Es bietet einzigartige neue Möglichkeiten, die du auf keinem anderen Planeten im Universum finden würdest. Freue dich an den sinnlichen Genüssen der irdischen Welt, doch behalte im Gedächtnis, daß diese Genüsse nicht alles sind, was der Planet zu bieten hat."

„Ich verstehe immer noch nicht, warum dieser Planet so einzigartig sein soll", hakte Alaia nach. „Die Dualität, die dort herrscht, macht doch vor allem Probleme!"

„Nur wer sich aus freiem Willen *gegen* den Einen entscheiden kann, ist in der Lage, sich im vollen Bewußtsein seiner geistigen Kräfte auch *für* Ihn zu entscheiden", erklärte der Helfer. „Eines Tages wird die Menschheit diesen Schritt gemeinsam tun, und das wird ein großes Fest im ganzen Universum sein, denn dieser Schritt hebt die gesamte Schöpfung auf eine neue Ebene. Sieh her, die nächste Farbe hat viel mit dem Weg dorthin zu tun."

Der Helfer drehte das Rad, und Alaia beobachtete, wie sich das Rot vollständig aus dem Orange löste. Es blieb ein reines Gelb, strahlend, gleißend, bestechend in seiner Klarheit.

„Dies ist die Farbe der persönlichen Identität", erklärte der Helfer. „Mit dieser Farbe trittst du als Wesen mit freiem Willen und der Fähigkeit zu unterscheiden auf den Plan. Du machst Gebrauch von deinem Verstand, mit dem du Wissen sammelst, analytisch gliederst, untersuchst und forschst. Hier fühlst du dich autark, unabhängig von der Weisheit, der Führung durch den Einen. So wichtig dieses Ich auch ist, in dieser Form des Intellekts gleicht der Geist einem scharfen Schwert, das unbarmherzig eindringt und zergliedert, bis die kleinsten Einzelheiten vor ihm erstarren, unfähig, wieder zu der Ganzheit zu verschmelzen, die sie einst gewesen sind."

„Du meinst, daß die Menschen wirklich glauben, die Geheimnisse des Lebens nur kraft ihres Verstandes zu ergründen?" fragte sie erstaunt.

„Aber ja", bestätigte der Helfer. „Und dieser Zustand ist äußerst wichtig, auch wenn er nur eine gewisse Zeitlang dauern wird. Wenn sich die Menschen dann entschließen, den Blick wieder auf ihre Quelle, den göttlichen Funken in ihnen, zu lenken, tun sie es aus freiem Willen, einem der wichtigsten Bestandteile des neuen Weges."

„Dann nimmt der Eine die Schwierigkeiten auf dem Weg in Kauf?" fragte Alaia, die langsam zu verstehen begann.

„Genau", bestätigte der Helfer, „denn alle Schwierigkeiten werden aufgewogen von dem Neuen, was letztlich auch dadurch entstehen wird. Schau, was geschieht, wenn sich der göttliche Wille mit dem persönlichen trifft!"

Ein neuer Farbton erschien im Kaleidoskop der Farben, vermischte sich allmählich mit dem Gelb, erst sanft, dann immer leuchtender und reiner, bis der Spiegel ein smaragdgrünes Licht in die Kuppel warf. Alaia atmete merklich tiefer und ruhiger. Die neue Farbe tat ihr gut.

„Hier vereint sich der gelbe persönliche Wille mit dem blauen göttlichen im Zentrum des Herzens. Getragen von der Kraft der Herzensliebe, die sich aus einer solchen Verbindung entwickelt, entsteht Raum für Ruhe, für Entfaltung. Hier fühlst du dich verbunden mit der Schöpfung, vereint mit der Natur, ihren ewigen Kreisläufen und dem Schöpfungsplan, in dem du deine Rolle spielst. Du erfährst dich nicht nur als Einzelwesen, sondern eingebettet in das große Ganze. Wenn du dies zutiefst erlebst, dann folgt etwas, was du sicherlich sehnlichst erwartest."

Gespannt blickte Alaia in den Spiegel. Das Grün begann sich unmerklich zu verändern, das Gelb verblaßte immer mehr, bis nur noch ein kleiner Anteil übrigblieb und strahlend türkisfarbenes Licht den Raum durchflutete. Ihr stockte der Atem. Atlantis! Tränen der Sehnsucht strömten ihr über die Wange, und sie schluchzte:

„Wird Atlantis jemals wiederkommen?"

„So wie es war, wird es nie wieder sein, sonst würde sich nur wiederholen, was damals geschehen ist. Zu jener Zeit war die Menschheit noch nicht reif für diesen Schritt, doch wenn sie ihren Weg gegangen ist, wird sich all das Gute wieder offenbaren, was in Atlantis lebte und woran dein Herz so hängt. Diejenigen, die die kosmischen Kräfte damals mißbrauchten, werden zu einem großen Teil geläutert sein, und Wesen wie du, die das Undenkbare überrumpelte, werden die Dualität erfahren haben und ihr nicht mehr schutzlos ausgeliefert sein."

„Wird dieser große Schmerz in mir denn jemals heilen?" fragte Alaia, die sich beruhigt hatte, zögernd.

„Auch wenn es dir zu diesem Zeitpunkt fast unmöglich scheint, wird genau das auf dem Weg geschehen, den du von nun an gehen wirst", fuhr der Helfer fort. „Wenn du diesen Weg annimmst, dich dem fügst, was du dir in deinem tiefsten Innern ausgewählt hast, wird dich das Leid nicht überwältigen oder gar zerbrechen, sondern du wirst an ihm wachsen. Dein Wissen wird dann wieder tief in dir verankert und die große Schuld vergeben sein. Auch dem Einen wirst du dann vergeben haben. Freue dich auf diese Zeit und wisse, daß dich jeder Schritt dem wahren Menschsein näherbringt und damit der Erfüllung des Schöpfungsplans."

Alaia hatte ihm atemlos gelauscht. Das wahre Menschsein offenbaren... Sie wußte nicht genau, was der Helfer damit meinte, doch wenn dieser Schritt jetzt an der Reihe war, wollte sie den neuen Weg mit Freude und mit Zuversicht beschreiten. Das Gelb löste sich jetzt ganz aus dem Blau, welches ruhig und umhüllend zurückblieb.

„Die Farbe Blau wird dich daran erinnern", fuhr der Helfer fort, „daß es der Wille des Einen ist, der wirkt und dessen Plan sich unaufhaltsam erfüllt, ganz gleich, wie wirr und unverständlich dir das Leben auf der Erde auch erscheinen mag. Die blaue Schwingung gibt dir Schutz und Frieden. In ihr bist du eingebettet in Seinen Willen, weißt dich von Ihm geführt und getragen."

„Wie in Atlantis...", flüsterte Alaia.

„Das war ein blaues Leben", antwortete der Helfer lächelnd, „so sehr von klarer Einsicht durchdrungen, daß es kein dunkles, sondern ein sehr helles Blau gewesen ist."

Er drehte ein wenig am Rad und fuhr fort:

„Und wenn du diesem Blau ein wenig Rot beimischst, erfährst du Heilung, denn dann bist du angeschlossen an die göttliche Quelle." Das Blau im Raum vertiefte sich um eine Nuance. Daß die Farbe Rot hinzugekommen war, stimmte sie nachdenklich.

„Wieso Rot? Wieso komme ich ausgerechnet durch Rot der göttlichen Quelle wieder näher?" fragte sie.

„Weil Rot die Farbe der Schöpfung ist, in die sich der göttliche Geist hineinsenken will. Erinnere dich: Rot ist nicht nur unbeherrscht und wild, sondern symbolisiert Tätigkeit, Willen und Kraft! In diesem tiefen Blau, der Farbe meines Mantels, trifft diese aktive Energie mit göttlicher Intuition zusammen. Materie und Geist, Wurzel und Krone, oben und unten vereinen sich hier. Spürst du die Heilung, die in diesem Augenblick möglich wird?

Du selbst hast diese Heilung von mir empfangen, als ich dich in meinen Armen hielt! Hier kündigt sich das Mysterium der geistigen Durchdringung der Materie an. Wenn du den göttlichen Lebensplan erfüllen willst, ohne dich wirklich mit der materiellen Schöpfung zu verbinden, wird dir die Grundlage für dein Menschsein fehlen. Erst wenn sich beides mühelos in dir vereint, wirst du den Weg zurück zur Quelle finden."

Wieder veränderte sich die Farbe, diesmal zu einem strahlend klaren Violett.

„Hier bist du am Ziel", erklärte der Helfer, „ein vollkommen anderes Wesen als das, was einst aus den Sternen herabstieg, um den Plan des Einen zu erfüllen. Hier sind Schöpfung und Schöpferwille vollkommen vereint. Wenn du dort angekommen bist, wirst du deine Bestimmung kennen und glücklich erfüllen."

Alaia fühlte sich zum erstenmal, seit sie das Bewußtsein wiedererlangt hatte, ruhig und ausgeglichen. Die Farben hatten ihr geholfen, den Weg, den sie als Mensch beschreiten sollte, zu verstehen, und hatten ihr gezeigt, wohin er führen würde. Die quälende Unsicherheit war von ihr gewichen und hatte der Gewißheit Raum gegeben, daß dieser neue Weg letztlich zum Ziele führen würde. Plötzlich kam ihr ein Gedanke.

„Habe ich eigentlich auch eine Farbe?" fragte sie.

„Natürlich", antwortete der Helfer, „doch diese Farbe werde ich dir nicht nennen. Im Laufe deiner Inkarnationen wirst du den Grundton entdecken, der dich nie verlassen wird, wenngleich du dich in jedem Leben mit den verschiedensten Farben befassen wirst", antwortete der Helfer und drehte an dem Rad. Der Regenbogen erschien wieder an der Kuppel, eingebettet in strahlendes, hellblaues Licht. Alaia seufzte tief auf. Der Helfer fuhr fort:

„In deinen ersten Inkarnationen wählst du dir zuerst nur einen Farbton aus, dessen Botschaft du verkörpern wirst, dann werden es zwei, dann immer mehr, bis der Regenbogen vollständig in dir erwacht, und dann bist du mehr, als du je gewesen bist. Dann werden deine Wunden heil und dein Schmerz in tiefstes Wissen umgewandelt sein. Du wirst ihn dir, den Regenbogen, Stück für Stück zurückerobern, und ich bin sicher, daß es dir gelingen wird!"

„Ich brauche eine Kraft, die mich bei dieser Aufgabe unterstützt", bat sie.

Er drehte wieder an dem großen Rad, worauf sich alle Farben in einem klaren Rosa vereinten, so sanft, so lieblich und so fein, daß Alaia den Duft von Rosen wahrzunehmen wähnte.

„Dies Rosa ist die Kraft, die dir zur Seite steht, die Kraft der Alliebe, die alles gleich gelten läßt, alle Wunden der Materie heilen hilft, alle Ausdrucksformen ihres Seins mit Mitgefühl umhüllt. Hier inkarniert der klare Geist in seiner Schöpfung. Verbinde dich mit dieser Kraft, dann wird dein Menschsein Früchte tragen. Wenn du den Pfaden dieser Farbe folgst, wirst du Erfüllung auf der Erde und im Himmel finden."

Die Farbe Rosa schien sie magisch anzuziehen. Weit beugte sie sich über den Spiegel, schien von ihm gleichsam angesogen. Von oben, aus den Höhen über dem Kuppeldach traf ein klarer Lichtstrahl auf das Rosa und trug sie mit sich in die Tiefe. Sie fiel, doch war es kein furchterregender Sturz, sondern ein sanftes Schweben hinab. Wohin? Der Fall schien zielgerichtet, nur, daß sie das Ziel nicht kannte. Plötzlich explodierte hellblaues Licht und riß sie in einen Strudel, dem sie sich willig hingab. Das Sternenwesen Alaia verlor das Bewußtsein. Ein neues Menschenwesen war gezeugt.

Kapitel 4

Der Medizinmann

Das Sonnenlicht bahnte sich mühsam seinen Weg durch das dichte Blätterdach der turmhoch in den Himmel ragenden Bäume. Mit geschmeidigen, katzenartigen Bewegungen schlich sich der Junge an den großen Vogel heran, der nur damit beschäftigt zu sein schien, die Erde mit dem scharfen Schnabel nach freßbaren Käfern und Maden abzusuchen. Brabag sog die Luft durch die Nasenflügel. Er roch die frische Erde, geschwängert vom Duft der üppig wuchernden Pflanzen, den Rauch der Herdfeuer seines Dorfes, in den sich plötzlich auch der scharfe Geruch eines wilden Tieres mischte. Er stutzte und schloß die Augen. Suchend sandte er seine Gedanken in die Richtung, aus welcher er den scharfen Geruch wahrgenommen hatte, und langsam formte sich ein Bild vor seinem inneren Auge: eine große, gelbbraun gefleckte Katze, die offensichtlich hungrig zu sein schien. Immer wieder hob sie witternd den Kopf, doch führte sie die Fährte in eine andere Richtung, weg von ihm und seinem Dorf. Brabag entspannte sich. Das Bild verblaßte, der Junge öffnete die Augen und richtete sich im Zeitlupentempo auf, die Jagdbeute wieder fest im Blick. Er hob den Arm mit dem Speer. Als ob der Vogel die Bedrohung spürte, schreckte er auf und beäugte aufgeregt die Umgebung. Brabag erstarrte, richtete seine Gedanken gesammelt auf die Beute und befahl: „Beruhige dich!“ Augenblicklich senkte das Tier den Kopf und hieb den Schnabel wieder gierig in die Erde. Lautlos glitt der schlanke Speer durch die Luft und bohrte sich durch den Hals des Vogels. Das Tier stürzte zu Boden. Mit wenigen Schritten sprang der Junge hinzu, schulterte den Speer mit der daran hängenden Beute und schlug zufrieden den Weg zurück zu seinem Dorfe ein.

Die Hunde begrüßten ihn laut kläffend und winselnd und sprangen begeistert an ihm hoch. Schnell hob der Junge den Speer höher, denn er wußte nur zu gut, daß diese Freude nicht ihm, sondern seinem Fang galt. Kinder rannten ihm johlend entgegen und umringten ihn neugierig.

„Fette Beute, Brabag!" sagte ein größerer Junge anerkennend.

„So ein großer Vogel!" staunte ein kleinerer.

„Erzähl uns die Geschichte deiner Jagd! Wie hast du ihn erwischt?" fragten mehrere. Er sah in ihre offenen, lachenden Gesichter und spürte schmerzlich, daß er nicht mehr zu ihnen gehörte. Er fühlte sich ganz und gar als Mann, wenn er auch nach der Sitte seines Stammes noch zu den Kindern zählte. Alles deutete darauf hin, daß die Mannbarkeitsriten kurz bevorstanden. Würde der Medizinmann ihn auswählen? Doch was, wenn er ihn noch ein Jahr warten lassen wollte? Brabag schaute schweigend auf die Kinder. Nein! Sein Entschluß stand fest. Er würde nicht noch länger warten! Diesmal mußte es geschehen, und wenn der Medizinmann ihn nicht freiwillig wählte, würde er dafür sorgen, daß es trotzdem geschah. Den Willen der Tiere konnte er beeinflussen, das hatte er schon oft genug bewiesen. Warum sollte seine Gedankenkraft nicht auch bei Menschen wirken? Plötzlich spiegelte sein Gesicht grimmige Entschlossenheit. Die Kinder verstummten erschrocken und blickten ihn unsicher an. Rasch zauberte Brabag das Lächeln wieder zurück auf sein Gesicht und begann zu erzählen:

„Ich habe mich in einem hohen Baum versteckt. Da flog der Vogel an mir vorbei, ich stürzte mich auf ihn, umklammerte seinen Rücken, und wir beide fielen zu Boden. Dort habe ich einen Knoten in seinen langen Hals gemacht. Das hat er nicht überlebt!" Die Kinder kreischten entzückt: „Weiter, Brabag, erzähle weiter!"

„Ich habe ihn mit dem Speer aufgespießt, weil er sich so besser tragen läßt, und jetzt bringe ich ihn meiner Mutter."

Lachend begleiteten ihn die Spielgefährten, während er langsam den offenen Platz überquerte. Aus den Häusern schallten das Klappern der Kochgefäße und die Stimmen der Frauen, die damit beschäftigt waren, die Mahlzeiten zuzubereiten. Dünne Rauchwolken schraubten sich kräuselnd von den Feuerstellen in den Himmel. Die Häuser seines Dorfes waren auf Pfählen errichtet, denn in der Regenzeit schwoll der Fluß, der jetzt so unschuldig dahinströmte, gewaltig an, und dort, wo jetzt der Dorfplatz war, erstreckte sich ein niedriger See, aus dem die Kinder mit ihren Netzen Fische fangen konnten.

Er erklomm die Stufen zu seiner Hütte und trat durch den schmalen Einlaß in das aus Baumstämmen gezimmerte Haus. Seine Mutter, die ebenfalls am Herdfeuer beschäftigt war, blickte ihm freundlich entgegen. Mit einem Ruck zog er den Vogel vom Speer und warf ihn ihr vor die Füße. Stolz blitzte in ihren Augen auf.

„Du wirst ein großer Krieger werden, mein Sohn, du jagst jetzt schon wie ein Mann, und du bist eher zurück als alle anderen. Die Männer sind noch bei der Jagd." Ein Lächeln huschte über sein Gesicht. Doch dann schweiften seine Gedanken ab zum Medizinmann und zum Ritus.

„Ist Kermag schon im Wald?" fragte er.

„Seit heute morgen", antwortete sie. In wenigen Tagen würde der Mond eine volle Kugel sein, und die Zeit war gekommen, wo Jungen zu Männern wurden. Sie ahnte, daß ihr Sohn diesem Augenblick entgegenfieberte, doch Frauen hielten sich aus den Angelegenheiten der Männer völlig heraus, und Mütter erfuhren erst in dem Moment, wo ihre Söhne vom Fackelträger abgeholt wurden, daß sie ausgewählt worden waren.

„Setz dich", lud sie ihn ein und reichte ihm das Wassergefäß. Er ließ sich ihr gegenüber nieder und trank gierig, denn die Jagd hatte ihn durstig gemacht. Plötzlich drang der dumpfe Klang der heiligen Trommel aus dem Wald. Der Junge richtete sich kerzengerade auf. Die Mutter murmelte:

„Er beginnt!"

„Kermag beginnt die Auswahl", flüsterte auch Brabag aufgeregt. Jetzt oder nie! Er mußte unbedingt erfahren, was der Medizinmann vorhatte. Wenn er das versuchen wollte, was ihm bei den Tieren unfehlbar gelang, dann mußte es jetzt geschehen. Er schloß die Augen, konzentrierte sich und richtete den Blick nach innen. Langsam formte sich das Bild des Medizinmannes, der mit untergeschlagenen Beinen vor einem kleinen Feuer saß und geheime Beschwörungen murmelte. Heilige Ornamente bedeckten seinen Körper, das Haar hatte er mit Asche weiß gefärbt. Sein Gehilfe stand hinter ihm und schlug die große Trommel. Plötzlich sprang Kermag auf und begann wie rasend um das Feuer herumzutanzen. Sein Blick wurde glasig, und Brabag hörte, wie er die Namen der Jungen rief, die in diesem Jahr Männer werden würden. Mit ungeheurer Kraft zügelte der Junge die Ungeduld in sich, da er wußte, daß das Bild sofort verblaßte, wenn er eigene Gefühle zuließ. Kermag war beim letzten Namen angelangt und machte eine kurze Pause. Der Name Brabag war nicht gefallen. Wieder nicht! Der Junge zögerte. Sollte er es wirklich wagen?

„Du kannst es!" flüsterte eine Stimme in ihm. „Denk nur, was du erreichen wirst! Oder willst du wirklich noch ein ganzes Jahr lang zu den Kindern gehören? Du hast das Zeug zum Medizinmann, jetzt oder nie!"

„Es ist unrecht", entgegnete eine andere Stimme, „man darf den Medizinmann nicht beeinflussen, das ist tabu und wird bestraft. Laß den Großen Geist für dich entscheiden."

„Und was, wenn sich der Medizinmann diesmal einen Nachfolger wählt? Dann ist es vorbei, endgültig vorbei!" drohte die erste Stimme.

„Es bleibt unrecht, es wird dir Unglück bringen", warnte die andere Stimme, nun schon viel leiser. Kermag hatte sich wieder niedergelassen. Gleich würde er die Abschlußformel sprechen.

„Trau dich endlich, sonst ist es zu spät!" brüllte die erste Stimme so laut, daß sie die andere übertönte.

Der Medizinmann öffnete den Mund, um die magische Formel zu sprechen, da hörte er eine Stimme in sich, die befahl: „Brabag ist dabei!" Der Alte zuckte zusammen.

„Brabag... Brabag ist dabei", murmelte er.

„Sprich die Abschlußformel!" ordnete der Junge an, und der Medizinmann gehorchte.

„Wieso Brabag, warum er? Ist er nicht viel zu jung und frühestens nächstes Jahr reif?" murmelte er verwirrt. Doch die Abschlußformel war gesprochen, es war nicht rückgängig zu machen, und deshalb würde der Fackelträger auch diesen Jungen holen müssen. Brabag unterbrach rasch die Verbindung. Kermag war bestimmt kein Dummkopf und wehe ihm, wenn er ihn erwischte! Doch es hatte geklappt, er hatte es tatsächlich geschafft! Ein Lächeln erhellte seine Züge.

Die Mutter schaute ihren Sohn fragend an. Lange war sein Gesicht unbeweglich ruhig gewesen, der Blick merkwürdig nach innen gekehrt. Jetzt öffnete er die Augen und sagte voller Freude:

„Mutter, schon bald werde ich ein Mann sein!" Die Mutter schaute ihn verwundert an.

„Woher willst du das wissen? Niemand weiß es vorher! Der große Geist befiehlt, und du wirst gehorchen."

„Ich weiß es!" antwortete der Junge bestimmt. Der Klang seiner Stimme und der Ausdruck seiner Augen ließen sie verstummen.

„Ich werde Medizinmann. Kermag wird mich zu seinem Nachfolger bestimmen." Die Mutter sog die Luft hörbar ein, doch sie schwieg. Er wußte genauso gut wie sie, daß man zum

Medizinmann nur berufen werden konnte, es war kein Wunsch, den man selbst hegen und auf dessen Erfüllung man hinwirken konnte. Der große Geist bestimmte, wer ihn im Stamm vertreten durfte. Auch war es eine Stellung, die zwar große Macht verhieß, jedoch auch große Opfer forderte. Es war nicht verboten, daß der Medizinmann eine Familie gründete, doch diese hatte in jedem Falle immer hinter dem Wohl des Stammes zurückzustehen. Und wenn es dem Medizinmann nicht gelang, den Großen Geist gütig zu stimmen, konnte es zuweilen geschehen, daß er selbst als Opfer dargebracht wurde. Doch Brabag, ihr Ältester, war immer anders gewesen als ihre anderen Kinder. Er schien ernster und hatte nur selten am Spiel seiner Kameraden teilgenommen. Statt dessen legte er mit Kieseln merkwürdige Muster in den Sand am Fluß. Doch keines schien ihn zufriedenzustellen. Ärgerlich hatte er die Steine jedesmal in den Fluß zurückgeschleudert.

„Es stimmt nicht!" hatte er traurig erklärt, und die Mutter hatte kein weiteres Wort aus ihm herausgebracht.

Die Jagd hatte er viel früher als die anderen Jungen beherrscht. Er schien sich irgendwie in die Tiere einzufühlen, und deswegen gelang es ihm, sich dichter an sie heranzuschleichen als die Männer. Er wußte auch andere Dinge, zum Beispiel, wo süße Beere wuchsen, wo die wilden Bienen ihren Honig versteckten und welche Pflanzen Bauchweh linderten. Die Mutter hatte mit niemandem darüber gesprochen, und auch Brabag hatte sein Wissen nur ihr anvertraut, als ob er wüßte, daß ihn dies zu sehr von den anderen unterscheiden würde. Doch dies hier war so ungeheuerlich und gegen alles, was Gesetz im Stamme war, daß große Angst um ihren Sohn in ihr aufstieg.

„Du wirst nicht darüber sprechen, Mutter", sagte Brabag, in dem sie nicht länger einen Jungen sehen konnte, „es wird so kommen, wie ich sage." Sie seufzte.

„So sei es“, antwortete sie dann ruhig, und ihre Blicke trafen sich einen kurzen Augenblick.

* * *

Dumpf hallten die Trommeln, rötlich schimmerte der Himmel vom Widerschein des großen lodernden Feuers im Dschungel. Der Mann mit der Fackel ging von Haus zu Haus und rief laut die Namen der Jungen, die diesmal Männer werden sollten.

„Brabag“, tönte seine Stimme, und die Mutter zuckte zusammen, denn sie hatte gehofft, daß es nicht geschehen würde. Der Junge verbeugte sich vor ihr und sprach den rituellen Abschiedsgruß. Wenn er wiederkehrte, würde er ein anderer sein. Sie legte ihm, wie es Brauch war, segnend die Hände auf den Scheitel, doch ihre Hände zitterten, denn sie hatte Angst vor dem, was kommen würde. Ihr Sohn hatte das Schicksal versucht, daran bestand für sie kein Zweifel, und der Große Geist bestrafte die, die es wagten, die Gesetze zu brechen. Brabag richtete sich auf, drehte sich um und verschwand, ohne ein weiteres Wort zu sprechen, hinaus in die Dunkelheit. Bebend eilte die Mutter ihm nach, doch hatte ihn der Dschungel bereits verschluckt.

Er ging als letzter in der Reihe der auserwählten Jungen. Einige klapperten mit den Zähnen vor Angst, doch in ihm war nur Freude und unsagbarer Triumph. Mit schlafwandlerischer Sicherheit fanden seine Füße den Weg, er stolperte nicht, kaum ein Zweiglein knackte. Die Schreie der Nachtvögel waren Musik in seinen Ohren und sangen ihm das Lied von Brabag, der ab heute dazugehörte. Endlich erreichten sie den heiligen Platz, den nur Männer betreten durften. Der Junge lächelte; seine innere Sicht hatte ihn nicht getäuscht. Es war alles so, wie er es innerlich gesehen hatte.

Der Fackelträger führte sie zum Feuer und befahl den Jungen, sich auf einem kleinen Platz davor niederzulassen. Das Dröhnen der Trommeln kam immer näher, doch dann verstummte es plötzlich. Die Stille war so unheimlich, daß sich einige der Jungen unwillkürlich aneinanderdrängten. Mit einem Male ertönte markerschütterndes Geheul, und aus dem Dickicht sprangen maskierte, über und über bemalte Gestalten, von den rötlichen Flammen gespenstisch beleuchtet. Sie reckten ihre Speere drohend gen Himmel und dann gegen die Jungen. Das dumpfe Dröhnen ertönte wieder. Ebenfalls maskierte, mit Vogelfedern geschmückte Männer bahnten sich trommelnd ihren Weg durch die wilde Horde und stellten sich genau vor den Jungen auf. Jetzt begannen die Gestalten zum Rhythmus der Trommeln zu tanzen, wirbelten in großen Sätzen um die Jungen herum, stampften mit den Füßen die Erde, bedrohten mit den Speeren den finsteren Dschungel, um die dort lebenden Geister fernzuhalten, und dann wieder die Jungen, die dem wilden Spektakel gebannt folgten. Schon bald wiegten sich einige willenlos hin und her, nicht mehr Herr ihrer Sinne, eingelullt vom eintönigen Rhythmus der Trommeln, betört vom ekstatischen Tanz der Gestalten.

Brabag verfolgte aufmerksam das wilde Geschehen. Wie lange der Tanz der Männer gedauert hatte, konnte er nur am Lauf des Mondes abschätzen, der bald seinen höchsten Punkt am Nachthimmel erreicht haben würde. Plötzlich änderte sich der Rhythmus der Trommeln, immer rascher hallten die Schläge. Immer wilder wirbelten die Gestalten, immer näher kamen sie den Jungen. Mit glasigen Augen ließen sich die Tänzer vom Großen Geist leiten und begannen, nach den Jungen zu greifen. Diese waren aufgesprungen, und einige versuchten verstört, den nach ihnen fassenden Händen zu entkommen. Gleich würde sich jeder Mann einen Jungen wählen, den Jungen, den der Große Geist ihm zur Obhut anbefohlen hatte, und mit ihm im Wald verschwinden. Dort würde er ihn so lange, bis der Mond wieder eine Kugel sein würde, alles lehren, was er selbst wußte. Er würde den Jungen prüfen, seinen Mut auf die Probe stellen, seine körperlichen Fähigkeiten und seine Klugheit.

Auch Kermag, der Medizinmann befand sich unter den Tanzenden. War diesmal auch für ihn ein Junge dabei? Würde er unter diesen Neuen seinen Nachfolger finden? Er fühlte sich müde, bereit, seine schwere Bürde auf einen von ihnen zu übertragen, doch das bestimmte der Große Geist allein. Vertrauensvoll überließ er sich dem angenehmen Gefühl der Trance.

Brabag widerstand dem Sog der Trommeln, der fast unwiderstehlich an ihm zerrte und ihn ins Land der Ekstase zu entführen versprach. Er spürte, daß er sich dieser Aufforderung nicht mehr lange würde widersetzen können. Doch jetzt schien der Augenblick endlich gekommen zu sein, wo es zu handeln galt. Ohne Schwierigkeiten erkannte er mit seiner inneren Sicht die Gesichter hinter den Masken. Als die Tänzer immer näher kamen und einzelne begannen, nach den Jungen zu greifen, wußte er plötzlich, was er zu tun hatte. Scheinbar ließ er sich willenlos treiben, doch seine innere Schau führte ihn genau zu der Maske, hinter der er Kermag erkannte. Kamen ihm andere Tänzer zu nahe, lenkte er deren Absicht unmerklich in eine andere Richtung. Klar las er die Gedanken des Medizinmannes. Er war also müde, der Alte und suchte einen Nachfolger! Gut, hier war er, Brabag, bereit, die Bürde zu übernehmen. Wie zufällig lief er an ihm vorbei und erkannte blitzschnell, daß Kermag einen anderen Jungen ins Auge gefaßt hatte. Brabag konzentrierte sich.

„Nicht diesen! Nimm Brabag!“ suggerierte er ihm, und gleichzeitig faßte er den Jungen Mellek scharf ins Auge. Diesen hätte der Alte ihm also vorgezogen! Er würde auf ihn achten müssen.

Kermag, der sich schon zielsicher auf den Jungen Mellek zubewegt hatte, stutzte plötzlich und wandte sich um. Dort stand Brabag, sichtlich versunken in den wilden Tanz und das rhythmische Trommeln. Der Medizinmann griff nach ihm und sprach die rituelle Formel, mit der er den Jungen als seinen Nachfolger anerkannte. Er hielt ihn fest am Arm und entführte ihn in die Dunkelheit des Dschungels.

* * *

Brabag war es gelungen, den Alten vollständig zu überzeugen. Seine Geschicklichkeit bei der Jagd, seine Kenntnisse der Heilkräuter und sein Weitblick hatten Kermag zu der Überzeugung gebracht, daß ihm wirklich der Beste zugeführt worden war. Dieser Junge hatte klaglos alle Prüfungen auf sich genommen, hatte in Vorbereitung auf die Nacht der großen Finsternis viele Tage lang gefastet, den Tag davor nicht einmal getrunken und hatte dann in der besonderen Nacht allein unter dem heiligen Baum ausgehalten, ohne sich vor den Waldgeistern, die er, Kermag, beschworen hatte, zu fürchten. Er konnte nicht mehr verstehen, warum sein Blick zuerst auf den anderen, auf Mellek, gelenkt worden war. Doch dies war sicher nicht mehr als eine Täuschung der Waldgeister gewesen, um ihn, den Erfahrenen, auf die Probe zu stellen. Leise lachte er in sich hinein. Dies war ihnen nicht gelungen, er hatte sie rechtzeitig durchschaut.

Kermag hatte seinem neuen Lehrling die Stelle gezeigt, an der das heilige Steinmesser, mit dem die Jungen gezeichnet werden würden, versteckt gehalten wurde. Brabag war auf den riesigen Baum geklettert und hatte das Instrument aus einer Höhlung in einem der oberen Äste geborgen. Danach hatte der Medizinmann ihn an jenen Ort geführt, an dem die roten Beeren wuchsen, aus denen der Trank des großen Geistes zubereiten würde. Dieser Trank würde den Jungen verabreicht werden, wenn sie die Schmerzen der Prüfung mit dem Steinmesser ausgehalten hatten.

Der Mond war wieder eine helle, leuchtende Kugel geworden. Eben hatte er sich über die Baumwipfel erhoben, und der Alte hatte Brabag befohlen, den Weg zurück zum Platz zu finden.

Langsam folgte der Junge seiner inneren Sicht und führte den Lehrer auf direktem Wege dorthin zurück. Die Trommeln hatten wieder zu dröhnen begonnen, und auch das Feuer loderte. Alle, außer dem Medizinmann und seinem neuen Schüler, hatten sich bereits dort eingefunden. Die Jungen kauerten auf dem Platz vor dem Feuer. Sie sahen müde aus. Die Strapazen der letzten Wochen hatten deutliche Spuren hinterlassen. Der Schlafmangel forderte seinen Tribut, und einige hatten sich auf dem Boden ausgestreckt. Doch die Krieger gönnten ihnen keine Pause.

„Seid ihr Kinder, oder seid ihr Männer?" riefen sie und schlugen mit Speeren so lange auf die Liegenden ein, bis diese sich verstört wieder aufrappelten. Die Männer hatten ihre Masken angelegt und begannen einen neuen Tanz, den Tanz der Zeichnung mit dem Messer. Alles wartete auf den Alten, auf Kermag.

Der Medizinmann hatte sich am Waldrand in der Dunkelheit verborgen gehalten und betrachtete die tanzenden Männer. Plötzlich stieß er einen markerschütternden Schrei aus, worauf die Trommler begannen, frenetisch auf ihre Instrumente einzuschlagen. Kermag sprang mit einem großen Satz aus dem Schutz der Bäume und schrie erneut, worauf die Trommler in einen ruhigeren Rhythmus wechselten. Gemessenen Schrittes trug der Alte das heilige Messer zum Feuer. Die Tänzer, die sich bereits wieder an der Schwelle der Trance befanden, stöhnten auf. Einige stießen wilde Schreie aus. Kermag winkte Brabag, der das Gefäß mit den Beeren trug, hinter sich her. Der Junge spürte die Hitze der Flammen auf seiner nackten Haut, das Dröhnen der Trommeln riß ihn unwiderstehlich mit sich. Verzweifelt versuchte er, dagegen anzukämpfen, doch auch ihn hatten die Prüfungen der letzten Woche erschöpft. Willenlos ließ er sich treiben und schaffte es gerade noch, dem Medizinmann das Gefäß mit den Beeren entgegenzustrecken.

Der Alte nahm es und zerdrückte die Früchte mit der Klinge des Messers am Rande des Gefäßes. Dann sah er sich suchend um.

Zwei der stärksten Männer des Stammes, die sich nicht am Tanz beteiligt hatten, traten mit einem ledernen Schlauch zu ihm. Der Medizinmann nestelte einen Beutel vom Hals, entnahm diesem ein weißliches Pulver, ließ sich von den Männern den Schlauch reichen und rührte das darin befindliche Wasser zusammen mit dem Pulver in den Beerenbrei. Die Trommler veränderten den Rhythmus, und er erhitzte das Gefäß über den Flammen, bis dessen Inhalt aufbrodelte. Er hob es gen Himmel und bat den Großen Geist um Zustimmung und um Segen. Dann schüttete er das restliche weiße Pulver aus seinem Beutel in eine aus Blättern geflochtene Schale, die zu diesem Zwecke schon bereitstand.

Der Rhythmus der Trommeln wurde rascher, die Tänzer wirbelten schneller und zeigten alle Zeichen der Ekstase. Einige hatten Schaum vor dem Mund, andere stöhnten wie in größter Wonne. Kermag gab den beiden Männern einen Wink. Brabag hatte sich treiben lassen und nicht vorhergesehen, was nun folgte. Die Männer warfen den Jungen zu Boden und hielten ihn dort fest. Unter Beschwörungen drehte der Medizinmann das Messer in den Flammen hin und her und bot es dem Großen Geist an.

„Schließ die Augen!" befahlen die Männer, und dann spürte Brabag nur noch einen heißen Schmerz auf seiner Stirn, seinen Armen und seiner Brust, dem er vergeblich zu entkommen suchte. Kein Schrei entrang sich seinen Lippen, nur ein Keuchen konnte er nicht unterdrücken. Farben loderten vor seinen geschlossenen Augen, vor allem Rot, ein mächtiges Rot, das ihn fast überwältigte. Der Junge spürte, wie seine Sinne zu schwinden drohten. Als sein Körper erschlaffte, rieb der Alte etwas von dem weißlichen Pulver in die Schnittwunden. Der brüllende Schmerz ließ nach, und Brabag spürte, daß er aufgerichtet wurde.

„Öffne die Augen!" hörte er die Stimmen der Männer. Er tat, was ihm geheißen, doch verdeckten ihm rötliche Nebelschwaden die Sicht. Ein Becher wurde an seine Lippen gedrückt.

„Trink!“ befahlen die Stimmen. Das heiße Getränk strömte ihm wohltuend die Kehle herab, und der Schmerz löste sich in ein dumpfes Gefühl der Benommenheit auf. Kermag murmelte Gebete und zeichnete ihm mit dem weißen Pulver heilige Symbole auf den Leib. Dann fühlte Brabag, daß sie ihn wegtrugen und auf weiches Moos betteten.

„Schlaf jetzt“, hörte er die Stimme des Alten, „und empfange im Traum die Botschaft des Großen Geistes!“ Dann hüllte ihn wohltuende Dunkelheit ein.

* * *

Die Wunden waren rasch verheilt. Brabag trug seine Narben mit großem Stolz, zeigten sie doch jedem, wer er war: der künftige Medizinmann des Stammes. Kermag hatte ihn in alle Geheimnisse eingeweiht. Der Schüler war gewissenhaft und fleißig, und der Alte hatte sich beruhigt auf dem Totenlager ausgestreckt. Er wußte den Stamm in besten Händen.

Jetzt stand Brabag an seiner Stelle, und er verrichtete die Arbeit ohne Tadel. Genau zum richtigen Zeitpunkt vollführte er die heiligen Rituale, beschwichtigte die Waldgeister mit angemessenen Jagdopfern und die Flußgeister mit betörenden Tänzen. Die Männer brachten reichlich Wild zurück ins Dorf, und die Mutter Brabags begann sich ihrer unguten Gefühle zu schämen. Ihr Sohn war der Medizinmann und dazu noch ein guter, denn Dank seiner Heilkünste starben nur noch die Alten, die ihr Leben gerne ließen. Außerdem hatte es, seit er die Geschicke des Stammes vor den Großen Geist brachte, keine Überschwemmung und keine Hungersnot mehr gegeben. So achteten ihn die Leute, wenn sie ihn auch nicht liebten, denn irgend etwas war an ihm, wovor sie sich fürchteten.

Denjenigen, die es wagten, ihn genauer zu beobachteten, fiel auf, daß er allwissend zu sein schien. Nie schien ihn etwas zu überraschen. Immer handelte er so, als wenn ihm die Entscheidungen des Häuptlings bereits vorher bekannt gewesen wären. Daß ein Medizinmann mehr wußte als alle anderen, war normal und wurde sogar erwartet, doch es gab Anzeichen, daß dieser hier das Wissen für seine eigenen selbstsüchtigen Zwecke ausnutzte. Mellek hatte einmal bei einem seiner Streifzüge eine verheiratete Frau mit ihrem Liebhaber im Wald beobachtet. Warum ließ sich der Medizinmann gerade von dieser Frau eine Mahlzeit zu seiner Hütte bringen? Und warum wirkte die Frau so verstört, als sie zum Dorf zurückkehrte und sich zu sprechen weigerte? Dies wiederholte sich in unregelmäßigen Abständen mit verschiedenen Frauen, doch besonders häufig ließ er Shari kommen, die wegen ihrer Vorliebe für fremde starke Krieger bekannt war. Und auch Shari schwieg und zeigte alle Anzeichen der Furcht, wenn Brabag sie rufen ließ. Mellek nahm sich vor, diesen Medizinmann sehr aufmerksam zu beobachten.

Viel Gelegenheit dazu hatte er nicht, da der alte Häuptling ihn zu seinem Vertrauten gemacht hatte und ihm deshalb vielerlei verantwortungsvolle und oft gefährliche Aufträge gab, die ihn alle weit weg von seinem Stamme führten. Immer öfter hatte es sich jedoch erwiesen, daß die weiten Reisen völlig unnötig gewesen waren, und Mellek begann zu ahnen, daß es einzig und allein darum ging, ihn aus dem Dorf zu entfernen. Doch wer konnte ein Interesse daran haben? Der alte Häuptling? Nie und nimmer! Immer wieder hatte er darüber nachgegrübelt. Sollte es etwas mit dem Medizinmann zu tun haben? Er, Mellek, fürchtete sich nicht vor ihm, doch wenn er länger darüber nachsann und die Männer seines Volkes vor seinem inneren Auge vorüberziehen ließ, fiel ihm auf, daß sie Brabag nichts entgegensetzten. Wie Kinder taten sie alles, was er befahl, ja, sie schienen ihm die Wünsche von den Augen abzulesen. Als Mellek sich noch tiefer in sein inneres Bild versenkte, nahm er etwas wahr, das den ganzen Stamm wie mit einem klebrigen Spinnennetz gefangenhielt, ein Gefühl, das alle beherrschte, selbst den alten Häuptling, und dieses Gefühl war

Angst. Es schien ihm, als ob sich alle – außer ihm – vor Brabag fürchteten, so sehr, daß ihm niemand, auch nicht das Oberhaupt des Stammes, zu widersprechen wagte.

Die Erkenntnis durchfuhr Mellek wie ein Blitz! Plötzlich war ihm alles klar. Der Häuptling war sehr alt und bereitete sich schon länger darauf vor, den großen Fluß endgültig zu überqueren. Wenn er, Mellek, zum Zeitpunkt des Todes nicht im Dorf wäre, könnte der Medizinmann mit Leichtigkeit einen ihm genehmen Nachfolger bestimmen. Also lenkte Brabag und nicht der alte Häuptling die Geschicke des Stammes! Wie der Medizinmann das fertigbrachte, war ihm noch nicht klar, doch es mußten magische Mittel sein, mit denen er die anderen beherrschte. Und diese Herrschaft wollte er natürlich behalten. Deshalb sorgte er dafür, daß der einzige, der ihm gefährlich werden konnte, nämlich er, Mellek, nie lange im Dorf blieb. Der Zorn stieg in heißen Wogen in ihm auf, nur mit äußerster Kraft gelang es ihm, sich zu beherrschen. Er würde sehr klug sein müssen, damit der Medizinmann keinen Verdacht schöpfte. Doch daß er dessen Spiel aufdecken würde, daran bestand kein Zweifel mehr.

Mellek hatte recht: Brabag, und nicht der alte Häuptling, lenkte die Geschicke seines Volkes. Es hatte ganz harmlos angefangen. Als Brabag erkannte, daß er in den Gedanken der Menschen lesen konnte, hatte ihn dies Wissen zuerst nur amüsiert. Doch als es ihm immer besser gelang, die Gedanken der anderen zu beeinflussen und ihnen eine ihm gemäße Richtung zu geben, hatte er mehr und mehr Gefallen an dem Spiel gefunden. Es ging einfach zu leicht, zu mühelos! Und so war er auf den Geschmack gekommen. Zuerst hatte er sich an unbedeutenderen Mitgliedern des Stammes geübt, bis er sich endlich unmerklich in die Gedanken des Häuptlings einschlich und ihn zu lenken begann, so daß dieser in seinen Entscheidungen zu einer Marionette des Medizinmanns wurde. Er, Brabag, war der mächtigste Mann im Stamme, und es berauschte ihn, auch wenn nur er selbst es wußte. Er bestimmte durch den Häuptling, wer im Stamme Macht erhielt, und er wußte es so einzurichten, daß nur schwache Männer einflußreiche Stellungen bekamen. Auch in deren Gedanken schlich er sich ein, unmerklich und doch unwiderstehlich. Über Mellek, seinen Nebenbuhler, wachte er besonders, wenn er ihn auch nicht beeinflussen konnte. Er lenkte den Häuptling so, daß dieser Mellek die gefährlichsten Aufgaben zuwies, und hoffte inständig, daß ihm etwas zustoßen möge, doch der Große Geist erfüllte diese Bitte nicht.

* * *

Der alte Häuptling hatte Mellek, der gerade von einer dieser unnötigen Missionen zurückgekommen war, zu sich in seine Hütte gerufen. Mellek war als Kundschafter unterwegs gewesen und hatte das Dorf der Nachbarn ausspioniert, um herauszufinden, ob diese sich zu einem Überfall auf das Dorf seines Volkes vorbereiteten, doch er hatte nicht das geringste Anzeichen für ein solches Vorhaben entdeckt. Die Nachbarn lebten genauso friedlich wie seine Leute. Als er dem Alten diese gute Kunde überbrachte, seufzte dieser zufrieden und ließ sich auf sein Lager zurücksinken.

„Mellek", flüsterte er, „man hat mir überbracht, daß Krokodile im oberen Teil des Flusses gesehen worden sind. Mach dich gleich auf den Weg und töte sie, damit sie nicht bis zu unserem Dorf schwimmen und unsere Frauen und Kinder fressen."

„Jawohl, mein Häuptling", antwortete Mellek leise und küßte dem Alten die Hand, da er ahnte, daß dieser den Tod schon spürte. Der Häuptling legte ihm segnend die Hände auf den Kopf, denn auch er wußte Bescheid. Rasch erhob sich Mellek und verließ das Dorf, da er den forschenden Geist des Medizinmanns fürchtete. Er lief in den Dschungel hinein, verbarg sich in einem hohen Baum und wartete. Krokodile im Fluß! Diesmal würde Brabag ihn nicht täuschen.

Er mußte nicht lange warten. Bei Anbruch der Dämmerung hörte er die Todestrommel. Vorsichtig schlich sich Mellek näher an sein Dorf heran und versteckte sich so, daß er den Dorfplatz überschauen konnte. Die Frauen begannen bereits mit dem Klagegeheul, und die Männer sammelten sich und gingen in den Wald, um ihre Masken aus den geheimen Verstecken zu holen. Der Körper des alten Häuptlings lag aufgebahrt auf dem Dorfplatz, und Brabag schien alle Hände voll zu tun zu haben, die Rituale zu leiten und verschiedene Tränke zu brauen. Bald wirbelten nicht nur die Männer, sondern auch die Frauen in ekstatischen Tänzen um den Leichnam herum. Plötzlich gab Brabag den Trommlern ein Zeichen, worauf die Instrumente verstummten. Die Tanzenden hielten erstaunt inne.

„Dem Großen Geist gefällt es, nicht länger zu warten und sofort einen Häuptling zu wählen!" verkündete der Medizinmann. Ein Raunen ging durch die Menge. Der Tote war noch nicht angemessen betrauert, und heute war außerdem eine Nacht der Finsternis! Die Männer steckten die Köpfe zusammen. Dies brach die Stammesregeln gleich zweifach und würde mit Sicherheit Unglück bringen.

„Heute ist es zu früh", rief einer der Mutigeren. „Wir wollen unseren Häuptling drei Tage lang betrauern, und außerdem..."

„Schweig!" herrschte der Medizinmann ihn an. „Du wagst es, dem Willen des Großen Geistes zu widersprechen!" Seine Augen loderten, so daß die Menge unwillkürlich zurückwich. Die Frauen und Kinder zogen sich eilig in ihre Hütten zurück. Als sei nichts geschehen, nahm Brabag das Gefäß mit dem roten Trank und hielt es dem ersten auffordernd an die Lippen.

„Du wirst trinken!" befahl er dessen Geist, und der Mann senkte willenlos den Kopf und nahm einen großen Schluck. Keiner konnte ihm widerstehen, und so wirbelten sie bald mit glasigen Augen verzückt stöhnend im Kreis herum. Brabag war so sehr in seinen Machtrausch eingetaucht, daß er den Mann nicht bemerkte, der sich erst viel später unter die Tanzenden gemischt hatte.

„Ihr seid nichts, und ich bin alles!" jubelte Brabag triumphierend, ließ sich dann auf den Boden nieder, konzentrierte seine Gedanken und sandte diese wie einen Schwarm gehorsamer Diener aus, damit sie sich in das Bewußtsein der Tanzenden schlichen und diesen den Namen des neuen Häuptlings nannten. Er grinste. Jeder dieser Einfaltspinsel würde meinen, der Große Geist habe persönlich zu ihm gesprochen.

„Wolnak", murmelte der erste, „Wolnak", der zweite, „Wolnak!" riefen jetzt viele. Wolnak war ein allseits beliebter, immer auf Harmonie bedachter schwacher Mann, genau der richtige für seinen Plan. Zufrieden lehnte sich der Medizinmann zurück. Plötzlich begegnete er einem klaren, kühnen Blick, nicht in verzückter Trance wie die anderen, sondern hellwach. Wie glühende Kohlen brannten diese Augen, und Brabag erkannte Mellek hinter der Maske, Mellek, den er heute morgen durch den Häuptling hatte wegschicken lassen. Sonderbar, daß er schon zurück sein sollte. In Melleks Gedanken konnte er nicht eindringen. Zu stark und unabhängig war sein Gegenüber. Er nahm sich vor, den Mann gleich am nächsten Morgen mit einem Auftrag zu den wilden Bergbewohnern zu schicken. Es hieß, sie verspeisten alle Eindringlinge, und mit einigem Glück würden sie Mellek für würdig erachten, ihren Hunger zu stillen. Die Hauptsache war, daß Wolnak genannt worden war, der Mann, den er zum Häuptling bestimmt hatte. Er ließ die Männer tanzen und ging zurück in seine Hütte im Wald.

Mellek wußte, daß ihn der Medizinmann erkannt hatte, doch das spielte jetzt keine Rolle mehr. Kaum war Brabag im Wald verschwunden, schlich er sich in eine Hütte und bat die Frauen, die sich verängstigt aneinander drängten, auch die anderen hier zu versammeln. Lautlos schwärmten sie aus. Alle kamen, nur Brabags

Mutter war dieser Aufforderung nicht gefolgt. Sie spürte, daß sich ihre schlimmsten Befürchtungen erfüllen würden. So packte sie ihr Bündel und lief hinaus in den Dschungel. Die Schande, die ihr Sohn über sie gebracht hatte, würde es ihr unmöglich machen, mit den anderen weiter zusammenzuleben. Lieber trennte sie sich freiwillig von allem, was ihr liebgeworden war, auch von ihrem Mann und dessen Familie und von ihren anderen Kindern. Sie hoffte, daß es ihnen dadurch, daß sie die Schuld für diesen Sohn auf sich genommen hatte, möglich sein würde, im Stamm zu bleiben, und daß ihr Mann eine neue Frau fände. Wenn es für sie überhaupt noch einen Platz gab, dann ihm Dorf ihrer eigenen Familie. Die Sterne wiesen ihr den Weg, und sie vertraute dem Großen Geist, sie vor wilden Tieren zu beschützen.

Mellek bemühte sich unterdessen, den Frauen die Angst zu nehmen. Er berichtete ihnen, wie der Medizinmann seine Macht mißbrauchte und fragte sie nach ihren Erfahrungen. Shari war die erste, die ihre Furcht überwand. Nachdem sie gesprochen hatte, vertrauten ihm auch die anderen, die es betraf, an, daß der Medizinmann sie in seiner Hütte vergewaltigt hatte. Als die Männer müde vom Tanz in ihre Hütten wankten und sich niederlegen wollten, wurden sie von ihren Frauen abgefangen und leise in die Versammlungshütte geführt. Mellek brauchte nicht lange, um sie zu überzeugen, und die Frauen taten das Ihre, um seinen Worten Nachdruck zu verleihen. Plötzlich erkannte der Stamm in ihm den neuen Häuptling, und auch Wolnak stimmte zu, im tiefsten Herzen froh, die gänzlich unerwartete Bürde wieder loszuwerden. So gehorchten sie ihm, als er befahl, ihm jetzt, mitten in der Nacht, in den Dschungel zu folgen. Wie eine lange, lautlose Schlange schlichen sie sich davon, weg von ihrem Dorf, um den, der sich unrechtmäßig Macht angeeignet hatte, von seinem Thron zu stürzen.

* * *

Früh am nächsten Morgen erwachte Brabag und spürte, daß etwas nicht stimmte. Alle Fasern seines Seins meldeten ihm große Gefahr. Witternd sog er die Luft ein. Kein Herdfeuer brannte! Er sammelte sich und sandte seine Gedanken aus, doch die kehrten unverrichteter Dinge wieder zu ihm zurück. Erschrocken stürzte er los, um nach dem Rechten zu sehen.

Das Dorf war leer, auch die Hütte seiner Mutter. Selbst die Hunde waren verschwunden. Nur ein paar Schweine durchwühlten den Boden nach freßbaren Insekten. Eine heiße Woge überflutete Brabag, doch diesmal war es nicht Macht, sondern Angst. Mellek! Er mußte ihn unterschätzt haben. Wohin hatte er den Stamm geführt? Mit untergeschlagenen Beinen ließ er sich nieder und schickte seine Gedanken auf die Suche nach dem Nebenbuhler. Kaum hatte er sich geöffnet, erhielt er eine Botschaft, doch nicht von seinen eigenen Gedanken, sondern von Mellek:

„Du bist entlarvt! Der Stamm wird dich töten! Wohin du auch fliehst, wir werden dich finden!" Und dann sprach er die rituelle Formel des Todes.

Ein panischer Schrei entrang sich Brabags Kehle. Er sprang auf und rannte in wilder Hast in den Dschungel, denn dies war das Ende. Sie hatten die Formel gesprochen, die Formel, die nur er, der Medizinmann wissen konnte. Daß sie sie kannten, bewies ihm, daß der Große Geist von jetzt an mit ihnen war. Er mußte sterben, niemand vermochte ihn zu retten. Tränen strömten ihm die Wangen hinab, denn er wollte leben, leben, leben! Seine Gedanken gehorchten ihm nicht mehr, er fühlte sich ohne seine feinen Sinne blind und taub. Keuchend bahnte er sich einen Weg durchs Unterholz, spitze Dornen zerkratzten seine Haut, doch er spürte nichts außer seiner wilden Angst.

Plötzlich dröhnten Trommeln durch den Wald. Gehetzt blieb er stehen und versuchte, an ihrem Klang zu erkennen, aus welcher Richtung sich die Verfolger näherten. Doch der Klang schien von allen Seiten gleichzeitig zu kommen, sie schienen ihn bereits zu umzingeln.

„Tod! Tod!" raunten die Bäume, und Waldgeister mit unheimlichen Fratzen versperrten ihm höhnisch lachend den Weg.

„Du hast dein Leben verwirkt!" kreischten die Vögel und schienen mit ihren spitzen Schnäbeln nach ihm zu hacken. Wie von Sinnen schlug Brabag um sich und schrie seine Qual in den Dschungel hinaus.

* * *

Die Männer hatten Stunden damit zugebracht, den langen, dicken Tötungsspeer zu fertigen. Mellek hatte ihnen den richtigen Baum gezeigt, sie hatten ihn gefällt, die Äste abgehauen und eine lange, scharfe Spitze aus seiner Krone geschlagen. Die Männer des Stammes trugen diesen Speer gemeinsam, im Laufschritt eilten sie voraus, die Frauen und Kinder folgten ihnen. Mellek führte sie, denn Mellek wußte, wo sie Brabag finden würden. In dem Maße wie die Macht des Medizinmannes gesunken, war seine eigene gewachsen. Er hatte sich aus dem Gespinst der Suggestionen befreit und seinen Stamm mit sich. Die gemeinsame Rache vereinte sie. Brabag mußte sterben!

Sie fanden ihn vor einem der größten Bäume des Dschungels. Hier war der Ort, an dem das heilige Steinmesser für die Mannesriten versteckt wurde. Brabag hatte sich dorthin geflüchtet, und Mellek hatte es vorhergesehen. Der Medizinmann sah die Männer mit dem riesigen Speer auf sich zukommen. Die Angst schlug in einer glühend roten Wolke über ihm zusammen. Und dann spürte er nur noch einen gewaltigen, explodierenden Schmerz in der Leibesmitte und dann Dunkelheit, barmherzige, samtene Dunkelheit. Nicht mehr Fühlen, nicht mehr Denken, nicht mehr Sein.

Kapitel 5

Zwischenspiel im Zwischenreich

Gelblichgraue Nebel wogten in undurchdringlichen Schwaden und verschlangen alles, was sich ihnen entgegenzustellen wagte. Alaia war es recht, auf solche Art verschlungen zu werden, denn das Nichts war besser als die quälende Schuld, die in den wenigen Augenblicken der Klarheit auf ihr lastete. Wozu hatte sie diese erste Inkarnation auf Erden mißbraucht! Was hatte sie getan mit ihren kosmischen Kräften! Sie würde es nicht wagen, ihrem Helfer, dem Lichtvollen, entgegenzutreten. Lieber eingehüllt in dieses gelblichgraue Nebelmeer, lieber sich quälen lassen von den namenlosen Geistern, die sie unermüdlich an die Schuld erinnerten.

„Du hast Macht mißbraucht!"

„Du hast gequält und vergewaltigt!"

„Du hast Unglück über viele Menschen gebracht!"

„Du hast mit deinen Kräften andere beherrscht!"

„Du bist schuldig! Schuldig! Schuldig!"

Dies kreischten sie so lange, bis Alaia sich die Hände vor die Ohren preßte, doch dies half nicht viel, denn wenn sie von ihr abließen, dann nur, um im nächsten Augenblick wieder von vorne zu beginnen. Und sie hatten recht, das war das schlimmste! Sie hatte vollkommen versagt! Dies Wissen tat ihr weh, schmerzte sie so eindringlich, daß sie schließlich nicht mehr anders konnte und den Tränen, die machtvoll einen Weg forderten, ihren Lauf ließ. Zeit spielte in dieser Welt keine Rolle, und so war es gleich, wie lange sie diese Schuld beweinte.

Als sie die tränenblinden Augen endlich wieder öffnete, waren die Nebel heller geworden, die namenlosen Quälgeister verschwunden, und statt dessen stand ein Lichtwesen vor ihr, das ihr beide Hände entgegenstreckte.

„Komm, Alaia", sagte der Engel einladend, „es ist genug!"

Plötzlich erinnerte sie sich daran, wie sie mit ihrem Helfer schon einmal durch die gelblichgraue Einöde gewandert war und gesehen hatte, wie die Engel vor den Schuldbeladenen geduldig warteten, bis ihr Ruf die Schichten der Zerknirschtheit durchdrungen hatte. Sie schaute ihn fragend an. Er nickte ihr freundlich zu.

„Bring mich zu ihm!" bat Alaia und ergriff die Hände des Engels. Er erlaubte, daß sie sich auf ihn stützte, und die bloße Berührung seiner makellosen Reinheit stärkte sie und ließ sie hoffen.

„Er wird mich nicht verdammen", sagte sie zu sich selbst, schaute aber den Engel dabei fragend an.

„Nein, er wird dich nie verdammen", wiederholte der Engel beruhigend.

Sie sah den königsblauen Mantel ihres Helfers als kleinen Fleck in der Ferne und beschleunigte unwillkürlich ihre Schritte, voller Sehnsucht, endlich wieder in seiner schützenden Umarmung ausruhen zu dürfen. Er stand mit ausgebreiteten Armen da und erwartete sie lächelnd.

„Ich danke dir!" sagte er zu dem Engel, und auch Alaia legte dankend die Hände vor der Brust zusammen. Der Engel nickte freundlich und ging zu den Leidenden im Nebel zurück.

Alaia ließ sich in die Arme ihres Helfers sinken. Endlich Ruhe, endlich Geborgenheit und Heilung! Als sie bereit war, die Augen zu öffnen, hatte sich die Umgebung völlig verändert. Die Sonne schien, und sie standen auf einer saftiggrünen Wiese, übersät mit den herrlichsten bunten Blumen. Die Luft war von einer kristallenen Klarheit und Frische, und sie atmete nach der unendlich langen Zeit im Nebel tief und befreit. Ein mit weißen Kieselsteinen belegter Pfad führte zu einem kleinen weißen Tempel, der von hohen Bäumen umgeben war. Der Helfer wies mit der Hand in dessen Richtung und sagte:

„Laß uns gehen!" Staunend folgte Alaia ihm in das Innere des runden Gebäudes. Drinnen lagen einige dicke Kissen auf dem hellen Steinboden, und auf einem schlichten weißen Tisch brannte ein einziges Licht zu Ehren des Einen. Der Helfer ließ sich auf eines der Kissen nieder und bedeutete Alaia, ebenfalls Platz zu nehmen. Er schaute sie fragend an.

„Was ist geschehen?"

„Ich habe alles falsch gemacht", begann Alaia, „ich habe es verdorben!"

„Berichte mir genauer, was geschehen ist!" forderte sie der Helfer auf.

„Ich habe die Kraft meines Geistes eingesetzt, um anderen Menschen meinen Willen aufzuzwingen. Ich habe ihren freien Willen nicht geachtet und meine Macht mißbraucht." Ihre Stimme wurde immer aufgeregter. „Ich habe andere Menschen geschädigt, statt ihnen zu helfen. Nie wieder will ich mächtig sein, und nie wieder will ich über Kräfte verfügen, mit denen ich auch schaden kann! Ich bin nicht besser als die Dunklen Brüder von Atlantis, denn ich..."

„Halt ein, Alaia!" unterbrach sie der Helfer. „Halt ein, denn deine Worte werden wirken, und deine Schwüre werden dich auf lange Zeit in vielen Leben binden."

„Das sollen sie auch!" entgegnete sie hitzig.

„Alaia", sagte er ruhig, „warte trotzdem einen Augenblick mit diesen Schwüren. Du bist erregt! Willst du wirklich im Zustand von Schuld und Bitterkeit Entscheidungen für viele Leben treffen?"

Sie schwieg. Dann schaute sie ihn unsicher an und fragte leise:

„Kannst du mir denn verzeihen?"

„Du wirst die Erfahrung aus diesem Leben mit in das nächste nehmen“, erklärte er. „Sie wirkt in dir und wird dich warnen, wenn du dich in die Gefahr begibst, dieser ungebändigten Kraft nachzugeben. Du kehrst nicht jedesmal wie ein unbeschriebenes Blatt zurück auf die Erde. Die Essenz der Erkenntnisse aus den früheren Inkarnationen bleibt dir und hilft dir, nicht immer in dieselbe Falle zu tappen.“

„Wie kann ich die Schuld abtragen?“ fragte sie.

„Du könntest dir ein Leben wählen, in dem du am eigenen Leib erfährst, wie es ist, wenn dein freier Wille nicht geachtet wird. Eine solche Erfahrung würde deinen Entschluß stärken, deine Macht nie wieder zu mißbrauchen. Du könntest aber auch anderen Menschen auf ihrem Weg beistehen und ihnen helfen, ihr Leben zu meistern. “

„Das will ich gerne tun“, versprach sie leise.

„Ich will dir etwas zeigen“, sagte der Helfer, stand auf, ging hinaus und kehrte bald mit einer silbernen, mit klarem Wasser gefüllten Schüssel zurück. Er stellte sie vor Alaia auf den Boden.

„Schau hinein“, sagte er freundlich.

Sie blickte auf die glatte Oberfläche. Plötzlich kräuselte sich das Wasser, und als es sich wieder geglättet hatte, sah sie das Dorf, in dem sie als Medizinmann Brabag gelebt hatte. Ihr ganzes Leben spulte sich vor ihr ab, doch diesmal schaute sie nicht nur das, was sie erlebt hatte, sondern sah die Geschichte der anderen, sah die früheren Leben jedes einzelnen, erkannte in Mellek einen ihrer Freunde aus Atlantis, der sie durch sein beherztes Eingreifen daran gehindert hatte, noch mehr Schuld auf sich zu laden, im alten Häuptling einen Tyrannen, der in einer seiner früheren Inkarnationen sein Volk bis aufs Blut geknechtet hatte. Staunend wurde ihr klar, daß jeder einzelne in jenem Leben seine eigenen Gründe gehabt hatte, sich der Macht des Medizinmanns Brabag zu unterwerfen. Sie hatten einander die Gelegenheit zu wichtigen

Erfahrungen gegeben, jeder einzelne ein freier Geist, der sich freiwillig dazu entschieden hatte.

„Auf dieser Ebene gibt es keine Schuld", erklärte der Helfer. „Hier gibt es nur Erfahrungen, zu denen sich die Seele entschlossen hat. Wer noch nicht weiß, wie Machtmißbrauch wirkt, verbindet sich mit Seelen, die die Erfahrung des Mißbrauchtwerdens suchen, um in späteren Inkarnationen nie wieder den freien Willen eines anderen zu mißachten. Eine Seele, die sich in einer männlichen Inkarnation an Frauen sexuell vergangen hat, sucht sich in einem späteren Leben eine weibliche Inkarnation, um diese Demütigung am eigenen Leib zu erfahren, damit sie wirklich sicher ist, daß sie verstanden hat. Doch Vorsicht! Hüte dich davor, die Ebenen zu verwechseln! Dies ist nicht die Ebene irdischer Dualität, und wenn du glaubst, du dürftest anderen schaden, weil diese es sich selbst so ausgesucht haben, dann wisse, daß du unter das Gesetz des Karma fällst und ähnliches erdulden wirst. Erst wenn du deine grundsätzliche Güte verwirklicht hast, ist dies Gesetz in dir vollendet. Es wird die Zeit kommen, wo die Gesetze der Dualität überwunden werden können, doch so weit ist die Menschheit noch lange nicht. Was hast du in jenem Leben gelernt, Alaia?"

„Ich habe den Rausch kennengelernt, den mir die Macht über andere Menschen verschafft hat, und ich habe erfahren, was er kostet. Ich war mächtig, doch ich war auch einsam. Jetzt erkenne ich, daß niemand mich in jenem Leben liebte, nur meine Mutter, und auch diese begann sich mehr und mehr vor mir zu fürchten. Ich selbst habe nur die Macht geliebt."

„Erinnerst du dich an das Kaleidoskop?" fragte der Helfer, und als Alaia nickte, fuhr er fort:

„Welche Farbe, glaubst du, hast du in diesem Leben ausgedrückt?" Sie überlegte. Dann antwortete sie:

„Es muß vor allem Rot gewesen sein."

„Richtig", bestätigte der Helfer, „und es ist leicht verständlich, warum du der Verführung dieser Farbe erlegen bist. Dies war dein erstes Leben als Mensch, und du verfügtest über hellsichtige Kräfte, dank derer du allen anderen überlegen warst. Vielleicht hat das Gefühl der Ohnmacht, das du in Atlantis zur Genüge ausgekostet hast, dich dazu verleitet, diesmal die Macht zu ergreifen und auch auszuüben. Dabei bist du zu weit gegangen. Du bist jetzt wieder ruhig und ausgeglichen, Alaia. Möchtest du die Entscheidungen, die du im Zustand der Erregung getroffen hast, vielleicht nicht doch ändern?" Sie nickte dankbar.

„Nie wieder will ich den freien Willen eines anderen mißachten!" sagte sie mit fester Stimme. „Ich will meine Kraft der Liebe widmen, der Liebe zu anderen Menschen und der Liebe zum Einen. Die Liebe zum Einen..." wiederholte sie träumerisch, „kann ich den Einen denn auf Erden lieben?"

„Schau in den Spiegel", antwortete der Helfer. Plötzlich fiel klares Licht aus einer Öffnung im Dach auf die glatte Wasseroberfläche, die sich langsam rosa färbte und sich gleichzeitig zu drehen begann. Immer rascher drehte sich das Wasser und bildete schließlich einen Strudel, der Alaia magisch anzuziehen begann. Sie fühlte sich hineingezogen und ergab sich willig seiner zielgerichteten Kraft. Dann explodierte das hellblaue Licht der neuen Inkarnation.

Kapitel 6

Krischna*

Der breite Fluß wälzte seine trüben braunen Fluten an ihrer Hütte vorbei. An seinen Ufern wuchsen Palmen, die sich leicht in der Nachmittagsbrise wiegten. In der Ferne konnte sie einen Bauern erkennen, der mit einem großen grauen Wasserbüffel sein Feld pflügte. Sie saß an den Stamm eines großen Baumes gelehnt und spielte mit weißen Kieselsteinen. Immer wieder legte sie neue Muster in den Sand, doch keines schien ihr wirklich zu gefallen. Jana, ihre Mutter, hockte vor der Hütte und zerrieb in einem Holzgefäß Körner zu Mehl. Mutter war sanft und schön. Mira konnte sich keine schönere Frau als ihre Mutter vorstellen. Ihre langen schwarzen Haare hingen über dem Rücken. Den Scheitel hatte sie rot gefärbt, um damit zu zeigen, daß sie einem Mann gehörte, Miras Vater. Auf der Stirn trug sie einen roten Punkt, und ihre Augen hatte sie schwarz umrandet, wodurch sie noch tiefer und geheimnisvoller schienen. Ihr nachtblauer Sari war mit einer goldenen Borte verziert.

Jetzt goß die Mutter Wasser in das Mehl, fügte Salz hinzu und rührte einen Teig, den sie später über dem Herdfeuer zu leckeren Fladen buk.

„Ich habe Hunger“, rief Mira, welcher der Duft in die Nase stieg.

„Gedulde dich, Lotosauge“, rief die Mutter, „dein Vater ist schon bald mit den Kühen zurück.“ Der Vater hatte eine prächtige

---

2* Aus „Mira und der Kreidestrich“, ch. falk verlag

Herde wunderschöner weißer Kühe mit geschwungenen Hörnern und sanftmütigen Augen, die er tagsüber an die Uferwiesen des Jamunaflusses begleitete und darüber wachte, daß keiner ihr Grasen störte. Dann saß er an einer Stelle, an der er seine Herde und das ganze umliegende Land überblicken konnte, spielte auf seiner Bambusflöte und betete zu Ganga, der heiligen Göttin aller Flüsse, von deren Wohlergehen sie abhängig waren. Denn wenn Ganga ein Hochwasser schickte, wurde ihr Heim überflutet, und auch die Kühe hatten dann kein Futter mehr. Doch Vischnu sei Dank, das war lange nicht mehr geschehen. Auch die Dürre hatte er seit einigen Jahren von ihnen abgehalten, Vischnu, jener Gott, der dafür sorgte, daß die Kraft Schivas, des Gottes der Zerstörung und Erneuerung, nicht überhandnahm.

Mira stieß einen freudigen Ruf aus, als sie den Vater inmitten seiner Herde herannahen sah.

„Baba“, rief sie und lief ihm so schnell wie möglich entgegen, „Baba!“

„Lotosauge“, antwortete der Vater und fing sie in seinen Armen auf. Der Vater war der schönste Mann, den Mira sich denken konnte, groß und kräftig, mit einem weißen Lendenschurz umgürtet. Sie preßte die Nase an seinen Hals und atmete begierig seinen Duft ein. Der Vater roch nach Sandelöl, das seiner Haut den seidigen Schimmer gab.

Vater konnte alles. Selbst die Kühe gehorchten ihm. Er rief jede einzelne bei ihrem Namen, und sie folgten ihm sanftmütig auf den eingezäunten Platz hinter der Hütte. Er nahm Mira bei der Hand, und sie folgte ihm gern, denn sie wußte, was gleich geschehen würde. Die Mutter kam mit einem Gefäß hinter ihnen her und hockte sich neben eine Kuh. Dann griff sie mit geübten Händen nach dem Euter, und die warme Milch schoß in das Gefäß. Die Mutter streichelte die Kuh, dankte ihr und molk die nächste. Mira lief derweil zwischen den Tieren umher und befühlte mit den

Händen deren weiches Fell. Sie hatte keine Angst vor den riesigen Hörnern, denn die Kühe kannten sie und taten ihr nichts zu Leide. Der Vater brachte die vollen Gefäße zurück in die Hütte. Später würde die Mutter Butter und Käse daraus bereiten.

Zum Essen saßen sie alle auf einer Matte vor dem Haus. Die Mutter goß schäumende Milch in Miras Becher, schon zum zweitenmal, doch es gab genug für alle. Dann aßen sie das duftende Brot. Der Abend brach herein. Schnell war es dunkel geworden, und der Himmel war übersät mit goldenen Sternen. Mira lag auf ihrer Schlafmatte und hörte dem Vater zu, der draußen von der Herrlichkeit der Götter sang, von Ganga und von Vischnu.

Die Liebe zu den Göttern und die Andacht hatten einen festen Platz im Leben ihrer Familie. Regelmäßig besuchten sie den Tempel, worauf sich Mira jedesmal besonders freute. Je älter sie wurde, um so mehr konnte sie dem Ritual folgen und die Gebete mit Sinn erfüllen. Der kahlköpfige Priester pflegte vor ihnen zu knien und Opfer darzubringen. Miras Eltern brachten Milch, Butter und Käse. Der Priester nahm von jedem ein bißchen und warf es unter heiligen Gebeten ins Feuer.

„Möge Ganga, die Mutter der Flüsse, Wasser bringen, so viel Wasser, wie gut für uns ist, nicht zu viel, nicht zu wenig. O Mutter Ganga, dich rufen wir an, dir opfern wir", sang er und schlug dabei seine Zimbeln. Mira durchrannen ehrfürchtige Schauer. Ganga war ihr nahe. Ganga konnte sie jeden Tag sehen, denn Ganga wohnte in dem großen Fluß, dem Jamuna, der direkt vor ihrer Hütte floß. Die Hochwasserkatastrophen kannte sie nur aus den Erzählungen der Eltern. Sie hatten ihr gezeigt, wie weit das Wasser gereicht hatte, weit hinter dem Standort ihrer Hütte. Damals hatte es wochenlang geregnet, alle Opfer hatten die Göttin nicht besänftigen können; schließlich mußten Miras Eltern die Hütte aufgeben und an einem höhergelegenen Ort warten, bis die Flut vorüber war. Viele Kühe waren gestorben und viele Kinder sehr krank geworden.

„O Vischnu, Erhalter unserer Erde, dir opfern wir, dich rufen wir an", fuhr der Priester fort und warf Blumen in das heilige Feuer. „Bewahre uns vor der Macht der Dämonen, die unseren Frieden stören, die Ernte vernichten und die Kühe mit Krankheit schlagen. O Vischnu, erhöre unser Gebet." Mira wiegte sich leise. Vischnu kannte sie nur aus den Erzählungen des Vaters, der diesen Gott besonders liebte. Vischnus Macht sorgte dafür, daß die Kinder und das Vieh gesund blieben. Vischnu war ein großer, ferner Gott. Und sie betete, wie man es sie gelehrt hatte. Jetzt entzündete der Priester eine Fackel am heiligen Feuer des Tempels und brachte sie zu ihnen. Mira streckte ihre Hände nach dem Licht aus.

„Agni", murmelte sie, wie es Brauch war, „Gott des Feuers, segne mich mit Klarheit und Verständnis. Wie deine helle Flamme Licht bringt und Wärme, so soll mein Geist hell werden und mein Wort warm sein. O Agni, erhöre mein Flehen." Dann legte sie die Stirn auf den Boden.

„Brahma, Schöpfer der Erde", betete sie, „laß mich immer daran denken, daß ich durch dich lebe, daß mir alles, was ich kann, von dir gegeben ist. Laß mich bescheiden bleiben." Dann erhob sie sich wieder. Der Priester goß etwas von der Opfermilch in ihre Hand, und sie schlürfte das süße Getränk. Dann strich er ihr Butter über die Lippen, die Mira ableckte. Butter vom Altar des Tempels war heilkräftig, denn die Götter hatten sie gesegnet. Der Tempel gehörte zu ihrem Leben, und es war wichtig, den Göttern zu opfern.

Mira war das älteste Kind ihrer Eltern. Sie hatte die Aufgabe, ihrer Mutter beim Kochen, beim Butter- und Käsezubereiten und beim Säubern der Hütte zu helfen. Der Vater hatte die Hütte erweitert, damit die immer größer werdende Familie darin Platz fand. Mira liebte ihre Geschwister. Den kleinsten Bruder trug sie in einem Tuch auf dem Rücken. Dann schlief er, und sie konnte leichter ihrer Arbeit nachgehen. Sie spürte seinen warmen Atem im Nacken und lächelte, wenn er im Schlaf brabbelte.

Plötzlich hörte sie Stimmen. Einige Frauen näherten sich der Hütte, hochgewachsen wie ihre Mutter. Sie trugen Krüge und Körbe auf den Köpfen und riefen ihnen schon von weitem Grüße entgegen. Hinter den Frauen sprang eine Schar Kinder, Jungen und auch einige Mädchen in Miras Alter. Die Jungen zielten mit Steinen nach den grünen Papageien, die kreischend aus den Palmen flüchteten.

„Mira, Lotosauge", sagte die erste Frau und strich ihr übers Haar.

„Schanti, Schwester meiner Mutter, ich freue mich, daß du uns besuchst", antwortete Mira und begrüßte danach die anderen, Nachbarinnen der Tante und deren Kinder. Dann sprang sie ins Haus, um Milch für die Gäste zu holen. Die Mutter brachte Matten aus dem Haus. Nanditha, Miras jüngere Schwester, trug die Becher. Alle ließen sich auf den Matten nieder. Die Mutter schenkte den Gästen Milch ein. Dann wurden Neuigkeiten aus der Familie ausgetauscht. Wie ging es den Männern, wie den Kindern der Verwandten, wo waren Kälbchen geboren, wie waren die Preise von Butter und Käse auf dem Markt von Mathura. Auf dieses Stichwort hin griff sich die Tante ihren Korb und holte Fläschchen mit duftendem Sandelöl heraus, schwarze Farbe für die Augen der Mutter und eine dicke reife Mangofrucht für die Kinder, Dinge, die man nur in Mathura, in der Stadt, bekommen konnte. Die Kleinen stürzten sich auf die ältere Schwester und riefen:

„Gib sie uns, bitte, gib sie uns, große Schwester", und Mira zerteilte die Frucht und verteilte sie an die Geschwister.

„Laß dir selbst auch ein Stückchen übrig", erinnerte sie die Tante, die nur zu gut wußte, wie Mira für ihre Geschwister sorgte. Als sie die Geschenke genügend bewundert hatten und die Milch und die Mango verzehrt waren, fragte die Mutter die Schwester:

„Was gibt es Neues in Mathura? Hier draußen erfährt man nichts von dem, was in der Stadt geschieht.“

„Dann habt ihr noch nichts von dem Flötenspieler Krischna gehört und seinem Freund Arjuna? Er hält die ganze Gegend in Aufregung mit seinen Streichen, und die Mädchen sind vollkommen verzaubert von seinem Wesen. Stell dir vor“, fuhr sie fort, „was er getan hat. Er ist mit seinem Freund den Mädchen gefolgt, als sie zum Baden an den Fluß gingen.“ Ein empörtes, erstauntes Gemurmel unterbrach ihre Erzählung. Jungen, die den Mädchen beim Bad zuschauten! Hatte man so etwas schon gehört!

„Und nicht genug damit“, rief die Tante, die ihre Rolle sichtlich genoß. „Nachdem alle Mädchen ihre Kleider abgelegt hatten, um der Göttin Ganga zu huldigen, schlich er sich mit seinem Freund zu den Saris und hängte sie alle in einen Baum.“ Die Frauen schrien empört auf.

„Unerhört! So eine Frechheit! Was nimmt sich dieser Krischna da heraus!“

„Die Mädchen kamen aus dem Fluß und wollten sich anziehen“, fuhr die Tante fort. „Doch Krischna und Arjuna saßen im Baum bei den Saris, lachten und schauten sich die Mädchen an. Die Mädchen mußten sie erst freundlich um die Saris bitten, bis sie sie wieder zurückbekamen. Und dann kommt das Unglaublichste“, rief die Tante, und alle schwiegen, um sie nur ja nicht in ihrem Redefluß zu unterbrechen.

„Keines der Mädchen konnte diesem Krischna böse sein. Völlig verliebt tanzten sie mit ihm die halbe Nacht lang und kamen alle viel zu spät nach Hause. Irgend etwas ist an ihm, an diesem Krischna, irgend etwas Strahlendes. Keiner kann ihm böse sein, auch nicht die Frauen, denen er fleißig die Butter stiehlt. Sie fühlen sich geehrt, ihn überhaupt in ihrer Hütte zu haben. Und wenn er Flöte spielt, dann lassen die Mädchen ihre Arbeit liegen und rennen zu ihm, stellt euch das vor!“ schloß die Tante ihre Erzählung.

„Hast du ihn gesehen, Schwester meiner Mutter?“ fragte Mira.

„Ich habe ihn gesehen“, antwortete die Tante. „Er zieht oft mit seinem Freund durch die Straßen von Mathura. Meistens folgen ihm viele Menschen. Einige sagen...“, und sie senkte die Stimme zu einem Flüstern, „... daß er ein Gott sei. Ein Gott, der auf die Erde gekommen ist, um uns zu belehren.“

„Und wieso stiehlt ein Gott die Kleider von badenden Mädchen?“ hakte die Mutter nach.

„Die Leute sagen, daß er ihnen zeigen wollte, daß es nicht die Kleider sind, die ein Mädchen liebenswert machen. Er und Arjuna begehren keines von ihnen, sie tanzen mit ihnen und sprechen von Liebe, doch es scheint eine andere Liebe gemeint zu sein als die, die Frauen und Männer beieinanderliegen läßt.“

Ein Gott, der auf die Erde gekommen war? Konnte das sein? Die Priester berichteten davon, doch war dies lange her.

„Und“, fragte Mira, „stimmt es? Ist er ein Gott?“ Die Tante wiegte den Kopf.

„Du willst es genau wissen, Lotosauge“, sagte sie und drohte scherzhaft mit dem Finger. „Schau, daß du nicht auch seinem Zauber verfällst!“ Doch Jana, ihre Mutter, meinte:

„Ich will es auch wissen, Schwester. Hältst du ihn für einen Gott?“

„Es ist möglich“, antwortete sie leise. „Mein Herz ist so von Glück erfüllt, wenn ich Krischna sehe. Vielleicht würde ich auch mit ihm ziehen, wenn ich noch jünger wäre...“ Sie schwieg. Mira sprang auf die Füße, lief zu ihrer Mutter und rief:

„Bitte, ich will ihn sehen, bitte, laß mich nach Mathura!“

„O weh“, stöhnte die Tante, „ich hätte nie davon erzählen dürfen!“

„Tut er den Mädchen etwas zuleide?“ fragte die Mutter.

„Nein“, antwortete die Tante, „das nicht. Sie lieben ihn nur und vergessen alles um sich herum vor Liebe zu ihm. Doch er hat sich noch an keiner vergriffen.“

„Mira ist ein verständiges Mädchen“, sagte die Mutter. „Wenn er wirklich ein Gott ist, dann hat sie ein Recht darauf, ihn zu sehen. Ihr Herz soll selbst entscheiden.“ Dann wandte sie sich zu ihrer Tochter und sagte:

„Du darfst deinen Vater auf den Markt begleiten, wenn er in Mathura mit Butter und Käse handelt. Schau dir diesen Krischna an und folge deinem Herzen.“ Mira stürzte ihrer Mutter zu Füßen und küßte sie.

* * *

Kaum hatte das Mädchen den nächsten Markttag erwarten können. Sie sprach von nichts anderem mehr, und ihre Geschwister neckten sie bereits mit Krischna. Am Morgen des besonderen Tages hatte sie sich früh im Fluß gebadet und ihr Festkleid, den leuchtendroten Sari mit der Goldborte, angezogen. Die Mutter hatte sie gewähren lassen, obwohl der staubige Markt der Stadt ein solches Festkleid nicht verdiente. Dann hob ihr der Vater einen kleinen Korb mit Butter und Käse auf den Kopf, er selbst schulterte sein Bündel, und so zogen die beiden los, der Stadt entgegen. Der Weg war staubig, bald brannte die Sonne auf sie herab, und Mira, die das Lastentragen nicht gewöhnt war, wurde müde. Doch sie ließ sich nichts anmerken aus Angst, der Vater würde sie zurückschicken. Immer mehr Menschen gesellten sich zu ihnen, manche trieben beladene Esel vor sich her, andere hatten Ziegen mit Stricken zusammengebunden, um die Tiere zum Verkauf anzubieten. So viele Menschen auf einmal hatte das Mädchen noch nie gesehen. Es war das erstemal, daß sie die große Stadt sah.

Sie hielt sich am Ärmel ihres Vaters fest und folgte ihm durch die Straßen Mathuras. Hier waren noch viel mehr Menschen unterwegs, Bauern mit Ochsenkarren drängten sich durch das Gewühl, es duftete verwirrend nach Gewürzen, Sandelöl, Speisen

Er lächelte. „Meine Vergebung nützt dir nichts“, antwortete er dann zu ihrem Erstaunen. „Nicht ich muß dir vergeben, auch nicht der Eine, sondern du selbst, du mußt dir vergeben! Du bist es, die dich schuldig spricht, und du wirst es sein, die dich aus dieser Schuld entläßt.“

„Wie kann ich mir vergeben, wenn ich mich doch schuldig gemacht habe!“ widersprach sie heftig.

„Schuld ist ein Begriff der Dualität“, begann der Helfer, „denn nur dort regiert das Gesetz des Karma. Dieses Gesetz besagt, daß jede Ursache zu einer ihr gemäßen Wirkung führt. Tust du Gutes, wirst du Gutes ernten, tust du Böses, wird dir auch dies mit gleicher Münze vergolten. Auf die Welt bezogen stimmt dieses Gesetz.“

„Dann stimmt es doch, dann bin ich schuldig“, wiederholte sie bitter.

„Ja“, bestätigte der Helfer, „in dem Sinne, daß das Gesetz des Karma bei dir zur Anwendung kommen wird.“

„Wer spricht das Urteil?“ fragte sie leise.

„Niemand außer dir selbst“, antwortete der Helfer. „Es ist nicht so, daß unsichtbare Wächter oder gar der Eine selbst über die Erfüllung des Gesetzes wachen müßten. Jede Seele ist in ihrem tiefsten Kern vollkommen, ein Funke aus dem Einen. Dieser Funke weiß, was gut und richtig ist, und er ist es, der dich spätestens nach einer Inkarnation wissen läßt, wo du in deinem Leben gefehlt hast. Du bist es also selbst, die dir die Buße auferlegt.“

„Kann ich denn wieder gutmachen, was ich verdorben habe?“ fragte Alaia hoffnungsvoll.

„Ja, natürlich“, antwortete er, „das mußt du sogar, denn solange du dich in der Welt der Dualität befindest, stehst du unter dem Gesetz des Karma. Doch wenn du dich deiner Kräfte vollständig beraubst, wird es schwerer für dich werden, verstehst du?“

„Ich habe Angst, sie wieder zu mißbrauchen“, entgegnete sie.

und dem Dung der Kühe, die überall umherliefen. Kühe waren heilige Tiere. Sie durften, wohin sie wollten, sogar in den Tempel!

Der Vater führte sie geradewegs zum Fluß, denn dort sollte Krischna jeden Tag vorbeikommen, und Mira wünschte sich nichts sehnlicher, als daß er es auch heute tun möge. Der Vater suchte eine Stelle am Ufer aus, nahm ihr den Korb vom Kopf und hockte sich dort mit seinen Waren auf den Boden. Bald waren sie von Menschen umringt, die Butter und Käse gegen Getreide und Früchte tauschten. Mira bekam ein Fläschchen Sandelöl, ihr erstes eigenes Sandelöl. Sie war ziemlich aufgeregt, und nur die Worte ihrer Tante, daß man den Zug Krischnas unmöglich verpassen konnte, beruhigten sie ein wenig. Doch was, wenn er ausgerechnet heute nicht käme!

Plötzlich vernahm sie von weitem das Geräusch von Zimbeln und Glöckchen. Aufgeregt sprang sie auf die Beine, konnte aber zwischen den Erwachsenen kaum etwas sehen. Eine alte Frau neben ihr handelte mit Blütenketten für den Tempel. Mira bat ihren Vater um ein Stück Käse und erhielt von der Frau dafür eine Girlande. Immer näher kam der Zug, und Mira wurde immer erregter.

Und dann sah sie ihn. Er tanzte dem Zug voraus, strahlend, ein schöner Jüngling mit einer dunklen, fast blauen Hautfarbe und großen, mandelförmigen Augen. Er spielte auf seiner Flöte, und die Töne drangen bis in Miras Herz.

„Lotosäugiger Flötenspieler, Krischna“, flüsterte sie und hing gebannt an seinem Gesicht. Krischna war herangekommen. Plötzlich hielt er inne und blieb direkt vor ihr stehen.

„Mira“, sagte er, so wie noch keiner zu ihr Mira gesagt hatte. Er kam zu ihr, sie fiel auf die Knie und hielt ihm mit zitternden Händen die Blütenkette und das Sandelöl entgegen. Ihr Herz brannte mit einem Feuer, das sie noch nie gefühlt hatte.

„Mira“, sagte er wieder, und sie wagte einen Blick in seine dunklen Augen. Er nahm sie bei der Hand und zog sie hoch. Dann berührte er sie an der Stirn, und ihr war, als sei ein Schleier weggezogen worden. Plötzlich erkannte sie ihn als den, der er war, als den Gott der Liebe, der gekommen war, die Menschen wieder zu lehren, was Liebe bedeutete. Sie verstand, daß Liebe bedeutete, alles zu lieben und nichts auszulassen, die Erde, die Pflanzen, die Tiere, den Fluß, die Bäume und alle Menschen. Das war seine Botschaft.

„Deswegen bist du gekommen, Mira", hörte sie seine Stimme. „Das wolltest du lernen, diese Liebe, nicht nur zu den Göttern und zu den Menschen, die dir nahestehen, sondern auch zur Erde, mit allem, was auf ihr lebt. Du kannst alles lieben, Mira, und vergiß nie, daß du freiwillig hier bist." Dann strich er ihr übers Haar, und der Schleier fiel wieder über sie. Krischna zog weiter, und Mira blieb schweigend zurück, doch die Liebe verweilte in ihrem Herzen.

Der Vater hatte nichts von dem verstanden, was Krischna zu ihr gesagt hatte. Doch da er ein tief gläubiger Mensch war und wohl gespürt hatte, wer in der Form von Krischna vor ihnen gestanden hatte, drängte er sie nicht und führte sie sanft nach Hause zurück.

Jana sah ihre Tochter an, sah ihre strahlenden Augen und umarmte sie glücklich.

„Wir sind wirklich einem Gott begegnet", sagte der Vater ruhig.

„Er ist der Gott der Liebe", sagte Mira leise und küßte ihr schlafendes Brüderchen auf die Wange.

* * *

Seit dieser Begegnung war Mira nicht mehr die, die sie gewesen war. Die Liebe zu Krischna erfüllte ihr Herz und ergoß sich über alle Menschen, die ihr begegneten. Jeden Morgen opferte sie als erstes den Göttern am Hausaltar und begann dann mit der Arbeit.

Sie half ihren Eltern unermüdlich, sorgte für die Geschwister und kümmerte sich um die Tiere. Wenn eine der Nachbarsfamilien in Not geriet, eilte sie in deren Hütte, pflegte die Kranken und führte den Haushalt. Für sich wollte sie nichts, der Dienst an den anderen war ihr Lohn genug.
Als der Vater ihr eröffnete, daß die Zeit gekommen war, wo sie dem Mann, dem sie von Kindheit an versprochen war, übergeben werden sollte, sah sie ihn freimütig an und entgegnete:

„Nie werde ich einem anderen gehören als Krischna. Meine besondere Liebe gilt nur ihm, sonst liebe ich alle Menschen gleich. Gerne würde ich, wenn das für Frauen möglich wäre, wie ein Sadhu durch die Lande ziehen, am liebsten aber mit ihm, mit Krischna. Doch weil ich als Frau und nicht als Mann geboren bin, ist mir dieser Weg in diesem Leben versperrt. Bitte, Vater, rede mit dem Vater dieses Mannes. Mein Sinn steht nicht nach Heirat. Laß mich euch weiter dienen und später meinen Geschwistern. Zwingt mich bitte nicht, ein Leben zu führen, das mich unglücklich machen wird."

Das Gesicht des Vaters war sehr ernst geworden. Mira war noch jung, und er befürchtete, daß ihr diese Entscheidung später leid tun könnte. Außerdem war sie versprochen, und eine solche Abmachung konnte nicht so einfach wieder gelöst werden. Er hatte sich mit dem Vater des jungen Mannes zusammengesetzt. Sie waren sich einig darin, daß man das Mädchen nicht zwingen durfte, weil dies Unglück auf das junge Paar herabbeschwören würde, und die beiden waren übereingekommen, ihr noch ein Jahr Zeit zu lassen. Wenn es sich nur um die Flause eines jungen Mädchens handelte, würde sie bis dahin sicher zur Vernunft gekommen sein. Wenn nicht, dann müßte man weitersehen.

Doch nach diesem Jahr hatte sich Miras Entschluß nicht geändert. So entschädigte der Vater die Familie des jungen Mannes mit dreien seiner besten Kühe. Außerdem versprach er ihnen seine jüngere Tochter Nanditha für das nächste Jahr, da diese dann zwölf Jahre alt sein würde. Die Familie des jungen Mannes zeigte sich einverstanden. Mira war überglücklich, und ihre jüngere Schwester ebenfalls, denn diese konnte sich nichts Schöneres denken, als bei einem Mann zu liegen und ihm Kinder zu schenken.

Mira verströmte ihre Liebe, die aus einer unerschöpflichen Quelle in ihrem Herzen sprudelte. Die Menschen kamen zu ihr, wenn sie krank wurden, denn oft ging es ihnen besser, wenn Mira sie berührt hatte. Sie hielten sie für eine Yogini, doch diesen Namen nahm sie in ihrer Bescheidenheit nicht an, da sie wußte, daß es die Liebe Gottes war, die heilte, und nicht sie. So verbrachte sie ihr Leben in Demut und aufopferungsvollem Dienst an ihren Nächsten.

Als sie spürte, daß die Kraft ihres Körpers nachzulassen begann, freute sie sich, bald mit den Göttern vereint zu sein. Sie wußte, daß sie in diesem Leben alles ihr Mögliche für eine gute Wiedergeburt getan hatte. Krischna sei Dank! Bald würde es vollbracht sein. Sie hatte keine Angst davor, ihren Körper zurückzulassen, denn sie war sicher, daß die Götter sie empfangen und ihr den Weg weisen würden. So starb sie lächelnd, umgeben von denen, die sie liebten.

Viele Menschen brachten Holz, und die Höhe des Scheiterhaufens, auf dem ihre sterbliche Hülle verbrannt wurde, zeigte, wie sehr sie von ihnen geachtet wurde. Drei Tage lang gaben ihr die Menschen die Ehre, denn so lange rauchte das Holz. Dann überantworteten sie die Asche dem Fluß, Mutter Ganga, der Mira in ihrem Leben so oft geopfert hatte. Die Menschen streuten Blumen in die braunen Fluten und beteten zu Schiva, dem Gott, der die Yogini zu sich gerufen hatte.

„Om Namaha Schivaya! Om Namaha Schivaya! Schiva Om!“

Kapitel 7

Zwischenspiel im Zwischenreich

Diesmal sah sie den Engel sofort. Er stand am anderen Ende eines langen Tunnels aus Licht, den sie furchtlos durchschritten hatte, und streckte ihr beide Hände entgegen.

„Willkommen, Alaia", begrüßte er sie strahlend, „er erwartet dich schon!"

Die Sonne stand hell am leuchtendblauen Himmel. Alaia folgte dem Engel über smaragdgrüne Wiesen und erfreute sich am Duft der bunten Blumen. Vögel sangen, kleine Insekten senkten sich summend in geöffnete Blütenkelche und labten sich dort am süßen Nektar. Eine laues Lüftchen ließ die Blätter der Bäume rascheln. Hinter einer Wegbiegung tauchte der kleine weiße Tempel auf. Der Engel führte sie bis an die Eingangspforte und verabschiedete sich dort von ihr, indem er die Hände vor der Brust zusammenlegte. Sie eilte die Stufen hinauf. Dort stand der Helfer mit weit ausgebreiteten Armen, in die sie sich freudig hineinsinken ließ. Als sie das Wiedersehen genügend ausgekostet und sich lange genug bei ihm ausgeruht hatte, ließen sie sich auf die dicken, am Boden liegenden Kissen nieder.

„Welch schöner Empfang!" rief Alaia froh. „Keine gelblichgrauen Nebel, keine Geister, keine Qual!"

„Was glaubst du, woran das liegt?" fragte der Helfer lächelnd.

„Vielleicht an meinem Leben?" überlegte Alaia. „Diesmal bin ich wirklich zufrieden mit mir."

„An deinem Leben, das ist richtig", bestätigte der Helfer, „denn du selbst bereitest mit deinem Leben auf der Erde vor, was dich auf der anderen Seite erwarten wird. Wenn du liebst, erschaffst du dir ein Paradies, wenn du haßt, die Hölle. Es sind deine eigenen Schöpfungen, denen du begegnest. Niemand anders als du selbst bestimmt, was du auf der Erde und im Zwischenreich erlebst. Erinnerst du dich daran, was ich dir beim letzten Mal gezeigt habe?"

„Meinst du die höhere Ebene, von der aus ich mein Leben als Medizinmann betrachtete?" fragte Alaia.

„Genau, die meine ich", bestätigte der Helfer. „Dort ließ ich dich sehen, wie sich jede Seele die Erfahrungen ermöglicht, die ihr zu ihrem Menschsein fehlen. Wer, meinst du, legt die Art dieser Erfahrungen fest?"

„Nicht ich, wie ich mich auf der Erde und im Zwischenreich erlebe", antwortete Alaia. „Und doch – wenn ich es bin, die diese Wahl trifft, muß es noch etwas anderes in mir geben, etwas, das mir nicht bewußt ist." Sie überlegte eine Weile und fügte dann nachdenklich hinzu: „Dieser Teil in mir müßte meine Rolle im Schöpfungsplan vollständig überblicken!"

„Das tut er auch", antwortete der Helfer, „denn der Aspekt deiner selbst, der solche Entscheidungen trifft, ist dein Höchstes Selbst oder, wie du sagen könntest, der Funke des Einen in dir. Er ist es, der die Erfahrungen aussucht, die dir noch zu deinem Menschsein fehlen. Sein einziges Ziel dabei ist, daß du die Lektionen lernst, die du brauchen wirst, um deinen selbstgewählten Auftrag im großen Plan des Einen zu erfüllen."

„Wenn dieser Teil alles festlegt, bleibt mir auf Erden dann überhaupt eine Wahl?" fragte sie.

„Natürlich!" antwortete er. „Als Erdenmensch kannst du entscheiden, welche Richtung die Erfahrung nehmen soll, denn deinem Höchsten Selbst ist es gleich, wie du die Lektionen lernst und wie lange du dafür brauchst. Reicht dir das Beispiel anderer Menschen, um zu lernen, oder mußt du dazu alles selbst erleben? Genügt es dir, den Fehler einmal zu machen, oder mußt du ihn wiederholen, bis du dir wirklich sicher bist? Wie gut wertest du deine Erfahrungen auf Erden aus? Schiebst du alle Fehler auf die anderen oder bist du bereit, auch bei dir selbst zu suchen? Wie wach bist du, wie bereit, die Lektionen zu erkennen, die sich dir bieten? Du hast als Mensch viele Möglichkeiten, die Richtung der Erfahrungen zu lenken. Die dir innewohnende grundsätzliche Güte zeigt dir dabei den Weg."

„Dann war es diese Güte, die mich geführt hat", überlegte Alaia, „denn diesmal habe ich es, glaube ich, gut gemacht. Ich habe geliebt, und ich wurde geliebt. Ich habe niemanden beeinflußt, sondern demütig getan, was die Liebe in meinem Herzen mir auftrug, und das war, meinen Mitmenschen zu dienen. Vor allem liebte ich den Einen, der mir in Gestalt Krischnas begegnet war. Dafür verlieh er mir die Gabe der Heilung. Ich tat mein Möglichstes, um das, was ich als Medizinmann falsch gemacht habe, wieder auszugleichen. Ist es mir gelungen?"

„Das entscheidet allein dein Höchstes Selbst, doch wenn du mit dir zufrieden bist, hast du viel erreicht. Es ist jedoch nicht nur das Leben, das bestimmt, wie du das Zwischenreich erfährst", fuhr er fort, „es ist auch das Sterben. Was war diesmal anders als beim letzten Mal?" Alaia mußte nicht lange überlegen:

„Diesmal gab es keine Dunkelheit! Ich sah ein klares Licht am Ende eines Tunnels, und dem bin ich gefolgt. Dort wartete das Lichtwesen auf mich und führte mich zu dir."

„Wie war es vor dem Sterben? Was hast du gefühlt, als der Tod sich nahte?"

„Ich war ganz ruhig und froh, denn ich wußte, daß die Götter mich empfangen würden. Endlich würde ich wieder mit dem Licht vereint sein! Deshalb ließ ich meinen Körper gern zurück."

„Siehst du, das ist der Unterschied. Wenn du nicht weißt, daß du ein freies Geistwesen bist und dich angstvoll an deinen Körper klammerst, wird dich diese Furcht begleiten, und da es deine

Gedanken sind, die die Wirklichkeit im Zwischenreich bestimmen, wirst du bei deiner Ankunft Angst und Schrecken spüren. Stirbst du im Bewußtsein großer Schuld, wird dich ein Zwischenreich erwarten, das deine Schuld zum Ausdruck bringt. Doch wenn du ruhig hinübergehst und dich nicht sträubst, den Körper loszulassen, weil du weißt, daß du weiterlebst, und vertraust, daß dich die Helfer liebevoll empfangen, dann wird genau das auch geschehen. Nur der, der richtig stirbt, kann das klare Licht erkennen, das Befreiung bringt. Nur wer richtig lebt, kann richtig sterben. Wir auf der anderen Seite versuchen, euch Menschengeistern nach Kräften zu helfen. Doch oft seid ihr so sehr in eure Gespinste verwoben, daß wir lange warten müssen, bis wir Gehör finden. Und nur die Hand, die sich uns aus freiem Willen entgegenstreckt, dürfen wir ergreifen."

„Wenn mein Leben diesmal gut war und das Karma Brabags ausgeglichen hat, kann ich dann zurück, zurück zum Sirius?" fragte Alaia erwartungsvoll. Das Gesicht des Helfers spiegelte sein Mitgefühl.

„Nein, Alaia, denn es gibt noch so viel mehr, was du erfahren mußt. Du hast in jenem Leben vieles ausgespart, was zum Menschsein eigentlich dazugehört. Die Liebe, die du spürtest, war göttlich unpersönlich, denn du liebtest alle gleich, außer dem Einen, außer Krischna. Erinnerst du dich an das Kaleidoskop?" Alaia nickte.

„Welche Farbe, glaubst du, hast du diesmal ausgedrückt?"

„Nicht die rote", antwortete sie rasch.

„Ganz ohne Rot kommst du nie aus", antwortete der Helfer lächelnd, „sonst wärst du nicht fähig, eine Handlung zielgerichtet auszuführen. Doch du hast recht, die Farbe Rot stand diesmal nicht im Vordergrund."

„Das Leben dort glich meinem Leben in Atlantis", überlegte Alaia. „Dann muß es Blau gewesen sein, wenn auch ein dunklerer Farbton als damals."

„Richtig", bestätigte der Helfer, „Dein Leben war ein blaues Leben, denn der Wille des Einen war dein Wille, wie damals in Atlantis. Du gabst deinem persönlichen Ich mit seinen eigenen Wünschen keinen Raum. Doch das Ich gehört zum Menschsein und damit zum Schöpfungsplan. Auch die persönliche Liebe zu einem anderen Menschen, als Frau zu einem Mann oder als Mann zu einer Frau, hast du noch nicht erfahren. Den Medizinmann Brabag überwältigten die Triebe, und er nahm sich, was er wollte, mit Gewalt. Doch es geht auch anders, Alaia, vollkommen anders. Die Erfahrung lustvoller körperlicher Vereinigung zweier Menschen, die sich lieben, fehlt dir noch. Auch die Erfahrung, Vater oder Mutter von eigenen Kindern zu sein, steht noch an. In jenem indischen Leben lebtest du wohl mit den Menschen, doch gehörtest du nicht wirklich zu ihnen."

„Wenn ich so werde wie sie, verstricke ich mich und werde fallen", rief sie angstvoll, „was erwartest du von mir?"

„Du wirst fallen und wieder aufstehen, gutes und schlechtes Karma sammeln, bis du als Mensch so weit gereift bist, daß du die Fallen kennst, in die du treten könntest, und sie vermeidest. Erst wenn du wirklich Mensch geworden bist, kannst du tun, wozu du dich dem Einen gegenüber freiwillig verpflichtet hast: *Den neuen Weg zu gehen, ein Gottesleben in den Welten der Materie zu führen, den Samen auszubringen in das Erdreich einer neuen Dimension. Belebte Materie, begabt mit eigenem Willen, von Ihm ermächtigt, das noch Getrennte zu vereinen, die Dunkelheit in Licht zu wandeln, die Zweiheit in die Einheit zu geleiten.* Erinnerst du dich, Alaia?"

Sie nickte schweigend. Daß dieser Weg so schwer sein würde, hatte sie nicht erwartet. Er fuhr fort:

„Du folgtest Seinem Aufruf, den göttlichen Funken als eigenständiges Wesen zu verkörpern, scheinbar getrennt von Ihm und doch ewig geeint, denn ohne Ihn ist Leben unlebbar. Zu diesem Zweck bist du hinabgestiegen und hast dich in einem Körper inkarniert. Auf Sirius war Sein Wille auch dein Wille, und als du gerufen wurdest, folgtest du, ohne nachzudenken. Du gingst auf einen neuen Planeten, den Planeten Erde, und du wußtest durch den intergalaktischen Rat, daß die Bewohner von Gaia die Dimensionen des ursprünglichen Plans um eine neue, äußerst wichtige erweitert hatten: Sie waren Wesen mit einem freien Willen, fähig, sich gegen die göttliche Kraft zu entscheiden. Das war neu für dich, vollkommen neu, undenkbar und unfühlbar."

„Es hat alles zerstört", sagte sie leise, „hat meine Freunde getötet, unser gemeinsames Werk vernichtet!"

„Dein Werk ist zerstört, das stimmt, Alaia, doch was ist mit dem großen Werk? Die lebendigen Wesen im Prinzip der Dualität, begabt mit der Freiheit des Willensentscheids, sind dem Schöpfergott so ähnlich wie sonst kein anderes in den Galaxien. Auf Sirius folgtest du Ihm wie ein Kind dem Vater vertrauensvoll, getragen von Seiner Liebe, erfüllt von ihr, und diese Liebe konnte überfließen auf die anderen Wesen Seiner Schöpfung, doch wo warst du, du als eigenständige Person? Du warst Kanal für Ihn, dein freier Wille existierte nicht, noch nicht, Alaia! Als Mensch wirst du ihn dir erwerben, wirst durch alle Höhen und Tiefen dieser irdischen Erfahrungswelten schreiten, und wenn du dich letztlich entscheidest, Seinen Willen zu erfüllen, tust du das nicht mehr als Kind, sondern als gereiftes Wesen, das sich dieser Entscheidung zutiefst bewußt ist. Dann wirst du für Ihn zum Partner, zum Mitschöpfer Seiner neuen Wirklichkeit auf dem Planeten Erde, zum bewußten Gefäß für Seine Liebe. Das ist das große Werk, Alaia, begreifst du nun?"

Sie nickte langsam.

„Deshalb ist es so wichtig, daß du ein wirklicher Mensch wirst, auch wenn du dabei straucheln solltest. Du wirst wieder aufstehen, und alle Erfahrungen, besonders aber die schmerzlichen, werden dich weiterbringen. Vertraue auf die grundsätzliche Güte in dir,

Alaia, denn sie ist eine starke Kraft. Sie wird dich nie verlassen, auf sie kannst du vertrauen. Und zwischendurch bin ich für dich da."

„Ich würde mich gern öfter mit dir beraten", seufzte Alaia, „nicht nur im Zwischenreich. Wird das möglich sein?"

„Jetzt noch nicht", entgegnete der Helfer, „doch es wird eine Zeit kommen, in der dein Geist reif genug geworden ist, um auch im Erdenleben Kontakt zu mir zu halten."

„Was ist es, was ich diesmal lernen soll?" fragte sie leise.

„Das weißt nur du allein", antwortete der Helfer freundlich, „vertraue deinem Höchsten Selbst. Bist du bereit, Alaia?"

Sie seufzte, und er umfing sie in schützender Umarmung. Er hielt sie so lange, bis sie genug Kraft für ein neues Erdenleben gesammelt hatte.

„Es sei", flüsterte sie und blickte in die silberne, mit Wasser gefüllte Schüssel. Der klare Lichtstrahl von oben traf auf die spiegelblanke Oberfläche, dessen Inhalt sich rosa färbte. Langsam begann sich die Flüssigkeit zu drehen, immer rascher, und zog Alaia in den Strudel hinein, und das hellblaue Feuerwerk explodierte in einer neuen Inkarnation.

Kapitel 8

Tibet

Schneebedeckte Gipfel umgaben das weite Tal wie mit einem Schutzwall. Ein kleines Dorf schmiegte sich an ihre steilen Hänge, von Steinmauern umgebene Häuser, in deren Höfe Ziegen und kleine, struppige Schweine gehalten wurden. Am Rande des Dorfes befanden sich die Stallungen und größere, von Mauern umgebene Koppeln, wo die Pferde und die Yaks überwinterten. Jetzt, im Frühsommer, hatten die Männer die Tiere auf die saftigen Weiden des Hochlandes getrieben. Sie würden erst im Herbst zurückkehren, wenn die Yaks so fett geworden waren, daß sie den Winter gut überstanden. Frauen, Alte und Kinder waren im Dorf zurückgeblieben, um die kleinen Felder zu bestellen, auf denen Gerste, Erbsen und Bohnen angebaut wurden.

Die Felder malten grüne Flecken in die graubraune Steinwüste. Daß hier überhaupt etwas wuchs, war dem Fluß zu verdanken, der in den Bergen hinter dem Dorf entsprang und genügend Wasser führte, um das angrenzende Land zu bewässern. So war beides möglich: Viehwirtschaft und Landwirtschaft, und aus diesem Grunde erfreute sich das Dorf eines bescheidenen Reichtums. Die Bewohner hatten genug zu essen, sie erwirtschafteten sogar Überschüsse und konnten diese gegen nützliche Güter, die sie nicht selbst herstellen konnten, eintauschen, wie zum Beispiel Salz, Kleiderstoffe und Haushaltsgerät.

Das Mädchen auf dem Gemüsefeld reckte und streckte seinen schmerzenden Rücken. Sie beschattete die Augen mit der Hand und begutachtete den Stand der Sonne. Richtig! Zeit für eine

Pause. Seit dem frühen Morgen arbeitete sie nun schon auf dem Feld ihrer Eltern, hatte die Erde um die zarten Gemüsepflänzchen herum mit einem spitzen Holz gelockert, Unkraut gejätet und die Steine, die der Boden immer wieder aus der Tiefe herauswachsen ließ, auf die niedrige Steinmauer geschichtet, die das Feld umgab. Sämten wischte sich den Schweiß von der Stirn. Heute brannte die Sonne besonders heiß vom Himmel. Aufatmend ließ sie sich auf die Mauer sinken, goß Wasser aus dem Schlauch in ihre hölzerne Trinkschale und trank. Die Luft war trocken im tibetischen Hochland, deshalb lernten schon die Kinder, wie wichtig es war, die verlorene Feuchtigkeit immer wieder durch Trinken zu ersetzen. Sie nahm einen Beutel aus ihrer Schürzentasche, schüttete daraus geröstetes Tsampamehl in eine kleine Schüssel, goß Wasser darüber und mischte mit den Fingern der rechten Hand einen dicken Brei. Aus dieser Masse formte sie kleine Bällchen, die sie sich geschickt in den Mund warf. Prüfend betrachtete sie das Feld. Weit mehr als die Hälfte der Arbeit war getan. Sie könnte sich ein kleines Schläfchen gönnen. Ihr Blick fiel auf ein Gebüsch gleich hinter der Steinmauer, das genug Schatten vor der sengenden Sonne spendete. Sie kroch unter die schützenden Zweige, legte den Hut als Kissen unter den Kopf und schlief bald darauf ein.

Wilde Schreie drangen störend in ihre Träume ein und drängten sich immer lauter vor die inneren Bilder, bis sie erschrocken auffuhr. Das Dorf! Rauchwolken schraubten sich gen Himmel, Menschen kreischten und brüllten, was war dort los? Sie sprang auf, doch der Anblick war so schrecklich, daß sie sich in panischem Schrecken wieder auf den Boden warf und noch tiefer im Gebüsch verkroch. Die wilden Bergbewohner waren dabei, ihr Dorf zu überfallen! Da die Männer mit den Tieren auf den Weiden waren, hatten sie leichtes Spiel. Die Räuber ritten auf ihren kleinen Pferden johlend durch die Gassen, einige trieben das Vieh aus den Höfen zusammen, andere drangen in die Häuser ein. Sie schleppten alles heraus, was sie tragen konnten, und ihre dicken Holzprügel trafen jeden, der sie daran hindern wollte. Frauen und Kinder banden sie mit Stricken aneinander und rissen sie aus dem Dorf hinaus.

„Mutter", flüsterte Sämten, „Schwester, kleiner Bruder!" Ihr versagte die Stimme, doch sie biß sich die Lippen blutig, um das Schluchzen, das sie zu schütteln drohte, zu unterdrücken. Um nichts in der Welt wollte sie diesen Männern in die Hände fallen, denn es war allgemein bekannt, daß sie sich zuerst an den Frauen vergnügten, um sie danach, wenn sie sie nicht selbst verwenden konnten, zusammen mit den Kindern in den Niederungen als Sklaven zu verkaufen. Der Busch, unter dem sie eingeschlafen war, hatte ihr das Leben gerettet, und er würde es auch weiter tun, wenn sie sich still verhielt.

Als die schrecklichen Geräusche verstummt waren, senkte sich Grabesstille über das Land. Sämten wartete, bis die Sonne hinter den Bergen versunken war, bevor sie im letzten Licht der Dämmerung wagte, einen Blick auf ihr Dorf zu werfen. Einzelne Häuser brannten noch, doch sonst schien alles ruhig zu sein. Es war empfindlich kalt geworden, und sie wußte, daß sie sich vor dieser Kälte schützen mußte, wenn sie überleben wollte. Der Selbsterhaltungstrieb überwog ihr Entsetzen, und so lief sie geduckt auf das Dorf zu, nutzte jeden Baum und jeden Strauch als Deckung, doch die Eindringlinge schienen den Ort der Zerstörung verlassen zu haben.

Das Licht war so schwach geworden, daß sie den Toten erst bemerkte, als sie mit dem Fuß gegen ihn stieß. Voller Entsetzen erkannte sie den Alten, der die Stallungen der Yaks in Ordnung gehalten hatte. Es würgte sie, und sie verspürte einen fast unwiderstehlichen Drang, diesem Ort des Grauens zu entfliehen.

„Du wirst heute nacht ebenfalls umkommen, wenn du dich nicht zusammennimmst!" befahl eine starke Stimme in ihrem Innern, und so zwang sie sich, trotz ihrer Furcht weiterzugehen.

Sie bewegte sich langsam und vorsichtig, denn überall lagen Tote mit zerschmetterten Schädeln, Menschen, die sie heute morgen noch lebendig gesehen hatte. Zuerst hatte sie gehofft, daß einige von ihnen nur bewußtlos waren, doch diese Hoffnung war rasch geschwunden. Die Räuber hatten ganze Arbeit geleistet.

Systematisch begann Sämten, die geplünderten Häuser nach Decken, Kleidung und Tsampamehl zu durchsuchen. Sie hatte Glück. Die Männer hatten nur die wertvolleren Gegenstände mitgenommen, einfache, aber warme Yakhaardecken hatten sie verschmäht. In einigen Tonkrügen fanden sich Reste von Tsampamehl, mit denen sie ihren Vorrat ergänzte. Aus den Decken schnürte sie ein Bündel und band es sich auf den Rücken. Mit äußerster Überwindung betrat sie das Haus ihrer Familie. Der erste Anblick bestätigte ihre Befürchtungen: Großmutter und Großvater lagen erschlagen auf der Schwelle. Sie mußte über sie hinwegsteigen, um ins Innere zu gelangen. Rasch durchwühlte sie die Kleidertruhe und fand den alten Fellmantel ihrer Mutter, abgetragen zwar, doch immer noch ein Schutz gegen die Kälte. Als sie ihn an sich preßte, stieg ihr der Duft der Mutter in die Nase. Tränen schossen ihr in die Augen und strömten die Wangen hinab, doch sie erlaubte sich keinen Laut. Sie sprach ein kurzes Gebet bei den Leichnamen ihrer Großeltern und bat die Geister, deren Seelen zu begleiten. Das Schicksal dieser Menschen war besiegelt, doch sie selbst hatte es verschont! Sie sollte leben, und sie würde dafür sorgen, daß dieses Leben ein gutes Leben würde. Zuerst würde sie ihren Vater, ihre Onkel und die anderen Männer des Dorfes auf den Weiden finden und benachrichtigen müssen. Der nächste Schritt würde sich dann finden.

Rasch eilte sie zurück, der Mond stand hell am Himmel und gab ihr Licht. Sie war gezwungen, die Nacht in der Nähe des Dorfes zu verbringen, denn die Überquerung des hohen Passes in der Dunkelheit würde einem Selbstmord gleichkommen. Zu unbeständig war das Wetter, und die Wege waren zu gefährlich, um sich ihnen im Mondlicht anzuvertrauen. So lief sie zu ihrem Busch. Die niedrige Mauer gab ihr zusätzlich Schutz vor dem Wind, und der Geist des Busches schien ihr freundlich gesonnen. Sie hüllte sich in den Fellmantel ihrer Mutter, legte Decken unter sich und über sich, und versuchte, ihre Erregung zu dämpfen. Der morgige Tag würde ihr viel abverlangen, deshalb war es wichtig, daß ihr Körper Ruhe fand. Sämten war ein Kind ihres Volkes. Sie lebte in einer Natur, die Fehler nur selten vergab. Gefühle wie übermäßige Trauer oder Haß, die einen daran hinderten, die richtigen Entscheidungen zu treffen, konnte man sich einfach nicht leisten. Später, wenn die Umstände günstiger waren, würde sie vielleicht darauf zurückkommen.

Sämten hatte Glück gehabt. Die Nacht war ruhig geblieben, kein Sturm, kein Regen und kein Schnee hatten sie gestört, und sie hatte sogar etwas Schlaf gefunden. Sie erwachte noch vor Sonnenaufgang. Die letzten Sterne blinkten schwach am Himmel, doch es war schon so hell, daß sie rasch die Decken zusammenrollte und sich das Bündel auf den Rücken band. Der Himmel versprach gutes Wetter, den Geistern sei Dank! Im Dorf hatte sich nichts geregt, und so füllte sie ihren Schlauch mit frischem Wasser und steuerte, ohne sich noch einmal umzublicken, das entgegengesetzte Ende des Tales an, wo ein schmaler Pfad hoch zum westlichen Paß führte. Den nächstgelegenen gleich hinter dem Dorf wagte sie nicht zu nehmen, da die Räuber diesen Weg zur Flucht benutzt hatten.

Sämten kam nicht schnell, doch gleichmäßig voran. So würde sie Stunden gehen können, ohne zu ermüden. Es war wichtig, daß sie den Paß noch vor Sonnenhöchststand erreichte, denn sonst würde die Hitze den Aufstieg sehr beschwerlich machen. Der schmale Pfad schraubte sich steil den Hang hinauf. Das Mädchen stieg unermüdlich Stunde um Stunde und hielt nur manchmal inne, um einen Schluck Wasser zu trinken. Das Tal unter ihr wurde immer kleiner, ihr Dorf verschwamm zu einem grüngrauen

Fleck am hinteren Ende. Zuerst gab es keine Bäume mehr, dann fehlten auch die Büsche, bis nur noch gelbe und dunkelrote Flechten und lichtgrüne Moose übrigblieben. Im Schatten der Felsblöcke hatten sich Schneereste gehalten, und trotz der Sonne, die jetzt hoch am Himmel stand, war es empfindlich kalt. Noch kannte sie den Weg, denn die Kinder hatten das ganze Umland ihres Dorfes gründlich erforscht, doch was auf der anderen Seite des Berges lag, war ihr neu. Die Geister würden sie führen müssen, und zu ihren Ehren häufte sie an der höchsten Stelle des Passes einige Steine übereinander.

Der Wind pfiff hier so eisig, daß sie rasch mit dem Abstieg begann. Unter ihr dehnten sich die unermeßlich weiten Grasflächen des Hochlandes, auf denen die Männer ihres Dorfes irgendwo die Yakherden hüteten. Sie füllte ihren Wasserschlauch mit Schnee, denn sie wußte nicht, wann sie den nächsten Fluß erreichen würde. Langsam wurde die Luft wieder wärmer, und die ersten Büsche zeigten ihr, daß es nicht mehr lange dauern konnte, bis sie ihr erstes Wegziel erreichte. Aufatmend ließ sie sich auf ihrem Deckenbündel nieder und bereitete in ihrer Trinkschale etwas gesalzene Tsampa zu. Sie mußte Menschen finden, Nomaden, die im Grasland zu Hause waren. Nur mit ihrer Hilfe würde es ihr möglich sein, die Männer ihres Dorfes zu finden. Wenn ihr das Schicksal dies verwehrte, wäre ihr Leben ebenfalls verwirkt.

Sämten hatte die Nacht im Schutz eines Felsens verbracht. Sie hatte sehr unruhig geschlafen, denn hier gab es Schneeleoparden und schwarze Bären, die als so angriffslustig galten, daß sich kaum ein Erwachsener ohne sein gebogenes Messer so weit ins Land hinaus wagte. Beim ersten Morgengrauen brach sie auf, richtete sich nach dem Stand der Sonne und betete zu den Geistern um Schutz und Führung.

Das Schicksal schien sie weiter zu begünstigen, denn sie erspähte in der Ferne die unverkennbaren Rauchwolken von

Herdfeuern. Aus Dank häufte sie rasch einige Steine übereinander und widmete sie den Geistern. Dann beschleunigte sie die Schritte, denn am Horizont ballten sich dunkle Wolken, ein untrügliches Zeichen für ein Unwetter. Der Weg war weiter, als sie gedacht hatte, schon jagte der Wind dunkle Wolkenfetzen über den Himmel, und es wurde spürbar kälter. Sie konnte die Zelte der Nomaden jetzt deutlich erkennen, doch zu Fuß würde es noch eine ganze Zeitlang dauern, bis sie diese erreichte. Man sah weit in der klaren Luft des Hochlandes.

Sie legte die Hände zu einem Trichter um den Mund und rief. Dann schwenkte sie eine der Decken durch die Luft, in der Hoffnung, damit auf sich aufmerksam zu machen. Die Leute bei den Zelten waren damit beschäftigt, sich auf das Unwetter vorzubereiten. Einige trieben die Tiere zusammen, andere überprüften die Leinen der Zelte. Die ersten Regentropfen fielen, und sie waren mit Schnee vermischt. Sämten brüllte und schwenkte ihre Decke. Sie mußten sie bemerken, denn in einem Schneesturm würde sie rasch die Orientierung verlieren, und es war mehr als wahrscheinlich, daß sie trotz der Nähe des sicheren Schutzes erfror. Plötzlich stutzte einer der Männer und wies in ihre Richtung. Die anderen schauten jetzt ebenfalls auf, einer warf sich auf sein Pferd und galoppierte auf sie zu. Im immer dichter werdenden Schneetreiben lief das Mädchen ihm entgegen, er riß sie hinter sich aufs Pferd und preßte dem Tier die Fersen in die Flanken, um es zu höchster Eile anzuspornen. Es schien die drohende Gefahr zu spüren, denn es flog schier über den Boden. Die Welt versank im eiskalten Wirbel der Schneemassen, die der heulende Sturmwind aus den dunklen Wolken herauszuprügeln schien. Urplötzlich tauchte das Lager vor ihnen auf, er sprang ab, drängte sie in den Eingang eines Zeltes hinein und verschwand, um das Pferd anzubinden.

Die Nomaden hatten sie freundlich aufgenommen. Zuerst boten sie ihr heißen Buttertee und schenkten immer wieder nach, da sie wußten, daß es lange her sein mußte, seit sie warme Nahrung zu sich genommen hatte. Der Sturm zerrte an den Zeltbahnen, und Sämten, die in einem Steinhaus großgeworden war, konnte ihre Ängstlichkeit nur schlecht verbergen. Doch die Nomaden lachten. Solche Stürme kamen hier oft vor und waren sicher kein Grund zur Unruhe. Außerdem überprüften die Männer immer wieder die Halteleinen. Da sich die Frauen unbeeindruckt der Zubereitung der Mahlzeit widmeten und weil trotz des wilden Tobens draußen wirklich nichts geschah, entspannte sich das Mädchen langsam. Zum Essen hatten sie sich auf den niedrigen, fellbedeckten Bänken niedergelassen, und die Frauen hatten die Schalen immer wieder mit gekochtem Fleisch und Brühe gefüllt. Als alle gesättigt waren, schenkten die Frauen Buttertee nach, ein gesalzenes, fetthaltiges Getränk, das die Menschen wärmte und nährte. Die Bewohner der anderen Zelte hatten sich ebenfalls eingefunden, denn die Rettung des fremden Mädchens war eine so willkommene Abwechslung im Leben der Nomaden, daß jeder wissen wollte, warum sie so allein im Grasland wanderte.

Alle schauten Sämten erwartungsvoll an. Und so erzählte das Mädchen leise, was mit ihrem Dorf geschehen war und daß sie ihren Vater, ihre älteren Brüder, ihre Onkel und die anderen Männer finden mußte, um ihnen die schreckliche Nachricht zu überbringen. Aufmerksam und betroffen hörten die Nomaden ihr zu, und die Stille wurde nur dann und wann durch Ausrufe der Empörung und des Abscheus unterbrochen. Als Sämten geendet hatte, wich ihre Anspannung ganz plötzlich einer tiefen Erschöpfung. Das Mädchen begann zu zittern, und Tränen schossen ihr in die Augen. Die Frauen hüllten sie in warme Felle, halfen ihr auf ein weiches Lager und wachten bei ihr, bis sie eingeschlafen war. Die Männer berieten derweil, wie sie ihr bei der Suche helfen konnten. Hier im Hochland überlebten die Menschen nur, weil sie sich gegenseitig halfen. Gastfreundschaft und Hilfsbereitschaft waren Regeln, die für alle Nomaden als oberste Gesetze galten.

Da sich das Wetter wieder beruhigt hatte, waren die Männer früh am nächsten Morgen aufgebrochen. Voller Mitgefühl für das Schicksal des Mädchens hatten sie die Yaks der Obhut der Frauen überlassen und stürmten zu Pferde über die weite Ebene. Als sie nach zwei Tagen zurückkehrten, brachten sie gute Nachrichten. Andere Nomaden hatten tatsächlich gewußt, wo sich die Gesuchten gerade aufhielten. Drei Männer waren auf dem Weg dorthin und würden sie mit ihren Herden zu den Zelten führen. So lange könnte Sämten gern bei ihnen bleiben.

Yakherden ziehen langsam, und so dauerte es einige Tage, bis die Kinder aufgeregt verkündeten, viele Menschen und Tiere näherten sich dem Lager. Das Mädchen lief ihnen entgegen, und der Vater schloß sie in die Arme, was er noch nie getan hatte und was man ihm nur aufgrund der besonderen Lage verzieh. Rasch errichteten die Fremden im Lager ihr eigenes Zelt. Nachdem sie gegessen hatten, berichtete das Mädchen, was im Dorf geschehen war. In den Augen der Männer glühte etwas auf, was Sämten noch nie bei ihnen wahrgenommen hatte: Haß und Rachelust. Sie kamen mit den Nomaden überein, die Yaks bei ihnen zu lassen. Als Ausgleich sollten sie die Milch der Tiere verwenden und alle geborenen Jungtiere behalten dürfen. Auch das Zelt würden sie den Nomaden zum Gebrauch überlassen, denn gleich am nächsten Morgen würden sie losreiten und versuchen, Frauen und Kinder zu befreien und die Räuber zu bestrafen.

„Nehmt ihr mich mit?" fragte Sämten erwartungsvoll.

„Bist du von Sinnen?" entgegnete ihr Vater. „Dies hier ist Männersache, und wir haben anderes zu tun, als uns um dich zu kümmern."

„Was wird denn dann aus mir?" rief sie, verzweifelt, daß sie schon wieder Abschied nehmen sollte.

„Bei uns kannst du nur bleiben, wenn du einen der unseren zum Manne nimmst", antwortete einer der Nomaden. „Du bist im heiratsfähigen Alter, und das bringt Unruhe ins Lager."

Den Rest ihres Lebens mit den Nomaden verbringen? Sie war keine von ihnen und in einem Dorf aufgewachsen. Doch blieb ihr eine andere Wahl?

„Du könntest es beim Kloster versuchen", schlug ein alter Mann vor, der ihr Mienenspiel richtig deutete. „Wenn die dich dort nicht brauchen, kannst du immer noch zu uns zurückkehren."

„Was ist das, ein Kloster?" fragte Sämten, dankbar für diesen Ausweg.

„Es ist ein großes Anwesen, zwei Tagereisen entfernt von hier in den Bergen", begann der Alte, „dort leben Menschen, Männer und Frauen, die sich mit seltsamen Dingen beschäftigen. Es heißt, sie säßen den Großteil des Tages mit geschlossenen Augen und mit gekreuzten Beinen. Man nennt sie Lamas. Hast du wirklich noch nie von ihnen gehört?"

„Meinst du die Schamanen, die durch die Dörfer ziehen und Geister und Dämonen beschwören?" fragte sie.

„Nein", antwortete der Alte, „sie nennen sich nicht Schamanen, und sie ziehen auch nicht durch die Dörfer. Statt dessen gehen die Menschen zu ihnen, wenn sie krank sind, um sich von den Lamas heilen zu lassen. Es scheinen wirklich gute Menschen zu sein, wenn ich auch nicht weiß, wozu sie so lange mit geschlossenen Augen herumsitzen. Vielleicht können sie noch jemanden in der Küche brauchen."

„Leben wirklich auch Frauen in diesem Kloster?" hakte das Mädchen nach, denn Schamanen wurden nur die Männer.

„Ja, Männer und Frauen", bestätigte der Alte, „wenn auch in verschiedenen Häusern. Soweit ich weiß, leben sie zwar miteinander, aber nicht zusammen. Sie gehen jeweils ihre eigenen Wege."

Sämten schaute den Vater an, doch der war mit seinen Gedanken schon beim nächsten Tag und meinte nur: „Das mußt du selbst wissen!"

„Morgen früh werde ich mich auf den Weg zum Kloster machen", entschloß sich das Mädchen, „und wenn ich dort nicht bleiben kann, werde ich einen der euren heiraten."

Der Abschied war kurz. Die Männer hatten sich auf die Pferde geworfen, ihr noch einmal zugenickt und waren davongeprescht. Mit brennenden Augen blickte ihnen Sämten nach. Wahrscheinlich würde sie keinen von ihnen wiedersehen. Rasch häufte sie einige Steine übereinander und bat die Geister um Wohlwollen und Schutz. Dann schnürte sie ihr Bündel und sagte den Nomaden Lebewohl. Die Kinder begleiteten sie noch ein Stück und zeigten immer wieder auf den Berg, über den der Weg zum Kloster führte. Dann blieben auch sie zurück, und Sämten war wieder allein.

Sie hatte den schmalen Pfad, der sich in steilen Windungen den Berg hinaufzog, rasch gefunden. Die Geister schienen ihr gnädig gestimmt. Als sie den Paß am nächsten Tage überwunden hatte, sah sie das Kloster auf dem gegenüberliegenden Hang liegen, ein großes Gebäude mit vielen verschieden hohen Dächern, von einer aufragenden Mauer umgeben. Die Sonne stand schon hoch am Himmel, als sie den Weg erreichte, der zur Eingangspforte führte. Wildes Hundegekläff empfing sie, doch zum Glück waren es nicht die großen gefährlichen Hütehunde, die es sogar mit den schwarzen Bären aufnahmen, sondern kleine, langhaarige Geschöpfe, die nur laut bellten, aber nicht bissen. Sie machten einen derart gewaltigen Lärm, daß ein junger Mann durch das Tor schaute, die Hunde zur Ruhe rief und sie freundlich willkommen hieß. Er führte sie durch einen niedrigen, mit einer Decke verhängten Eingang in eines der Häuser, hieß sie auf einer Bank Platz nehmen und verschwand, um bald darauf mit Buttertee zurückzukehren.

Nachdem sie getrunken hatte, fragte er nach ihrem Anliegen. Sie erzählte von dem Überfall auf ihr Dorf, von der Wanderung zu den Nomaden, ihrem Aufenthalt dort und davon, daß die letzten Menschen, die sie kannte und denen sie vertraute, losgeritten waren, um an den Räubern Rache zu nehmen.

„Die Nomaden boten mir an, einen der ihren zu heiraten, doch ich möchte nicht für immer mit ihnen zusammenzuleben. Gibt es hier im Kloster eine Arbeit, die ich verrichten könnte?“ schloß sie.

Der junge Mann schaute sie nachdenklich an.

„Das kann ich nicht entscheiden“, antwortete er. „Ich bin kein Lama. Meine Aufgabe ist es, am Tor Wache zu halten, die Besucher zu begrüßen und das Vieh zu versorgen. Tagsüber darf man die Lamas nicht stören, erst nach dem Abendessen. Doch wenn du warten willst, werde ich ihnen deine Bitte vortragen.“ Das Mädchen nickte dankbar. „Ich könnte dich in der Zwischenzeit ein wenig umherführen“, schlug Tenzin, der Wächter, vor. „Du könntest mir helfen, die Yaks zu füttern und zu melken.“

Sämten stimmte freudig zu. Sie hatte bei den Nomaden viel über Yaks gelernt, und so war die Arbeit rasch getan. Dann zeigte ihr Tenzin das große Areal, das aus einem Hauptgebäude und vielen kleineren Häusern bestand, wobei sich die Stallungen und die Häuschen derjenigen, die für das Kloster arbeiteten, im Randgebiet befanden. Dort gab es auch einen kleinen Garten, in dem Bohnen und Rettiche angebaut wurden. Die kleineren Häuser beherbergten die Lamas; auf der einen Seite wohnten die weiblichen Lamas, auf der anderen die männlichen. Im Hauptgebäude befanden sich die Räume des Oberhauptes, des Lama Scherab, die Meditationsräume, die Räume der Heilung und der Raum der Andacht. Doch dorthin durften nur die Lamas.

„Was tun sie den ganzen Tag lang?“ erkundigte sich Sämten neugierig.

„Sie meditieren“, antwortete Tenzin und genoß sichtlich seine Rolle.

„Was ist das?“

„Sie sagen, daß sie ihre Gedanken beruhigen, bis sie ganz still sind.“

„Und was soll das nützen?“

„Wenn sie sich ganz leer fühlen, erscheint ihnen wohl ein klares Licht. Dieses klare Licht scheint ihnen mehr wert als alles in der Welt! Es hilft ihnen, andere Menschen zu heilen, macht sie zufrieden und glücklich und ...“

„Das klare Licht...“, unterbrach Sämten ihn plötzlich. Irgendwie schienen ihr diese Worte tief vertraut, doch wie sehr sie auch ihr Gehirn zermarterte, sie konnte sich nicht erinnern. Schweigend gingen sie jetzt nebeneinander her. Tenzin betrachtete die Fremde wohlwollend, sie war gut gewachsen und hatte ein hübsches, ebenmäßiges Gesicht, war außerdem freundlich und konnte zupacken. Er hoffte sehr, daß sie im Kloster bleiben durfte.

„Wenn du mehr über das klare Licht wissen willst, dann frage Lama Scherab“, sagte er. „Er weiß am meisten darüber, denn er bringt es allen anderen bei. Ich weiß nur so viel, daß es furchtbar lange dauert und daß Männer und Frauen nicht beieinanderliegen dürfen, wenn sie danach streben. Deshalb ist mir dieses klare Licht egal. Ich möchte eine Frau und Kinder, und wie steht es mit dir, Sämten?“

„Ich weiß noch nicht, Tenzin“, antwortete sie leise. „Ich habe alle Menschen verloren, die mir lieb gewesen sind, und möchte nichts als einen Ort, an dem ich bleiben kann.“ Er verstummte betroffen.

„Komm, Sämten“, sagte er schließlich, „ich zeige dir, wo du schlafen kannst, und bringe dir dein Essen.“

* * *

Das Oberhaupt des Kloster hatte eingewilligt, das Mädchen gleich am frühen Morgen zu empfangen. Lange hatte er sie nur angeschaut, dann hatte er genickt.

„Es ist gut, Sämten, du kannst bleiben. Hilf den Frauen in der Küche und im Garten. Später sehen wir weiter."

Das Mädchen hatte sich von Anfang an wohl gefühlt. Sie erstickte ihren Kummer in Arbeit, und davon gab es hier genug. So half sie bei der Zubereitung der Mahlzeiten, lernte rasch das richtige Mischungsverhältnis beim Buttertee, und seit sie den Garten bearbeitete, wuchsen die Rettiche länger und dicker, und die Bohnenernte war reicher als in den Jahren zuvor. Tenzin folgte ihr mit sehnsüchtigen Blicken, denn in seinem Herzen formte sich der Entschluß, dieses Mädchen zu seiner Frau zu machen. Da er klug war, ließ er sie zufrieden. Wunden brauchten Zeit, um zu heilen.

Der Winter kündigte sich mit schweren Stürmen an. Dunkle Wolkenmeere entluden endlose Schneemassen auf das Land. Da der Garten ruhte, gab es weniger zu tun, und Sämten, der das klare Licht nicht aus dem Kopf gehen wollte, bat um eine Unterredung mit dem obersten Lama. Dieser willigte ein, sie zu empfangen und hieß sie, auf der kleinen Bank vor seinem Sitz Platz zu nehmen.

„Ich habe dich bereits erwartet", begann er die Unterredung. „Was bedrückt dein Herz, mein Kind?"

„Das klare Licht! Ich kenne diese Worte, doch ich vermag mich nicht zu erinnern, woher. Bitte, hilf mir, denn ich spüre, daß es für mich wichtig ist."

Der Lama nickte nachdenklich. Dann sagte er:

„Das klare Licht kann man nur erfahren, nicht erklären. Das wenige, was man darüber sagen kann, weißt du bereits. Wenn du den wilden Bienenschwarm deiner Gedanken zur Ruhe gebracht hast, taucht es auf aus deinem innersten Bewußtsein, erfüllt dich mit seiner strahlenden Klarheit und seinem Frieden und läßt dich erkennen, wer du wirklich bist."

„Wer ich wirklich bin...“, murmelte sie nachdenklich.

„Überlege einmal“, fuhr der Lama fort. „Eigentlich gibst du dich immer so, wie du dich gerade fühlst, mal gut, mal schlechter, mal traurig, mal fröhlich. Doch wer ist es, der dies alles fühlt, und wie empfindet dieser Kern? Um dies herauszufinden, müssen die Gedanken ruhen, denn wenn sie schweigen, sind auch die Gefühle ruhig, und dann kannst du das erfahren, was übrigbleibt. Dies zeigt sich uns als klares Licht.“

„Es ist mir, als ob ich das alles schon wüßte, doch ein Schleier liegt darüber, den ich nicht lüften kann“, sagte sie gedankenvoll, „wie kann das sein?“

„Du weißt, daß du nicht nur einmal auf der Erde bist“, antwortete er, und als sie nickte, fuhr er fort: „Wahrscheinlich erinnerst du dich an etwas, was du aus einem früheren Leben kennst.“

„Ich will es wieder wissen, bitte!“ rief Sämten.

„Dazu müßtest du Lama werden. Ist es dir wirklich so wichtig?“ Das Mädchen nickte langsam. „Es ist ein langer, schwerer Weg, und du bist noch sehr jung, Sämten. Möchtest du nicht lieber einen Mann heiraten und Kinder aufziehen?“

„Ich habe Angst, sie wieder zu verlieren, wie ich meine Familie verlor“, antwortete sie leise. „Bitte, laß es mich versuchen!“ Er schwieg und sah sie lange an. Dann sagte er:

„Ich würde dir raten, zuerst den Weg der menschlichen Liebe zu gehen; wenn du diesen gegangen bist, wähle den Weg zum klaren Licht.“

„Dann lehnst du mich ab?“ rief sie erschrocken.

„Nein, Sämten, ich rate dir nur“, erwiderte er ruhig. „Wenn du ein Lama werden willst, dann werde ich dir dabei helfen.“

„Ich will das klare Licht erfahren“, sagte sie mit fester Stimme.

„So sei es! Finde dich morgen früh bei Sonnenaufgang im Hauptgebäude ein. Alles weitere wird dir dort gezeigt.“

„Noch eine Frage", rief sie rasch, denn er hatte sich erhoben, um sie zu verabschieden. „Ihr nennt euch nicht Schamanen, und ihr beschwört auch keine Geister und Dämonen wie sie. Woher kommt das, was ihr hier lehrt?"

Er lächelte. „Einst gab es ein Land auf dieser Erde, das Blühendes Land genannt wurde. Die Menschen dort verwickelten sich in Kämpfe, die letztendlich dazu führten, daß das Land im Meer versank. Dies bewirkte eine große Flut, die alle Länder dieser Erde überschwemmte. Doch bevor es so weit kam, verließen einige der Hohenpriester mit ihren engsten Vertrauten in Schiffen ihre Heimat und begaben sich an reine, hochgelegene Orte, die das Wasser nicht erreichen konnte, um der Menschheit das hohe Wissen dieses Kontinents zu erhalten. Dort lebten sie und gaben ihre Erfahrungen an die Einheimischen weiter. Doch diese vermischten sie mit ihren Überzeugungen, und daraus entstand schließlich das Schamanentum, das du ja kennst. Das reine Wissen des Blühenden Landes überdauerte nur an Orten wie diesem hier, und auch wir verfügen längst nicht mehr über die Kenntnisse, die die Menschen damals hatten. Vielleicht erinnerst du dich ja an dieses Land, wenn dir das reine Licht so viel bedeutet?"

Sämten hatte ihm atemlos gelauscht. Ihre Augen brannten seltsam, und sie verstand die Tränen nicht, die ihr über die Wangen liefen.

„Es ist gut, mein Kind", beruhigte sie der Lama, „geh jetzt und komme morgen wieder."

* * *

Tenzin fühlte sich wie vor den Kopf geschlagen, als er erfuhr, daß Sämten Lama werden wollte. Er machte sich bittere Vorwürfe, ihr seine Liebe nicht schon früher kundgetan zu haben. Doch noch war sie nicht endgültig in den Kreis der Lamas aufgenommen, und so lange würde er nicht aufgeben. Es galt zu handeln, rasch zu handeln!

Sämten wußte nichts von seinen Qualen. Auch sie hatte sich zu dem freundlichen Manne hingezogen gefühlt, doch war sie noch zu unerfahren und zu jung, um seine Blicke richtig zu deuten. Mit Feuereifer stürzte sie sich auf die Aufgaben, die Lama Scherab ihr stellte, und übte unermüdlich. Sie machte rasche Fortschritte, rascher als je ein Schüler vor ihr, doch der Lama betrachtete diese Entwicklung voller Sorge. Sie war wie eine lodernde Flamme, leidenschaftlich angetrieben von dem Schmerz aus diesem Leben und dem Wissen aus vergangenen Zeiten. Würde es ihm gelingen, diese Kraft in ruhige Bahnen zu lenken, damit sie nicht daran verbrannte?

Tenzin wartete auf sie, als sie das Hauptgebäude verließ, um sich zur Nachtruhe in ihr Häuschen zu begeben.

„Ich habe auf dich gewartet, Sämten", begann er. „Du weißt jetzt so viel über das klare Licht. Bitte, laß mich an deinem Wissen teilhaben." Sämten zögerte. War es ihr erlaubt, mit einem Mann allein zu sprechen?

„Bitte lieber einen männlichen Lama", antwortete sie deshalb.

„Wenn du etwas erklärst, verstehe ich es gleich", ließ er nicht locker, „wogegen die anderen Lamas mich mit ihren Ausführungen eher verwirren. Bitte, ich kann nicht Lama werden. Wenn du mich nicht erhörst, werde ich unwissend bleiben." Sie zögerte, doch schmeichelten ihr seine Worte. Die Verzweiflung in seiner Miene zeigte an, wie tief er dieses Wissen ersehnte.

„Gibt es denn überhaupt einen Ort, an dem es mir erlaubt ist, dich zu belehren?" fragte sie.

„O ja, im Besucherhaus", rief er eifrig, „soll ich es dir zeigen?"

Sie willigte ein, ihn dorthin zu begleiten, und da er darauf bestand, berichtete sie ihm gleich, was sie in ihren Übungen erfuhr. Daß er jetzt jeden Abend versuchte, von ihr Belehrungen zu erhalten, erstaunte sie nicht weiter, schrieb sie es doch demselben Durst nach Erkenntnis zu, der sie selbst antrieb. Und so kamen sie sich langsam näher, denn Tenzin tat alles, um sich ihr von seiner angenehmsten Seite zu zeigen, versorgte sie nach einem anstrengenden Tag mit Buttertee und lauschte andächtig ihren Worten. Auch Sämten taten die Begegnungen gut. Die Lamas pflegten nicht über ihre Erkenntnisse zu sprechen, und da sie mit Abstand die jüngste unter den Frauen war, hatte sie noch keine Vertraute gefunden, mit der sie ihre Erlebnisse teilen konnte. Hier aber war ein Mensch, dem ihr Wissen wertvoll schien, ein wirkliches Gegenüber, das sie immer mehr zu schätzen begann.

Sie lernte jetzt eine neue Technik, mit der sie ihr Bewußtsein auf die Reise schicken konnte. Zu diesem Zwecke konzentrierte sie sich auf den Herrn des grenzenlosen Lichtes, bis er strahlend vor ihrem inneren Auge erschien. Diesem überantwortete sie ihr Bewußtsein und ließ sich von seiner großen Klarheit leiten. Immer rascher gelang es ihr, sich auf dieses Lichtwesen auszurichten, immer länger blieb ihr Geist mit ihm verschmolzen, und ihr inneres Feuer begann lodernd aufzuflammen. Die ungeheure Liebeskraft, die ihrem Herzen entströmte, drohte sie dabei fast zu überwältigen. Lama Scherab riet ihr, sich nicht zu lange zu versenken, doch der Drang in ihr war stärker, erlebte sie doch endlich wieder Liebe, wonach sie sich so sehr gesehnt hatte.

Tenzin verfolgte diese Entwicklung mit Sorge, denn er fürchtete, sie bald ganz an diesen Lichtgott zu verlieren. Er bat sie, ihm mehr von diesem zu erzählen, und dann glänzten ihre Augen, und er sah das Lächeln, das er ihr nicht zu entlocken vermochte. Einmal hatte sie sich so auf diesen Lichtgott ausgerichtet, daß der Liebesstrom ihr Herz überquellen ließ. Plötzlich sah sie alles mit dieser leidenschaftlichen Liebe, und ihr Blick fiel auch auf Tenzin. Verwundert beobachtete der junge Mann ihr Mienenspiel, erfreut bemerkte er, wie ihre Augen ihn verschlangen. Verwunderung und Freude empfand auch Sämten, da dieser Mensch vor ihr die Liebe anders annahm als der Gott, der sie persönlich nie bedachte. Doch

Tenzin erwiderte die Blicke, er spiegelte ihr Strahlen, und als er ihre Hand berührte, durchfuhr es sie wie ein Blitz, ein angenehmer Schlag, und sie erschauerte. An diesem Abend ging sie rasch in ihre Hütte, nur um die Übung fortzusetzen, doch in die Liebe zu dem Lichtwesen mischte sich jetzt die Liebe zu einem Menschenwesen.

Als das Wetter es wieder erlaubte, trafen sich die beiden heimlich in den Randgebieten, da es einem weiblichen Lama nicht erlaubt war, außerhalb des offiziellen Besucherraums mit einem Mann zusammenzusein. Doch Sämten konnte dem Sog nicht widerstehen, der sie immer enger zu ihm zog. Schon war das Zusammensein mit Tenzin ihr genauso wichtig wie die Meditationen, und es schien ihr, als ob ihre Visionen von der Liebe zu ihm profitierten, als ob sie klarer, farbiger, strahlender würden. Und so ließ sie eines Abends zu, daß er sie umarmte, und genoß diese Umarmung, diese warme Nähe in vollen Zügen. Sie bemerkte nicht, daß sie mit dem Feuer spielten, und die anderen Lamas bemerkten es ebenfalls nicht, denn sie hatten sich an ihre leidenschaftliche Art gewöhnt und aufgegeben, daran etwas ändern zu wollen. Lama Scherab hoffte darauf, daß sie mit zunehmendem Alter ruhiger werden würde.

* * *

Die Luft war mild für diesen Teil der Erde. Tenzin hatte einen blühenden Zweig gebrochen und überreichte ihn ihr mit einer Verbeugung. Voller Freude umarmte sie ihn, und unwillkürlich fanden ihre Lippen zueinander. Eine Stichflamme schoß in ihr empor, ihr Körper brannte, und dies Brennen schien von einer ganz bestimmten Stelle im Unterleib auszugehen. Auch er schien dieses Brennen zu verspüren, denn seine Augen blickten anders, voll Verlangen, und seine Hände tasteten sich unter ihre Kleider. Wenn sie es wirklich gewollt hätte, hätte sie sein Begehren dämpfen können, doch das Gefühl war so übermächtig, daß sie ihm willig folgte, als er sie durch die Tür des nahegelegenen Yakstalls zog. Sie hatte nur ein Ziel: dies Brennen abzukühlen; er schien zu wissen, was zu tun war, und so gab sie sich ihm hin. Das Brennen entlud sich in einer leidenschaftlichen Explosion, der Ruhe folgte, Ruhe und zärtliche Zufriedenheit. Sie verbrachte die Nacht in seinen Armen, und Tenzin sah sich am Ziel seiner Wünsche.

„Werde meine Frau", bat er sie am nächsten Morgen, doch sie antwortete erstaunt: „Das kann ich nicht, ich bin ein Lama, und das will ich bleiben!"

„So können wir nicht weitermachen", rief er verzweifelt. „Ich will dich in aller Offenheit, und ich will Kinder. Wenn bekannt wird, was wir tun, werden wir bestraft, denn es ist gegen die Regel. Sämten, bitte, ich liebe dich, komm mit mir in mein Dorf!"

Sie schwieg verwirrt.

„Ich, ich kann nicht", stammelte sie, „ich kann nicht weg von hier!"

„Dann gehe ich, Sämten", rief er wild, „denn das ist mehr, als ich ertragen kann. Entscheide dich! Willst du mich, oder willst du deinen Gott!"

„Ich will dich und den Gott", schluchzte sie, „ich kann nicht weg von hier!"

„Du kannst nicht alles haben! Entscheide dich, und wenn du nicht mit mir gehen willst, siehst du mich jetzt zum letzten Mal!"

„Laß mir Zeit!" bat sie ihn weinend.

„Nicht mehr, es ist zu spät. Wir sind zu weit gegangen heute nacht. Jetzt führt kein Weg zurück!"

Sie brach zusammen. Vor ihr stand nicht mehr der liebevolle Mensch, der sie die ganze Zeit mit seiner Zärtlichkeit getragen hatte, sondern ein wütender, fordernder Mann, der einen Schritt von ihr verlangte, den sie nicht gehen konnte.

„Ich kann nicht", flüsterte sie kaum hörbar, doch er hatte sie gehört, schleuderte ihr ein „Dann lebe wohl!" entgegen und stürzte davon. Zuerst in seine Behausung, wo er sein Bündel schnürte, dann in die Küche, wo er sich mit Wasser und Tsampa versorgte, und dann zum großen Tor hinaus. Diejenigen, denen er begegnete, wagten nicht, ihn anzusprechen, denn sein Blick war wild, und Tränen liefen ihm die Wangen herab.

Als alle Lamas zur Meditation im großen Haus verschwunden waren, schlich sich Sämten zu ihrer Behausung und verkroch sich in ihren Decken. Der Schwester, die später nach ihr schaute, sagte sie, sie fühle sich nicht wohl und brauche Schlaf. So ließ man sie zufrieden. Selbst das Oberhaupt des Klosters, Lama Scherab, dem so viele Menschen unterstellt waren, hatte das Drama nicht bemerkt. Niemand brachte das merkwürdige Verschwinden Tenzins mit der Unpäßlichkeit Sämtens in Verbindung. Auch den nächsten Tag über verbrachte Sämten in ihrem Bett. Die Frauen stellten ihr das Essen vor die Tür, doch Sämten nahm nur etwas Buttertee zu sich. Sie fühlte sich merkwürdig dumpf, das Feuer in ihrem Herzen war erloschen.

Als sie sich endlich am Morgen des dritten Tages zur Meditation aufraffte, tat sie dies nicht aus einem inneren Bedürfnis heraus, sondern weil sie wußte, daß man sie sonst näher untersuchen würde, um den Grund ihrer Krankheit zu suchen und ein Heilmittel dagegen zu finden. Den anderen zeigte Sämten ein freundliches, ruhiges Gesicht, und wenn sie diese auch fragen mochten, wodurch das Mädchen auf einmal so still geworden war, verbarg sie den Aufruhr, der in ihr tobte, vor allen, die ihr hätten helfen können. Müde schleppte sie sich durch die Übungen. Ihre Gedanken schweiften unablässig ab und drehten sich im Kreise wie ein wilder Schwarm quälender Insekten. Hätte sie nicht lieber mit Tenzin gehen sollen? Doch was wäre dann aus dem klaren Licht geworden, aus ihrer unbändigen Liebe zu den Lichtwesen der höheren Sphären? Sie versuchte sich auf die Übungen zu konzentrieren, doch es gelang ihr nicht. Weder vermochte sie, sich lange genug einsgerichtet zu versenken, noch wollte die lodernde Flamme in ihrem Innern aufflackern. Es blieb alles dumpf und gefühllos.

Zuerst schrieb Sämten diese Benommenheit ihrer körperlichen Schwäche zu, doch als sie sich nach einiger Zeit kräftig wie zuvor fühlte und die Klarheit trotzdem nicht zurückkehrte, begann sie zu ahnen, daß etwas Grundsätzliches geschehen sein mußte. Und plötzlich hatte sie Gewißheit: Der Gott, ihr strahlendes Lichtwesen, verweigerte sich ihr. War er eifersüchtig auf den Menschen, dem sie sich hingegeben hatte? Duldete er wirklich niemanden neben sich? Die Verzweiflung griff mit kalten Klauen nach ihrem Herzen. Sämten brauchte Gewißheit! Wenn sie auch nicht wagte, das Oberhaupt des Klosters zu befragen, faßte sie sich doch ein Herz und wandte sich an eine der älteren Frauen, die seit langer Zeit im Kloster weilte, und fragte diese beiläufig, warum es den Lamas untersagt sei, als Mann und Frau beieinander zu liegen.

„In jedem Menschen schlummert eine feurige Energie", erklärte diese, „die am unteren Teil der Wirbelsäule schläft. Wir Lamas wecken diese Kraft in uns und lenken sie durch unsere Übungen immer höher hinauf, bis sie uns zum klaren Licht führt. Du kennst die flammende Liebeskraft in dir, nicht wahr?"

Sämten hatte bestätigend genickt.

„Wenn ein Mann bei einer Frau liegt und die beiden sich vereinigen, entlädt sich diese Kraft in einer gewaltigen Explosion. Sie ist so machtvoll, daß sie neues Leben schaffen kann, und die Menschen genießen diese lustvolle Energie, und viele geben sich ihr hemmungslos hin. So wird die kostbare Feuerkraft im sexuellen Akt vergeudet."

„Was würde geschehen, wenn ein Lama sich zu diesem Akt hinreißen ließe", fragte Sämten mit bebender Stimme. Später sollte sich die Ältere an dieses Beben erinnern, und sie fragte sich, warum sie dies nicht hatte wachsam werden lassen, war Sämten doch jung, hübsch und unerfahren. Doch sie hatte dieses Zeichen nicht beachtet und statt dessen erklärt:

„Das wäre wirklich schlimm, denn die durch lange Arbeit aufgebaute Kraft würde sich mit einem Mal entladen, und solch ein Mensch müßte ganz von vorne beginnen. Er wäre hinter seinen Ausgangspunkt zurückgeworfen, und viele Jahre wären nötig, wieder dort anzulangen, von wo er aufgebrochen. Es wäre mehr als fraglich, ob er seinen letzten Stand jemals wieder erreichte."

„Ich, ich danke dir", hatte Sämten gestammelt und war davongelaufen. Die Ältere hatte den Kopf geschüttelt, doch auch dieses Zeichen hatte sie nicht gewarnt, und so nahm das Schicksal ungehindert seinen Lauf.

Sämten stürmte in ihr Haus und warf sich schluchzend auf das Lager. Es war vorbei, endgültig aus! Sie hatte beide verloren, Tenzin und den Lichtgott. Bitter bereute sie jetzt, daß sie dem Mann nicht gefolgt war. Nie wieder würde sie die Liebe eines Menschen ausschlagen, denn die Liebe der Götter war grausam. Die Sterne standen schon hoch am Himmel, als sie den alten Fellmantel ihrer Mutter überzog und das Kloster leise durch das Haupttor verließ. Sie nahm nichts mit, keine Decken, keine Nahrung, kein Wasser. Da der Lichtgott sie verlassen hatte, wandte sie sich wieder an die Geister. Wenn sie wollten, daß sie lebte, würden sie ihr Hilfe schicken, doch das überließ sie ihnen, denn sie wollte sterben. Merkwürdig ruhig stieg sie den Pfad hinab und wandte sich dann nicht dem Grasland, sondern der langen Schlucht zu. Sie ging die ganze Nacht und den ganzen Tag über wie in Trance, bis ihr die Beine den Dienst versagten. Sie sank auf die Knie und ließ sich, wo sie gerade stand, zu Boden fallen. Kaum spürte sie den quälenden Durst, den nagenden Hunger, und auch die düsteren Wolken, die sich am Horizont zusammenballten, erreichten sie nicht. Als die ersten Schneeflocken ihr Gesicht benetzten, schmiegte sie es in den Mantel ihrer Mutter, und als sie den vertrauten Duft roch, überzog ein Lächeln ihr Gesicht.

„Mutter", flüsterte sie, „Mutter", und vor ihrem inneren Auge erschien die Mutter und schloß sie in die Arme. In der Außenwelt tobte ein Schneesturm, und die Wolken entluden ihre Last. Bald war ihr Körper mit einer dicken kalten Schicht bedeckt. Doch Sämten spürte nicht die eisige Kälte. Sie empfand nur wohlige Wärme, denn sie war bei ihrer Mutter.

„Nimm mich mit", bat sie, und die Mutter nickte und nahm sie bei der Hand.

* * *

Im Kloster war ihr Verschwinden erst am Abend des nächsten Tages entdeckt worden. Als die Lamas erkannten, daß Sämten nicht einmal Decken mitgenommen hatten, befiel sie große Sorge. Der älteren Frau fiel es plötzlich wie Schuppen von den Augen, und dann begannen einige, das jähe Verschwinden Tenzins mit Sämten in Verbindung zu bringen. Lama Scherab ließ einen Suchtrupp zusammenstellen, doch der Schneesturm verzögerte den Aufbruch um zwei Tage. Als die Lamas endlich ausschwärmten, hatten sie wenig Hoffnung, das Mädchen lebend anzutreffen.

Sie fanden schließlich ihren Körper in der steinigen Schlucht und trugen ihn zurück zum Kloster.

„Sie ist lächelnd hinübergegangen", raunten sich die Lamas zu, „sie ist glücklich gestorben."

Dann vollzogen sie für Sämten die heiligen Riten.

Kapitel 9

Zwischenspiel im Zwischenreich

Das Mädchen ließ sich von der Mutter durch den dunklen Tunnel führen. Die Frau schien den Weg durch die Dunkelheit zu kennen, und Sämten vertraute der warmen Hand, die die ihre hielt. Plötzlich sah sie einen hellen Punkt, der immer größer wurde: der Ausgang des Tunnels! Je näher sie ihm kamen, um so lichter wurde die Gestalt der Mutter, und als sie endlich hinaustraten, schaute sie in ein strahlendes Antlitz.

„Du bist ja der Engel!" rief sie erfreut.

„Und du bist Alaia", antwortete der Engel freundlich.

„Gut, daß es zu Ende ist", seufzte Alaia, „diesmal war es schwer."

„Es ist vorüber", sagte der Engel. „Willst du dort verweilen, oder bist du bereit, weiterzugehen und mich zum Helfer zu begleiten?"

„Ich komme gern", antwortete Alaia und schickte sich an, ihm zu folgen. Erleichtert stellte sie fest, daß die Sonne schien und die Landschaft sich nicht verändert hatte. So schlecht konnte dieses Leben also nicht gewesen sein, obwohl es sie zutiefst verwirrte. Diesmal hatte sie viele Fragen an den Helfer.

Er erwartete sie vor dem kleinen weißen Tempel, und wie immer ließ sie sich in seine Arme sinken und erholte sich vom irdischen Sein. Dann führte er sie die Stufen hinauf, und sie setzten sich auf die dicken festen Kissen.

„Ich bin verwirrt", begann Alaia, „ich wußte nicht, daß Gott so eifersüchtig ist, daß er keinen Menschen neben sich duldet." Der Helfer lächelte.

„Du glaubst, daß der Eine eifersüchtig ist?" fragte er.

„Warum sonst wies er mich ab, nachdem ich bei Tenzin gelegen hatte?“

„Alaia“, erklärte der Helfer ernst, „der Eine ist solcher Gefühle nicht mächtig. So wie Er im irdischen Sinne nicht liebt, da Seine Liebe zu groß ist, um sie in irdische Begriffe zu zwängen, so kann er auch nicht eifersüchtig sein und auch nicht zornig. Weißt du“, fügte er lächelnd hinzu, „der Eine ist auch nicht gut!“

„Nicht gut?“ fragte Alaia bestürzt, „wie ist Er, wenn nicht gut?“

„Um zu erkennen, was gut ist, mußt du Böses kennen“, erklärte der Helfer. „Wenn du nicht weißt, was Recht ist, dann fehlen dir die Merkmale, um Unrecht davon zu unterscheiden. Diese Begriffe stammen alle aus der Welt der polaren Gegensätze. Der Eine steht weit über diesen Eigenschaften. Ihn kannst du damit nicht beschreiben, denn er befindet sich auf einer für irdische Menschen unfaßbaren Seinsebene.“

„Nennst du Seine Liebe deshalb Alliebe?“ fragte Alaia.

„Ja“, bestätigte der Helfer, „um Seine Liebe von irdischer Liebe zu unterscheiden. In gleicher Weise nenne ich Seine Macht ‚Allmacht‘ und Seine Güte ‚All-Güte‘. Obgleich es dir auch dann nicht möglich ist, tatsächlich zu erfassen, wie Seine Liebe, Seine Macht und Seine Güte beschaffen sind, so wird dir immerhin bewußt, daß sich dies deinem Verständnis entzieht.“

„Wenn Er nicht eifersüchtig ist, warum hat Er sich mir dann entzogen?“ fragte sie.

„Das ist ein energetisches Problem, Alaia“, erklärte der Helfer. „Jeder Mensch verfügt über Energiezentren, die entlang der Wirbelsäule angeordnet sind. Das unterste befindet sich beim Steißbein, das oberste auf dem höchsten Punkt des Scheitels. Diese Zentren sind bei den meisten Menschen untätig, sie müssen erst aktiviert werden. Die Kraft, die diese Zentren wecken kann, befindet sich im Wurzelzentrum. Man nennt sie auch die ‚Kundalinischlange‘. Es gibt bestimmte Meditationsübungen, durch welche diese Kraft geweckt wird.“

„War es das, was wir im Kloster übten?“ fragte sie.

„Ja“, bestätigte der Helfer. „Wenn die Schlange ihr Haupt reckt und sich langsam aufrichtet, werden die Zentren aktiviert, und die Menschen gewinnen die Fähigkeiten zurück, die sie besaßen, als sie noch mit ihrem kosmischen Bewußtsein vereint waren.“

„Deshalb war meine Sehnsucht so groß, daß ich ihr die Liebe zu Tenzin opferte“, rief Alaia aus.

„So ist es“, bejahte der Helfer. „Im Laufe dieser Übungen entsteht, wenn die Gedanken ruhig geworden sind, das klare Licht, dasselbe klare Licht, das du im Zwischenreich wahrnimmst, wenn du gut gestorben bist und über das du in Atlantis ständig verfügtest.“

„Das klare Licht“, rief Alaia begreifend, „deshalb verbarg mir der Schleier die Erinnerung.“

„Er mußte sie verbergen“, erklärte der Helfer, „denn noch würde dir das Wissen aus früheren Leben schaden. Als du bei Tenzin gelegen hast, entlud sich diese Energie vollständig. Dies geschieht bei jedem sexuellen Akt, und deshalb war es den Lamas untersagt, sich zu verheiraten. Den Menschen, die den Weg des klaren Lichts nicht beschreiten, dient diese Energie als Zeugungskraft von neuem Leben.“

„Warum läßt sich die Kundalinikraft nicht wieder aufbauen?“ fragte Alaia.

„Das ist meist nicht möglich“, erläuterte der Helfer, „denn es dauert zu lange, um sie aufzubauen, und die Entladung geschieht im Gegenzug dazu zu rasch.“

„Dann muß ich mich also entscheiden, ob ich die Menschen liebe oder den Einen?“ fragte Alaia, wobei Bitterkeit in ihrer Stimme schwang.

„Den Einen kannst du trotzdem lieben“, berichtigte der Helfer, „doch mußt du auf die kosmischen Fähigkeiten verzichten. Bedenke, daß auch die Liebe eines Menschen unendlich wertvoll ist. Wahres Menschsein kannst du nur erfahren, wenn du dich auch dieser Liebe hingibst, und wahres Menschsein brauchst du, um deinen Lebensplan zu erfüllen. Es wird einmal eine Zeit kommen, in der beides möglich sein wird, doch jetzt ist es noch nicht so. Du wirst wählen müssen."

„Was ist anders in jener Zeit, wo beide Formen der Liebe gemeinsam möglich sind?" fragte Alaia.

„An einem ganz bestimmten Punkt der Entwicklung, der noch nicht erreicht ist, wird sich ein Bewußtsein inkarnieren, welches so mächtig ist, daß es alle Menschen auf eine höhere Entwicklungsstufe heben wird. Die Kundalini der Menschheit wird steigen..."

„Die Menschheit hat auch eine Kundalini?" unterbrach Alaia erstaunt.

„Ja", antwortete der Helfer, „denn die Menschheit setzt sich aus unzähligen Einzelwesen zusammen, die gemeinsam einen Körper bilden. Dieser Körper verfügt über seine eigene Kraftquelle, die sich seiner Entwicklung entsprechend ausbildet. Wenn die Menschheitskundalini genügend hoch gestiegen ist, kann sich der einzelne Mensch auf diese Quelle stützen und hängt nicht mehr allein von seiner eigenen Kundalini ab. Die Menschheitskundalini wird dann ‚heiliger Geist' genannt. Dann werden sich Sexualität und das Sein im klaren Licht nicht mehr gegenseitig ausschließen. Die Form der körperlichen Vereinigung muß allerdings auch dann noch stimmen. Wird die Verbindung nicht von Liebe getragen, wird der Geschlechtsakt auch in Zukunft schwächen."

„Diente dieses Leben nur dem Zweck, mir diesen Umstand klarzumachen?" fragte Alaia.

„Nein", antwortete der Helfer, „dieses Leben bewirkte viel mehr. Als Medizinmann Brabag waren dir andere Menschen gleich, du liebtest nur die Macht. Als Mira liebtest du den Einen in Krischna, und diese Liebe bestimmte allein dein Leben. Als Sämten fühltest du zum erstenmal persönliche Liebe, zu deiner Mutter, deinem Vater, deinen Geschwistern und natürlich zu

Tenzin. Er lehrte dich die körperliche Liebe, und wenn dich das dem ersten Anschein nach auch viel gekostet haben mag, so hat es dich, bei längerem Betrachten, dem Menschsein unendlich viel näher gebracht. Wäre Tenzin nicht gewesen, hättest du ein zweites blaues, nur auf den Einen ausgerichtetes Leben geführt, doch dank seiner Hilfe kam die Farbe Orange hinzu, die sinnliche Erfahrung, und natürlich Gelb, die persönliche Entscheidung."

„Wieso Gelb?" fragte Alaia erstaunt. „Ich konnte mich doch nicht entscheiden!"

„Für Alaia auf Atlantis gab es keine andere Wahl als den Willen des Einen", erklärte der Helfer, „Mira in Indien kannte ebenfalls kein persönliches Ziel. Erst Sämten nahm die andere, die persönliche Möglichkeit für ihr Leben überhaupt wahr, wenn sie auch noch nicht fähig war, sich klar für eine der beiden zu entscheiden."

„Dann war das Leben ja gar nicht so schlecht, wie ich gedacht habe," stellte Alaia fest.

„Nein, denn die Erfahrungen dort haben dich sehr weit gebracht."

„Was hätte ich besser machen können?" fragte sie.

„Nichts", erwiderte der Helfer. „Wenn du Tenzin zum Mann genommen hättest, wäre dir viel Leid erspart geblieben, doch dann hättest du nicht Sämten mit der großen Sehnsucht nach dem klaren Licht sein dürfen. Es ist gut so, wie es war."

Ihr Gesichtsausdruck spiegelte Erleichterung. Der Helfer lächelte aufmunternd:

„Du machst es gut, Alaia, sorge dich nicht." Sie lehnte sich gegen ihren Helfer, denn sie wußte, daß es nicht mehr lange dauern würde, bis sie im rosa Strudel einer neuen Inkarnation entgegenfliegen würde.

„Was kommt als Nächstes auf mich zu?" fragte sie leise.

„Werde Mensch, Alaia", antwortete der Helfer und deutete auf die spiegelblanke Oberfläche des Wasserbeckens.

Kapitel 10

Palästina

In den engen Gassen der kleinen Stadt herrschte dichtes Gedränge. Obwohl der Morgen jung war, schien die Sonne heiß vom wolkenlosen Himmel. Die Menschen begaben sich zur Arbeit: Frauen balancierten Krüge auf dem Kopf zum Brunnen, um Wasser zu holen, Männer trieben ihre Esel und Ochsen zu den Feldern vor der Stadt, ein Hirte war damit beschäftigt, seine stets hungrigen Ziegen davon abzuhalten, in den Innenhöfen der Häuser die Blumen abzufressen. Dazwischen huschten lachende Kinder, die noch zu jung waren, um ihren Eltern zu helfen. Die Stimmen der Menschen vermischten sich zu einem gleichmäßigen Raunen, unterbrochen von einzelnen lauten Ausrufen, den gelegentlichen Schreien der Tiere und dem Hämmern und Klappern der Handwerker, die zu beiden Seiten der Gasse ihre Werkstätten betrieben. Das unbeschreibliche Duftgemisch von blühendem Jasmin, Gewürzen, dem Geruch von Holzfeuern und Exkrementen erfüllte die Luft. Einer der Esel auf der Gasse schien es besonders eilig zu haben. Seine Ohren wippten, die leeren Körbe auf seinem Rücken hüpften auf und nieder, und der junge Mann, der zu ihm gehörte, hatte sichtlich Mühe, ihm in dem Gewühl zu folgen.

„He! Lello!" rief er. „Was ist denn heute in dich gefahren? Du kannst die Arbeit wohl gar nicht erwarten!" Das Gedränge der Menschen schien den Esel nicht zu stören, er strebte vorwärts, und die Leute auf der Gasse versuchten, ihm Platz zu machen, denn seine Hufe waren scharf, und niemand verlangte es danach, mit den Füßen unter diese Hufe zu geraten. Zuerst murrten die Leute ärgerlich, doch das Zwiegespräch des jungen Mannes, der atemlos hinter seinem Grautier herhastete, zog rasch die Aufmerksamkeit auf sich und verwandelte den Ärger in Spott.

„Lello! Lello, so warte doch auf mich! Das ist nicht recht von dir, daß du mich so hetzt. Ich habe dich immer gut behandelt! Wieso mußt du nur so rennen? Lello!"

„Lello, bitte", ergänzte ein Mann grinsend, „so kannst du doch nicht sein!"

„Nimm doch Rücksicht auf deinen armen jungen Herrn", rief ein anderer in gespielter Entrüstung.

„He, Eli, du hast es aber eilig!" feixte einer, „die Frau, die auf dich wartet, muß sehr schön sein!" Die Umstehenden belohnten diesen Ausspruch mit schallendem Gelächter.

„Ich verfluche diesen Esel samt seinen Kindern und Kindeskindern!" erwiderte der junge Mann, der langsam wütend wurde, und drohte mit der Faust. „Paßt nur auf, sonst trifft mein Fluch auch euch!"

Unbeeindruckt von höflichen Ermahnungen und Drohungen stieß der Eselhengst zu allem Überfluß einen markerschütternden Schrei aus und fing an zu galoppieren. Verzweifelt rang der junge Mann die Hände und brüllte:

„Lello, du blökendes, stinkendes Ungeheuer, du Sohn eines Dämons! Wenn ich dich erwische, prügle ich den bösen Geist aus dir heraus!" und er stürzte, vom anfeuernden Gejohle der Leute begleitet, hinter dem wildgewordenen Grautier her. Der Esel jedoch roch etwas anderes als die Menschen auf der Gasse, weder Jasmin noch Holzfeuer noch Gewürze, und auch die Exkremente ließen ihn kalt. Das, was ihm in die Nase stieg, war zu verführerisch, um ihm zu widerstehen, und er folgte diesem Duft, wohin dieser ihn auch führen mochte, ohne auf seinen wild gestikulierenden, schreienden Herrn zu achten.

Der Schweiß lief dem jungen Mann in Strömen den Rücken hinab. Warum mußte es ausgerechnet heute so besonders heiß sein! Das Tier stürmte, vom Grölen der Wächter begleitet, durch das Stadttor und raste schnurstracks einem alleinstehenden Haus dicht am Ufer des großen Flusses entgegen. „Glücklicherweise bin ich wenigstens die Leute los", dachte Eli, doch hier, außerhalb der Stadt, wirbelten Lellos Hufe dichte Staubwolken auf, die den jungen Mann husten und seine Augen tränen ließen, und er hoffte inbrünstig, der Esel möge vor Anstrengung auf der Stelle zusammenbrechen.

„Lello, wenn du dein Leben liebst, dann bleib stehen!" gab er dem Esel keuchend eine letzte Chance. Unbeeindruckt setzte das Grautier, das die umzäunte Koppel des Hauses erreicht hatte, über das Gatter und gelangte ans Ziel seiner Sehnsucht, einer Eselin, der er augenblicklich und ohne Zweifel an seiner Absicht zu lassen, den Hof machte.

„Lello, du brünstiger Bock!" schimpfte Eli, der erst in diesem Augenblick den Grund für den Ausbruch des sonst so folgsamen Tieres erkannte, sprang ebenfalls über das Gatter und schlug mit einer Gerte wütend auf den Esel ein, ohne daß dieser sich indes davon beeindrucken ließ. Eli riß an dem Strick, der um den Hals des Grautieres befestigt war, doch die Eselin hintertrieb den Versuch des jungen Mannes, Lello von der Untat abzuhalten, indem sie diesem verführerisch ihr Hinterteil präsentierte, was dem Eselhengst ungeahnte Kräfte verlieh. Er riß sich los und machte Anstalten, diese deutliche Einladung umgehend anzunehmen.

„Du Sohn einer Hure!" brüllte der junge Mann seinen Esel an und riß, da er den Strick verloren hatte, wütend am Schwanz des Tieres, „du verfluchtes Vieh...". Ein helles Lachen ließ ihn innehalten. Er fuhr herum und erblickte ein junges Mädchen, das aus der offenen Tür des Hauses getreten war und sich, die Hände in die Hüften gestützt, köstlich zu amüsieren schien.

Das Mädchen hatte im Haus gearbeitet, doch der wilde Schrei des Esels hatte sie aufgeschreckt, und sie war neugierig ans Fenster getreten. Zuerst hatte sie den Eselhengst auf ihre Eselin zustürmen sehen, dann bemerkte sie den jungen Mann, der dem Tier in einem wilden Satz über den Zaun gefolgt war. Das von Staub und Schweiß völlig verschmierte Gesicht des Mannes spiegelte seine Wut, und diesem Gefühl verlieh er lautstarken Ausdruck. Gewöhnlich verirrte sich nur selten jemand zu ihrem Haus, denn sie führte ein sehr zurückgezogenes Leben. Um so mehr genoß sie das komische Schauspiel, das sich ihr jetzt bot: Der junge Mann zerrte heftig am Schwanz seines Grautiers, ihre eigene Eselin dagegen tat alles, um den Hengst in seiner Brunst zu ermutigen. Und so konnte sie gar nicht anders: Lachend trat sie vor die Tür.

„Was gibt's denn da zu lachen?" rief Eli ärgerlich. „Siehst du nicht, was mein Esel tut?"

„Laß ihn doch", prustete das Mädchen, „das wird ein gutes, kräftiges Fohlen geben", und dann schüttete sie sich wieder aus vor Lachen. Eli wußte nicht, worüber er sich mehr ärgern sollte: über Lello, der sich eifrig über die Eselin hermachte, oder über das lachende Mädchen. Sie sah sein ärgerliches Gesicht und bemühte sich, ihre Ausgelassenheit zu unterdrücken.

„Verzeih meine Heiterkeit. Du... ich meine, ihr... ich meine, du und dein Esel, ihr kamt so unerwartet. Wenn ich dich mit meinem Lachen erzürnt habe, tut es mir wirklich leid."

Besänftigt fragte er: „Es macht dir wirklich nichts aus, das mit den Eseln?"

„Nein, überhaupt nicht", antwortete sie. Obwohl sie ihn noch nie gesehen hatte, fühlte sie sich zu diesem jungen Mann merkwürdig hingezogen. Der Gedanke, daß er gleich wieder gehen und wahrscheinlich nie zurückkommen würde, versetzte ihrem Herzen einen Stich. Sie mußte sich schleunigst etwas einfallen lassen.

„Die wilde Jagd muß dich ermüdet haben", sagte sie deshalb freundlich, „vielleicht möchtest du dich waschen und etwas trinken?" und sie winkte ihn einladend zu sich auf den mit Steinen gepflasterten, von Weinranken beschatteten Vorplatz des Hauses. Er zögerte, denn eigentlich war es nicht schicklich, daß ein junger Mann und ein junges Mädchen alleine miteinander sprachen. Dies Zögern gab dem Mädchen zu erkennen, daß er sie achtete. Obwohl ihr das gut gefiel, fragte sie sich, ob sie ihn wirklich, der Sitte wegen, einfach so ziehen lassen sollte. Was tun? Zu ihrem eigenen Erstaunen hörte sie sich sagen:

„Na, komm schon, du wirst mich doch nicht fressen! Außerdem werden wir dank unseren Eseln sowieso bald fast verwandt miteinander sein." Im gleichen Augenblick ärgerte sie sich über sich selbst. Wie hatte sie nur so etwas Dummes sagen können! Verwandt miteinander! Doch zu ihrer grenzenlosen Erleichterung schien er dies lustig zu finden, denn er lachte, sprang über den Zaun und ließ sich im Schatten der Weinreben nieder. Sie eilte ins Haus, brachte ihm eine Schüssel Wasser zum Waschen, und als er sein staubiges, verschmiertes Gesicht darin erblickte, grinste er und meinte:

„So wie ich aussehe, solltest du dich vor mir fürchten. Vielleicht bin ich ja genauso wie mein Esel!"

„Dazu fehlen dir die langen Ohren!" antwortete sie heiter und staunte wieder über ihren Mut, doch dem jungen Mann schien es zu gefallen, denn er lächelte und wusch sein Gesicht. Sie goß aus einem Krug den Saft frischer Orangen in zwei Becher und setzte sich ihm gegenüber. Erst jetzt nahm er sie wirklich wahr, und er bemerkte staunend ihre Schönheit, das ebenmäßige Gesicht, von dunklen Locken umrahmt, volle Lippen, und Augen in denen er zu versinken schien. Eli schaute und vergaß darüber alles andere.

„Dein Esel heißt Lello, das sagtest du bereits, und wie heißt du?" unterbrach sie seine Versenkung.

„Verzeih mir", antwortete er schuldbewußt und spürte, daß er rot wurde, was ihn ärgerte, „ich heiße Eli. Und wie ist dein Name?"

„Ich heiße Hannah", antwortete sie, und der Vollständigkeit halber fügte sie hinzu: „Und meine Eselin heißt Fina."

„Lebst du hier ganz allein?" fragte Eli, dem es seltsam erschien, daß trotz seiner Anwesenheit niemand aus dem Haus getreten war.

„Ich wohne hier mit meiner alten Großmutter, doch sie ist sehr krank und kann das Bett nicht mehr verlassen", erklärte Hannah.

„Was ist mit deinen Eltern?" fragte er.

„Sie erkrankten und starben, als ich noch ein Kind war", berichtete das Mädchen. „Ich kann mich nicht mehr an sie erinnern."

„Das tut mir leid", sagte Eli bestürzt.

„Das muß es nicht", erwiderte Hannah, „es ist schon so lange her, und ich habe mich daran gewöhnt. Was treibst du, wenn du nicht gerade hinter deinem Esel herjagst?"

„Jeden Morgen gehe ich zum Fluß, sammle die Wäsche ein, die die Frauen dort gewaschen haben, und befördere sie auf dem Rücken meines Esels zurück zu den Häusern meiner Kundinnen in der Stadt", antwortete Eli. „Damit verdiene ich mir etwas Geld." Plötzlich erschrak er und blickte zum Himmel, wo ihm der Stand der Sonne verriet, daß der Morgen schon weit fortgeschritten sein mußte. Rasch leerte er seinen Becher, sprang auf und rief:

„Ich habe die Zeit vollkommen vergessen, es ist schon später, als ich dachte. Ich muß dringend los, Hannah, sonst sind die Frauen ärgerlich. Verzeih mir den überstürzten Aufbruch!" Sie erschrak, ohne es sich anmerken zu lassen. Sie konnte nichts mehr tun, um ihn zu halten, ohne leichtfertig zu wirken. Eli trat vor sie hin und nahm ihre Hände zum Abschied in die seinen. Plötzlich war ihm, als schließe sich ein Kreis, als komme etwas zusammen, das zusammengehörte. Er schaute sie verwundert an, und in ihren

Augen sah er, daß auch sie spürte, daß etwas geschehen war, etwas, das man nicht rückgängig machen konnte. Ernst sagte er: „Ich komme wieder!“ lief zur Koppel, fing seinen Esel ein, der sich jetzt willig führen ließ, und schlug den Weg zum Fluß ein. Hannah blieb verwirrt zurück.

Lammfromm zockelte das Grautier jetzt hinter Eli her, und er beschloß, ihm zu verzeihen, da er ohne die Untat des Esels die schöne Hannah nie kennengelernt hätte. Es blieb ihm nicht viel Zeit, darüber nachzudenken, was gerade mit ihm geschehen war. Er wußte nur, daß dieses Etwas viel Kraft besaß, vielleicht so viel, um sein gesamtes Leben zu verändern. Als er den Waschplatz erreichte, warteten die Frauen bereits mit der sauber gewaschenen Wäsche.

„He, Eli, du kommst so spät. Warst du bei deiner Liebsten?“ neckte ihn die eine.

„Sag uns, ist sie schön?“ fragte eine andere.

„Wie heißt sie, Eli, sag uns doch ihren Namen!“ bat eine dritte, doch Eli lachte nur, ohne zu antworten. Er schichtete die nassen, schweren Kleidungsstücke sorgfältig in die Körbe, winkte den Frauen zu und trieb seinen Esel dem Städtchen entgegen.

Elis Heimatort war von einer hohen Mauer umgeben. Mehrere Tore, die des Nachts geschlossen wurden, führten in das Innere. Die reicheren Bewohner fürchteten sich vor vagabundierenden Räuberbanden, die das Land zuweilen auf ihren Beutezügen durchstreiften. Jetzt standen die Flügel weit offen, und Eli nickte den Wächtern freundlich zu, die sich Bemerkungen wie: „Na, jetzt hast du wohl mehr Zeit, Eli“, nicht verkneifen konnten. Er zog langsam durch die Gassen, von denen rechts und links die Türen in die von hohen Mauern geschützten Innenhöfe der Häuser abgingen. Innerhalb dieser Höfe wuchs herrlich duftender Jasmin, rankten sich purpurfarbene Bougainvilleen an den Häuserwänden empor und wiegten sich Palmen im Winde. Eli machte seine

Runde, lieferte die Wäsche ab und zog dann zurück zum Haus seiner Eltern.

* * *

Nach dem Essen saß der Vater mit den Söhnen beim Wein, während die Frauen die Reste der Mahlzeit versorgten und Teller und Töpfe säuberten.

„Na, Eli", begann der Vater lächelnd, „ich hörte, du habest es heute besonders eilig gehabt." Die Brüder kicherten.

„Lello war nicht zu bändigen", antwortete Eli mit säuerlicher Miene, da ihm die Neckerei langsam auf die Nerven ging. „Die Eselin im Haus vor der Stadtmauer war in Hitze, und nichts und niemand in der Welt konnte Lello daran hindern, sie zu bespringen."

„Er hat es getan?" staunte der ältere Bruder.

„Was haben die Besitzer der Eselin dazu gesagt?" fragte der Vater.

„Wirklich, Vater, ich habe getan, was ich konnte, um es zu verhindern, doch sie lachte nur und sagte, ich solle Lello lassen, es würde ein starkes Fohlen geben", antwortete Eli.

„Wer ist sie?" fragte der Vater.

„Hannah. Sie wohnt dort mit ihrer alten, kranken Großmutter", berichtete Eli, „denn ihre Eltern sind schon lange tot."

„Du weißt ja bereits eine ganze Menge", stellte der älteste Bruder fest. „Hast du etwa allein mit ihr gesprochen? Das wäre unschicklich, oder ist sie eine von den Frauen...?", und er grinste süffisant. Elis Gesicht färbte sich dunkelrot, doch ehe er den Mund aufmachen konnte, schaltete sich der Vater ein und wies seinen Ältesten zurecht:

„Hüte dich, David, denn du sollst nicht falsch Zeugnis reden wider deinen Nächsten. Wenn du dem Mädchen unrecht tust, versündigst du dich am Herrn!" Dankbar blickte Eli seinen Vater an.

„Was wird aus dem Fohlen, wenn die Eselin trächtig ist?" lenkte der zweite Bruder das Gespräch in eine ungefährliche Richtung.

„Darüber haben wir nicht gesprochen", mußte Eli zugeben.

„Das sieht dir ähnlich, Kleiner", neckte ihn der älteste Bruder, „du solltest bald zu ihr gehen und es aushandeln."

„Gewiß, das tue ich gern", antwortete Eli rasch und bemühte sich vergebens, seine Freude zu verbergen.

„Sie ist wohl hübsch, deine Hannah?" fragte der zweite Bruder, dem Elis glückliches Lächeln nicht entgangen war. Eli schwieg verlegen.

„Hört auf damit", beendete der Vater das Thema, „ich habe Wichtigeres mit euch zu bereden. Habt ihr von dem Prediger Jochanan gehört, der unten am Fluß zu den Menschen spricht?"

„Meinst du den, der sein ganzes Leben in der Wüste verbracht hat und nur wilden Honig und Heuschrecken ißt?" fragte der älteste Sohn und schüttelte sich, da er gute Speisen besonders schätzte.

„Und der den Menschen so lange ins Gewissen redet, bis sie sich von ihm im Jordan taufen lassen?" ergänzte der zweite Sohn.

„Ja, den meine ich", antwortete der Vater. „Hast du ihn nicht gesehen, Eli? Du warst doch unten am Fluß." Eli schüttelte verneinend den Kopf.

„Der Kleine hatte nur Augen für Hannah", lästerte der Älteste, doch zu Elis Erleichterung schenkten die anderen seinen Worten keine Beachtung.

„Er scheint ein starker Geist zu sein, dieser Jochanan", fuhr der Vater fort. „Er ist Sohn des Hohenpriesters Zacharias, der damals unter merkwürdigen Umständen im Tempel gestorben ist."

„Munkelten die Leute nicht, daß die anderen Hohenpriester ihn umgebracht haben, weil er ihnen unbequem wurde?" fragte der zweite Sohn.

„Die Leute reden viel. Außerdem ist es nicht klug, sich mit den Pharisäern anzulegen, Joshua, und dazu gehört, solche Verdächtigungen nicht auszusprechen“, warnte der Vater. „Der Tempel ist sehr mächtig und hat seine Ohren überall!“

„Das scheint diesen Jochanan wenig zu stören“, entgegnete der zweite Sohn. „Er nennt die Pharisäer ‚Schlangenbrut‘.“ Der Vater wiegte nachdenklich den Kopf.

„Noch ist die Geschichte nicht zu Ende“, wandte er ein, „wir wollen hoffen, daß Jochanan diese Worte überlebt. Mögt ihr mich morgen zu ihm begleiten? Ich möchte selbst hören, was er zu sagen hat.“

Die beiden älteren Söhne stimmten sofort zu, doch Eli spürte ein seltsames Unbehagen, das er selbst nicht verstand.

„Ich kümmere mich lieber um meine Arbeit“, antwortete er. Danach wandten sie sich anderen Themen zu.

* * *

Eli wartete einige Tage, ehe er das Mädchen besuchte. Er wollte herausfinden, welcher Art das Gefühl war, das sich in sein Herz gebrannt hatte. Doch nach einer Woche war das Brennen so stark geworden, daß er an nichts anderes als an Hannah denken konnte. Deshalb beschloß der junge Mann, das zu erwartende Eselfohlen als Vorwand für einen Besuch im Haus vor der Stadtmauer zu nutzen. Gleich nach der Arbeit hatte er sich gewaschen und sein bestes Gewand angezogen. Als er sogar nach einem Kamm fragte, schaute ihn die Mutter seltsam wissend an, und die Brüder grinsten frech. Doch Eli zählte fast siebzehn Jahre und war alt genug, sich eine Frau zu suchen. Er brach im Hof einen Zweig blühenden Jasmins und machte sich auf den Weg.

Hannah war gerade damit beschäftigt, Wasser aus dem Fluß zu holen, um das Gemüse im kleinen Garten hinter dem Haus zu gießen. Sie watete in den Fluß, hielt den großen Krug in die Strömung und wartete, bis er voll war. Dann mühte sie sich ab, das schwere Gefäß ans Ufer zu schleppen, um es in den Tragekorb auf dem Rücken ihrer Eselin zu wuchten. Diese Arbeit fiel ihr nicht leicht, ihr schmerzte jedesmal danach der Rücken, doch es war niemand da, der es an ihrer Stelle hätte tun können.

Eli hatte sie schon von weitem beobachtet. Als er sah, wie sie sich mit dem schweren Krug plagte, begann er zu rennen.

„Warte, Hannah, ich helfe dir!" rief er und schwenkte die Arme. Hannah schaute erstaunt auf, und ihr Herz machte einen Sprung, als sie den jungen Mann erblickte. Das Wasser spritzte auf, als er atemlos zu ihr in den Fluß stürmte, so daß sie beide naß wurden. Er war so begierig, ihr zu helfen, daß er den blühenden Zweig, den er immer noch hielt, völlig vergessen hatte. Erst als er den Krug fassen wollte, merkte er, daß ihm nur eine Hand zur Verfügung stand. Verlegen richtete er sich wieder auf und überreichte ihr sein Geschenk. Das Lächeln verschwand von Hannahs Gesicht, und er erschrak, denn Tränen rannen über ihre Wangen.

„Hab ich etwas falsch gemacht?" fragte er ängstlich. „Magst du keinen Jasmin?"

Sie lächelte unter Tränen und schüttelte den Kopf.

„Nein", sagte sie leise, „es ist nur... noch nie hat mir jemand etwas geschenkt."

Er schaute sie an, und plötzlich konnte er klar benennen, was er seit einer Woche fühlte: Er wollte dieses Mädchen oder keines! Jetzt, wo er wußte, daß er sie liebte, wurde er ganz ruhig. Er schleppte den Krug aus dem Fluß, füllte auch den zweiten, hob beide Gefäße in die Tragekörbe der Eselin und streckte dem Mädchen, das immer noch im Wasser stand, lächelnd die Hand entgegen und fragte:

„Komm heraus, Hannah, oder willst du Wurzeln schlagen?"

Sie ergriff seine Hand, ohne auf den Scherz einzugehen, und folgte ihm schweigend zum Haus. Schweigend sah sie zu, wie er für sie den Garten wässerte. Als er fertig war, fragte sie ihn ernst:

„Eli, was willst du von mir? Ich bin zwar eine Waise und arm, aber ich bin nicht eine von den Frauen, die..."

„Hannah", unterbrach er sie erschrocken, „sei still! Ich wäre nie zurückgekommen, wenn ich so von dir denken würde. Es ist allein meine Schuld! Was mußt du von mir denken? Ich hätte dich nicht allein besuchen dürfen! Das nächstemal bringe ich meine Schwester mit. Verzeihst du mir?"

„Du willst wirklich wiederkommen?" entgegnete sie, ohne seine Frage zu beantworten, und ihre Augen begannen zu leuchten.

„Wenn du es wünschst", antwortete er.

„Ich wünsche es mir", flüsterte sie und wagte nicht, ihn dabei anzuschauen.

„Dann gehe ich jetzt wohl besser", sagte er und wollte ihr die Hand zum Abschied reichen, als ihm plötzlich einfiel, weswegen er gekommen war. „Jetzt hätte ich fast etwas Wichtiges vergessen. Was wird eigentlich aus dem Eselfohlen, wenn deine Stute trächtig ist?" Sie lächelte.

„Ich dachte mir, ihr gebt mir das Futter für die Eselin", antwortete sie, „und bekommt dafür das Fohlen."

„Das scheint mir eine gute Lösung", meinte Eli, „ich werde sie meinem Vater vorschlagen. Leb wohl für heute, Hannah, das nächstemal wirst du keinen Anlaß finden, mich zu tadeln." Er reichte ihr die Hand und sagte: „Es wird alles gut werden", und sie blieb zurück und überlegte, was er damit meinen könnte. Der Hoffnung, die in ihrem Herzen aufkeimte, wagte sie nicht nachzugeben.

Die Wächter waren bereits dabei, die schweren Flügeltüren zu schließen. Eli schlüpfte gerade noch hindurch und eilte nach Hause. Die Mutter hatte ihm etwas zu Essen aufgehoben, und er setzte sich mit seinem Teller und einem Becher Wein zum Vater und den Brüdern, die sich gerade über ihren Besuch beim Prediger Jochanan unterhielten.

„Stellt euch vor", erzählte der älteste Bruder, „er steht da mit wirrem Haar und brennenden Augen und fordert die Menschen zur Umkehr auf. ‚Tut Buße', schreit er, ‚denn das Himmelreich ist nahe!', was immer das auch bedeuten soll."

„Ich denke, daß er damit die Ankunft des Messias meint", erklärte der Vater, „er fühlt sich dazu berufen, ihn anzukündigen."

„Meinst du nicht, daß er selbst der Messias ist?" fragte der zweite Bruder.

„Das glaube ich nicht", antwortete der Vater, „obwohl ihn seine Nachfolger wie einen solchen verehren. Jochanan glaubt, er sei der Bote, von dem Jesaja sagt, daß er den Weg für den Messias bahne. Von sich selbst sagt Jochanan dagegen, er sei es nicht wert, dem Messias die Schuhe auszuziehen. Ihr habt doch auch gehört, daß er am Jordan auf ihn wartet, um ihn zu taufen."

„Glaubst du etwa auch an den Unsinn mit dem Messias?" rief der Älteste. „Und daß er der Bote sei, von dem Jesaja kündet? Ich meine dagegen, daß ihm die Heuschrecken und die Hitze in der Wüste nicht sonderlich gut getan haben können. Ein Bad, angemessene Kleidung und anständiges Essen würden sicher viel dazu beitragen, ihn von seinem Wahn zu heilen."

„So abfällig solltest du nicht über ihn sprechen", wandte der zweite Bruder ein. „Selbst wenn er sich in bezug auf den Messias irrt, beweist er sehr viel Mut. Heute hat er die Pharisäer und Schriftgelehrten ‚Otterngezücht' genannt, und sie wegen ihrer schlimmen Taten vor dem Gericht Gottes gewarnt. Und selbst den König nimmt er nicht aus! Ich traute meinen Ohren kaum, als er öffentlich angeprangerte, daß Herodes bei der Frau seines Bruders liegt!" Der Vater wiegte nachdenklich den Kopf und meinte:

„Ich glaube, Jochanan ist ein wirklich großer Prediger, und er lebt sicher ein gottgefälligeres Leben als die Pharisäer, doch ob es unbedingt klug ist, ihnen das auf diese Weise zu sagen, sei dahingestellt. Ich persönlich halte es eher für dumm, besonders aber, den König in dieser Weise zu tadeln, obwohl in den Gesetzen Moses steht, daß ein Mann, der bei einer verheirateten Frau liegt, sterben muß. Ich glaube allerdings, daß Herodes nicht der Mann ist, der sich dies von einem Wüstenprediger sagen läßt." Er wandte sich an seinen jüngsten Sohn: „Eli, warum kommst du morgen nicht nach deiner Arbeit mit uns zum Jordan? Ich meine, du solltest diesen Jochanan unbedingt kennenlernen." Eli spülte den letzten Bissen seines Essens mit einem Schluck Rotwein hinunter.

„Ich weiß nicht so recht", antwortete er verlegen, „es zieht mich nichts zu diesem Menschen hin."

„Recht hast du, kleiner Bruder", bekräftigte der Älteste, „dieser Mensch ist ein Eiferer, und das, wofür er sich ereifert, gefällt mir nicht."

„Du lebst ja sowieso nur für deinen Bauch und deine Bequemlichkeit, David", gab der zweite Bruder zurück, „hör nicht auf ihn, Eli. Dieser Jochanan ist äußerst mutig, das gefällt mir am meisten an ihm."

„Und er ist ein gläubiger Jude", fügte der Vater hinzu. „Das, was er fordert, ist die Erfüllung der Gesetze Moses, und darin sehe ich nichts Unrechtmäßiges." Er senkte seine Stimme zu einem Flüstern und fuhr fort: „Der Tempel bürgt schon lange nicht mehr für die Reinheit des Judentums, und seit Zacharias tot ist, wird es ärger und ärger. Die Pharisäer verlangen immer unverschämtere Abgaben von uns. Jochanan spricht die Wahrheit. Du solltest ihn dir wirklich anhören, Eli. In alten Zeiten sandte Gott stets einen Propheten, wenn sein Volk in Gefahr geriet. Möglicherweise ist Jochanan solch ein Prophet, doch ich fürchte, daß man ihn nicht mehr lange in Freiheit reden läßt."

„Also gut", willigte Eli ein, doch nicht aus wirklichem Interesse, sondern um den Vater zufriedenzustellen, „morgen komme ich mit." Und dann fuhr er fort: „Vater, könnte ich etwas mit dir besprechen? Mit dir allein“, fügte er rasch hinzu, als er die neugierigen Blicke der Brüder sah. Der Vater machte zum Mißfallen der beiden Älteren eine unmißverständliche Handbewegung, und so erhoben sich die Brüder und verschwanden im Haus.

„Was ist, mein Sohn?“ fragte der Vater.

„Ich liebe dieses Mädchen, Hannah und möchte sie zur Frau nehmen“, antwortete Eli ohne Umschweife. Der Vater rieb sich nachdenklich das Kinn.

„Du kennst sie doch erst seit kurzer Zeit“, wandte er ein, „wie kannst du dir da schon so sicher sein?“

„Ich weiß nicht warum, und doch bin ich mir sicher!“ antwortete Eli mit Nachdruck.

„Hast du sie schon gefragt?“ fragte der Vater.

„Noch nicht“, erwiderte Eli, „doch denke ich, daß sie mir nicht abgeneigt ist.“

„Eli“, sagte der Vater ernst, „du bist alt genug, um eine solche Entscheidung zu treffen. Doch bedenke, es ist das erstemal, daß du dich für ein Mädchen begeisterst. Es gibt noch andere Frauen, die sich wünschen würden, zu unserer Familie zu gehören. Wäre es nicht klüger, noch eine Weile abzuwarten?“

„Nein!“ widersprach Eli entschieden. „Ich will auf gar keinen Fall warten, denn ich weiß, daß sie es ist und keine andere.“ Der Vater betrachtete ihn schweigend.

„Es ist gut, mein Sohn“, antwortete er schließlich, „es gibt so etwas wie ein Wissen um die Richtige. Auch unserem Stammvater Jakob ging es so mit unserer Stammesmutter Rahel. Wenn du dir so sicher bist, dann nimm morgen, der Schicklichkeit wegen, deine Schwester Sarah mit und frage Hannah, ob ich ihre Großmutter in dieser Sache sprechen kann.“ Obwohl es seinem Alter keineswegs entsprach, fiel Eli dem Vater um den Hals und küßte ihn.

„Ich danke dir, Vater!“ rief er glücklich. Wenn die Stadttore nicht schon geschlossen gewesen wären, hätte er Hannah am liebsten gleich aufgesucht. So wälzte er sich auf seinem Lager von einer Seite auf die andere, ohne Schlaf finden zu können.

Am nächsten Morgen stand Eli mit der Sonne auf und legte sein bestes Gewand an. Auf dem Weg zum Haus vor der Stadtmauer hatte er seiner Schwester Sarah zu verstehen gegeben, daß er ihre Anwesenheit der Schicklichkeit wegen zwar schätze, es aber vorziehen würde, wenn sie sich im Hintergrund halte, damit er allein mit dem Mädchen reden könne. Die Schwester, selbst schon verheiratet und Mutter zweier Kinder, hatte lächelnd zugestimmt.

Hannah, die im Garten beschäftigt gewesen war, eilte aufgeregt vor das Haus, als sie die vertraute Stimme hörte. Sie lief ihnen zur Begrüßung entgegen und lud sie ein, im Schatten der Weinranken Platz zu nehmen. Die Schwester erkundigte sich eingehend nach dem Befinden der Großmutter und ließ nicht eher locker, bis Hannah ihr erlaubte, dieser einen Besuch abzustatten.

„Hannah“, begann Eli leise, „als ich dir zum erstenmal begegnete, ist etwas mit meinem Herzen geschehen, etwas, das ich noch nie zuvor erlebt habe.“ Er stockte und forschte ängstlich in ihrem Gesicht, wie sie das Gesagte aufnehmen würde. Doch das, was er am meisten fürchtete, Ablehnung oder gar Spott, konnte er nicht entdecken, und so fuhr er fort: „Wir sind uns erst zweimal begegnet, und doch bin ich mir sicher, daß du es bist, mit der ich mein Leben verbringen will. Wenn es dir recht ist, wird mein Vater mit deiner Großmutter alles Nötige besprechen.“ Das Mädchen erstarrte.

„Willst du mich nicht, Hannah?“ fragte er erschrocken.

„Eli“, antwortete sie leise, „ich bin arm, ich habe keine Mitgift, ja nicht einmal einen Vater oder einen anderen männlichen Verwandten, der mich dir übergeben könnte. Du bist ein Sohn aus besserem Hause, ich fürchte, ich passe nicht zu dir.“

„Ich bin der jüngste Sohn“, erwiderte er trocken, „ich habe zwei ältere Brüder und drei Schwestern. Für mich wird sowieso nichts bleiben, außer daß ich von meinen Brüdern geduldet werde. Doch du hast meine Frage nicht beantwortet, Hannah. Willst du mich nicht?" Sie schlug die Augen nieder und sagte leise:

„Ich fühle so wie du, Eli. Mir wäre nichts lieber, als deine Frau zu werden. Doch wird dein Vater dieser Verbindung wirklich zustimmen?"

„Mach dir darum keine Sorgen", erwiderte der junge Mann, „ich habe bereits mit ihm gesprochen."

„Ich kann es fast nicht glauben", antwortete sie, doch ihre Augen strahlten. Drinnen hatte Elis Schwester Sarah die alte Frau auf die Hochzeit ihrer Enkelin vorbereitet. Die Großmutter war erleichtert und froh, die Enkeltochter gut versorgt zu wissen, und ließ Elis Vater ausrichten, sie erwarte seinen Besuch. Die Schwester umarmte Hannah zum Abschied und nannte sie Schwägerin, Eli hielt sich, der Sitte gemäß, im Hintergrund, doch er fühlte sich so glücklich wie noch nie in seinem Leben.

* * *

Am frühen Nachmittag brachen die Männer der Familie außer dem ältesten Sohn David auf, um den Prediger Jochanan zu hören. Sie nahmen die Furt, um auf die andere Seite des Flusses zu gelangen, wo eine große Menschenmenge bereits versammelt war. Der Prediger hatte sich auf einen Stein gestellt, um von allen gesehen zu werden. Der älteste Bruder hatte nicht übertrieben: Jochanan wirkte wild mit seinem wirren Haar, den brennenden Augen und dem härenen Gewand. Er sprach mit lauter Stimme:

„Kehret um, bereuet eure Sünden, denn der Herr straft die, die seine Gesetze mißachten. Glaubt nicht, daß es ausreicht, daß ihr Kinder Abrahams seid. Nein! Dem Herrn wäre es ein Leichtes, aus diesen Steinen hier", und er holte mit dem Arm weit aus, „Kinder Abrahams zu machen. Gott, der Herr, wird jeden die Früchte seiner Taten schmecken lassen, und jeden Baum, der keine guten

Früchte trägt, wird er fällen, ob Jude oder Heide. Wahrlich, ich sage euch, das Himmelreich ist nahe, denn bald schon wird der kommen, der die Schaufel hält, um den Weizen von der Spreu zu trennen. Der Weizen wird unter seinem Schutze wohl gedeihen, doch die Spreu wird er in einem nie erlöschenden Feuer verbrennen. Der, den ich meine und der nach mir kommt, ist der Messias, von dem Jesaja sagt: ‚Er ist das Heil, das von Gott kommt.' Ich taufe euch mit Wasser, doch der Messias wird euch mit dem heiligen Geist und mit Feuer taufen." Die Menschen drängten sich um Jochanan und fragten:

„Bist du nicht der Verheißene? Bist du nicht der Messias?"

„Wie oft soll ich es euch noch sagen", rief Jochanan, „ich bin der, der ihm den Weg bereitet. Er wird kommen, der Messias, und ihr werdet wissen, daß er es ist, denn eure Herzen werden brennen! Deshalb lasset euch taufen, damit euch eure Sünden vergeben werden."

„Taufe uns, Jochanan, taufe uns!" schrien die Menschen, und der Prediger führte sie mit einigen seiner Jünger in den Fluß und tauchte sie im Wasser unter.

„Willst du nicht auch gehen?" flüsterte der zweite Bruder Eli ins Ohr.

„Nein, ganz gewiß nicht!" antwortete dieser bestimmt.

„Ich möchte schon", gab der zweite Bruder zurück, „doch ich wage es nicht, noch nicht!"

Als der größte Ansturm vorüber war, stieg Jochanan wieder auf den Stein und fuhr fort:

„Sündiget von nun an nicht mehr, seid mildtätig und sanftmütig, gebt den Armen und ehret Gott den Herrn. Mißhandelt nicht die, über die ihr Gewalt habt, entlohnt eure Arbeiter gerecht und begnügt euch mit dem, was ihr habt." Er ließ seinen Blick über die Menge schweifen und erblickte einige Pharisäer unter den Anwesenden. Er deutete unmißverständlich mit der Hand auf sie und rief: „Höret, ihr Herren des Tempels, ihr Schlangenbrut und Otterngezücht, wisset, daß Gott eure Missetaten kennt! Er wird euch zur Rechenschaft ziehen für den Mord an meinem Vater und an so vielen anderen, die euch an eurem lästerlichen Tun hindern wollten! Ihr quält das Volk und beugt das Gesetz Moses, so wie es euch gefällt. Der Herr ist schon lange nicht mehr mit euch. ‚Die Rache ist mein', spricht Gott der Herr, und wisset, daß es nicht mehr lange währen wird, bis ihr sie schmeckt!" Ein Raunen ging durch die Menge. Die Pharisäer steckten die Köpfe zusammen und tuschelten. Der zweite Bruder stieß Eli mit dem Ellenbogen in die Rippen und machte eine Handbewegung, die seine Anerkennung ausdrückte. Doch der Vater hatte einen besorgten Gesichtsausdruck.

„Und auch du, König dieses Volkes, du, Herodes, wirst nicht verschont beim ewigen Gericht!" fuhr Jochanan fort, ohne sich um die Pharisäer zu kümmern. „Du knechtest das Volk und nimmst dir, um deinem Überfluß zu fröhnen. Doch wisse, daß Gott dieses Volk regiert und nicht du, Herodes! Du liegst bei der Frau deines Bruders, und das ist gegen das Gesetz Moses, das dieser vom Herrn auf dem Berge Sinai empfing. Auch wenn es dir nicht gefällt, gilt dieses Gesetz auch für dich, Herodes, und so wird dich der Herr strafen für deine Untaten, dich besonders, denn du solltest dem Volk ein Vorbild sein und kein Abbild des Bösen! Nach dem Gesetz Moses mußt du sterben, du und die Frau, die bei dir liegt!" Wieder ging ein Raunen durch die Menge, doch diesmal bemerkte auch Eli, daß einige Pharisäer rasch den Platz verließen. Er selbst fühlte sich äußerst unbehaglich und wäre am liebsten ebenfalls verschwunden. Doch Jochanan ließ nicht locker.

„Volk Israel, tue Buße, kehre um, denn das Himmelreich ist nahe", rief er flammend. „Ihr Kinder Abrahams, Isaaks und Jakobs, lasset euch taufen, auf daß euch eure Sünden vergeben werden!"

„Taufe uns, taufe uns", schrien die Menschen und strömten zum Fluß. Auch der zweite Bruder konnte nicht mehr an sich halten, schloß sich ihnen an und kehrte naß und glücklich zurück. Der Vater hätte sich am liebsten ebenfalls taufen lassen, doch gerade noch rechtzeitig sah er den Pharisäer, der ihn scharf beobachtete, und deshalb ließ er es aus Klugheit und aus Sorge um das Wohl seiner Familie.

Jochanan schien länger im Fluß beschäftigt zu sein, deshalb beschlossen sie, nach Hause zurückzugehen. Der zweite Bruder, dessen Kleider in der heißen Sonne bereits wieder getrocknet waren, schwärmte mit leuchtenden Augen:

„Ich fühle mich vollkommen neu! Vater, ich möchte am liebsten ein Jünger des Jochanan werden!" Der Vater erschrak.

„Das werde ich nicht zulassen. Du hast eine Frau und einen kleinen Sohn! Wie stellst du dir das vor, Joshua?" Der junge Mann senkte den Kopf und schwieg, und der Vater ließ es dabei bewenden. „Und wie steht es mit dir, Eli?" fragte er nach einer Weile.

„Jochanan ist ein großer Prediger", antwortete er, „doch er ist nicht wirklich einer von uns. Wie kann er wissen, womit wir uns herumschlagen und was uns bedrückt, wenn er nur in der Wüste lebt?"

„Er weiß es trotzdem, denn er ist ein Prophet", rief der zweite Bruder flammend."

„Jetzt sprichst du schon genau wie er", stellte Eli trocken fest. „Trotzdem glaube ich, daß es nicht mein Weg ist, wilden Honig und Heuschrecken zu essen und in der Wüste zu leben. Gott ist der Herr, und ich fürchte ihn und bemühe mich, seinen Gesetzen zu folgen, doch", fuhr er mit einem scheuen Lächeln fort, „ich liebe Hannah, und kein Prediger der Welt wird mich dazu bewegen können, sie zu verlassen, um ihm nachzufolgen. Außerdem befürchte ich, daß es mit Jochanan kein gutes Ende nehmen wird. Habt ihr gesehen, wie die Pharisäer tuschelten?" Der Vater nickte bedrückt.

„Vielleicht ist es besser, wenn wir nicht mehr zu ihm gehen", sagte er nach einer Weile. „Ich hatte den Eindruck, als ob sich die Pharisäer wie Spione unter das Volk mischten, um herauszufinden, wer den Worten Jochanans zustimmte. Ihr wißt", fuhr er, nachdem er sich nach allen Seiten umgesehen hatte, mit gedämpfter Stimme fort, „daß der Tempel so mächtig ist, daß er unliebsame Personen einfach verschwinden lassen kann. Joshua", wandte er sich an seinen zweiten Sohn, „hast du mich verstanden? Ich wünsche nicht, daß du noch einmal zu Jochanan gehst, oder möchtest du deinen Sohn zum Waisen und deine Frau zur Witwe machen und Unglück über unsere Familie bringen?" Der zweite Bruder schüttelte traurig den Kopf.

„Nein", sagte er, „das will ich nicht, doch der Herr strafe die Pharisäer für ihr Tun!"

„Das wird er", antwortete der Vater ruhig.

* * *

Eli heiratete seine Hannah. Bei dem Gespräch mit der Großmutter hatte der Vater in Erfahrung gebracht, daß das Haus vor der Stadtmauer Hannahs Eltern gehört hatte und als ihre Mitgift dienen konnte. Die Bezahlung, die der Tempel für die Eheschließung forderte, hatte Elis Familie übernommen, ebenso das große Festmahl, zu dem alle Nachbarn eingeladen waren. Die Luft roch nach Jasmin und Rosen, der Wind streichelte sanft die Haut, die Nächte waren wie geschaffen für die Liebe, und Eli genoß sie in den Armen seiner jungen Frau. Nur flüchtig hatte er vernommen, daß derjenige, den Jochanan ankündigen sollte, tatsächlich gekommen sei. Er habe ihn getauft, und die Leute berichteten von einer Taube, die zur gleichen Zeit vom Himmel herabgeflogen sei. Dieser Mann heiße Jesus und sei ein Zimmermann aus Nazareth. Hannah ging einige Male zu ihm und kam stets beglückt zurück, doch Eli weigerte sich beharrlich, den sogenannten Messias kennenzulernen, und so blieb auch Hannah zu Hause, denn sie bemerkte, daß ihr Mann nicht gerne sah, wenn sie ging. Wenig später hörten sie, daß Jochanan sich selbst nicht mehr sicher sei, ob dieser Jesus wirklich der Messias war. Der König rächte sich bald darauf an dem Prediger für dessen freimütiges Urteil und ließ ihn ins Gefängnis werfen. Daß er ihn später sogar köpfen ließ, erstaunte Eli nicht, und er beglückwünschte sich insgeheim zu seiner Entscheidung, sich aus solchen Dingen lieber herauszuhalten.

Sie wohnten zufrieden in dem kleinen Häuschen vor der Stadtmauer, Hannah wurde schwanger, und sie bekamen einen Sohn, den sie nach dem Vater Eli nannten. Das zweite Kind wurde eine Tochter, eine kleine Hannah. Eli genoß das Leben, genoß die Liebe, freute sich an seinen Kindern, baute Gemüse im Garten an und transportierte immer noch die gewaschene Wäsche der Frauen auf dem Rücken seines Esels Lello in das Städtchen. Sie hörten zuweilen von dem Rabbi Jesus, der Kranke heilte und Blinde sehen machte, doch etwas Geheimnisvolles, das er selbst nicht verstand, hielt Eli stets davor zurück, sich diesem Jesus zu nähern.

Hannah war zum dritten Male schwanger, und sie freuten sich auf dieses neue Kind, als der zweite Bruder sie eines Abends besuchte.

„Stellt euch vor, was geschehen ist!“ begann er seine Rede. Hannah, die die Kinder zu Bett gebracht hatte, trat aus dem Haus und hörte aufmerksam zu.

„Dieser Jesus von Nazareth ist gestern in Jerusalem gekreuzigt worden!“ Hannah stieß einen Schrei aus.

„Warum?“ fragte sie erregt. „Warum er? Was hat er getan? Was kann er getan haben, ein Rabbi wie er?“

„Er hat behauptet, er sei der König der Juden“, fuhr der zweite Bruder fort, „und das hat ihm Herodes genauso wenig verziehen wie Jochanans Anklagen.“

„Aber die Römer haben doch die Gesetzesmacht! Wie konnten sie es zulassen, daß dieses Urteil vollstreckt wurde?“ fragte sie tonlos, wobei ihr Tränen die Wangen hinunterliefen.

„Das Volk scheint es so gewollt zu haben“, erzählte der zweite Bruder. „Man berichtete mir, daß die Menschen ‚Kreuziget ihn!‘ brüllten, doch man darf nicht vergessen, daß es in Jerusalem geschah, und dort hat der Tempel viel mehr Macht als hier bei uns. Ich glaube, die Pharisäer haben die Menschen aufgehetzt oder sogar eingeschüchtert.“

„Sie haben ihn ermordet“, schluchzte Hannah, „ihn, die Liebe selbst!“ und sie lief ins Haus und warf sich auf ihr Bett. Eli folgte ihr und nahm sie in die Arme. Lange hielt er sie einfach nur und wartete, bis sie sich beruhigt hatte.

„Bewahre ihn in deinem Herzen, Hannah“, sagte er leise, „das ist das einzige, was zählt.“ Das kleine Mädchen begann zu weinen, und Hannah sprang auf, um es zu beruhigen. Zärtlich betrachtete Eli seine Frau und seine Tochter. „Ich liebe euch“, flüsterte er, „ich liebe euch mehr als mein Leben.“

Kapitel 11

Zwischenspiel im Zwischenreich

Vor dem kleinen Tempel sank Alaia glücklich in die Arme des Helfers und genoß den Halt und den Frieden, den er ihr mit seiner Umarmung gab. Danach ließen sie sich auf den dicken Bodenkissen nieder. Er betrachtete sie liebevoll und sagte:

„Willkommen in der Welt der Menschen, Alaia."

„Diesmal habe ich es wirklich geschafft", antwortete sie freudestrahlend, „und es war schön! Ich hätte nie gedacht, daß das Leben auf der Erde so erfüllend sein kann, besonders aber die Liebe zwischen Mann und Frau."

„Es ist dir wirklich gut geglückt", bestätigte der Helfer. „Was glaubst du, welche Farbe aus dem Kaleidoskop hast du in diesem Leben verwirklicht?" Alaia überlegte einen Augenblick. Dann sagte sie:

„Wenn ich mich richtig erinnere, muß es Orange gewesen sein, denn diese Farbe symbolisiert die Freude an der irdischen Verkörperung."

„Du erinnerst dich richtig", bestätigte der Helfer. „Das persönliche Ich, ausgedrückt durch die gelbe Farbe, verschmilzt mit dem Rot, der Farbe der Materie. „Wenn diese Verbindung glückt, entsteht Freude und Genuß – ein Fest der Sinne, und das hast du in jenem Leben gefeiert."

„Ein Fest der Sinne", wiederholte Alaia träumerisch, „das ist wahr. Noch nie habe ich die Eindrücke der Sinne so genossen: den Duft von Jasmin und blühenden Orangenbäumen, den warmen Wind, der meine Haut liebkoste, die flirrende Hitze, der ich mich im Schatten der Weinranken hingab, das Blau des Himmels, in das ich mich versenkte."

„Die Schönheit der Schöpfung offenbarte sich dir, und diesmal warst du bereit, sie aufzunehmen", bestätigte der Helfer.

„Es war ein überwiegend schönes Leben", faßte Alaia zusammen, „es ist nichts geschehen, was mich über die Maßen erschreckt oder geängstigt hätte. Selbst der Tod Hannahs, so schmerzlich er auch war, kam doch nicht unerwartet, und außerdem standen mir die Kinder zur Seite. Hannah", sagte sie nachdenklich, „sie war mir gleich von Anfang an so vertraut, als ob ich sie schon lange kennen würde." Der Helfer lächelte.

„Gibt es jemanden, an den sie dich erinnert?" fragte er. Alaia überlegte. Plötzlich erschien vor ihrem inneren Auge eine vertraute Gestalt, weißgekleidet, die Hände in der grüßenden Haltung der Priester von Atlantis zusammengelegt.

„Riona", rief Alaia überrascht, „es war Riona. Deshalb wußten wir so viel voneinander, als wir uns bei den Händen hielten! Wie wunderbar, daß ich sie wiedersehen durfte!"

„Es gab niemanden, der dir das Menschsein, besonders aber die Liebe zwischen Mann und Frau so einfühlsam hätte nahebringen können wie sie", erklärte der Helfer.

„Ich hätte gern gewußt, daß es Riona war", überlegte Alaia. „Ist es überhaupt möglich, daß ich Menschen wiedererkenne, die mir in anderen Leben lieb geworden sind?"

„Es ist dann möglich, wenn du diese Erinnerungen in der richtigen Weise nutzen kannst", antwortete der Helfer. „Bedenke, was das für dich bedeuten würde. Zuerst einmal müßtest du wissen, wer du wirklich bist. Was glaubst du, hätte dir dieses Wissen in der letzten Verkörperung gebracht?"

„Ich fürchte, es hätte mich davon abgehalten, mich dem Menschsein so vollkommen hinzugeben, wie ich es getan habe", antwortete Alaia.

„Und was hätte es bewirkt, wenn du gewußt hättest, daß Hannah die Priesterin Riona von Atlantis war?“ Alaias Gesichtsausdruck wurde nachdenklich. Sie dachte an die Geschlechtslosigkeit der Planetarierin Alaia in Atlantis und ihre männliche Verkörperung als Eli in Palästina und gab zu:

„Es hätte unsere Beziehung kompliziert gemacht.“

„Deine eigene Geschichte hätte dich tatsächlich davon abgehalten, das zu tun, was in jenem Leben getan werden mußte“, bestätigte der Helfer. „Sie hätte deine Entwicklung auf der Erde nur behindert. Und auch Hannah glich der Priesterin Riona nur noch in ihrer innersten unveränderlichen Essenz, denn auch sie ging in der Zwischenzeit ihren Weg. Begreifst du, was du einem Menschen antust, wenn du ihn auf seine Rolle in einer früheren Inkarnation festlegst? Der Entwicklungsweg dieses Menschen wäre eingeschränkt, das Neue könnte sich nicht entfalten, und daraus entsteht Unzufriedenheit und Unglück. Deshalb legt sich der Schleier des Vergessens so lange über die Vergangenheit, bis ein Mensch weise genug geworden ist, um in der richtigen Weise mit dem Wissen umzugehen.“

„Wann wird das sein?“ fragte Alaia.

„Meinst du in der Zeit der Menschen?“ Alaia nickte. „Es wird einige hundert Jahre dauern“, antwortete der Helfer, und als er ihren verzweifelten Gesichtsausdruck bemerkte, fuhr er fort, „Verzage nicht, Alaia. Im Zwischenreich helfe ich dir, die Fäden der einzelnen Leben sinnvoll miteinander zu verknüpfen. Wenn die Zeit gekommen ist, daß du dich auch auf der Erde mit mir in Verbindung zu setzen vermagst, werde ich dir helfen, dich an alles zu erinnern, was dir bei der Erfüllung deines Lebensplans nutzen mag.“

„Du hast doch früher einmal gesagt, daß ich die wichtigsten Erkenntnisse aus einem Leben in das nächste mitnehme“, sagte Alaia. „Wie ist das möglich, wenn der Schleier des Vergessens über den Erinnerungen liegt?“

„Dieser Schleier bewirkt nicht, daß die verschiedenen Verkörperungen isoliert nebeneinander stehen und nichts miteinander zu tun haben“, erläuterte der Helfer. „Er bewirkt einfach, daß dir in dem jeweiligen Leben nicht bewußt ist, warum du bestimmte Dinge ablehnst oder bevorzugst, dich zu bestimmten Menschen hingezogen und von anderen abgestoßen fühlst.“

„War dieses merkwürdige Unbehagen, das sich in jenem Leben stets grundlos einstellte, wenn es um den Prediger Jochanan oder um den Rabbi Jesus ging, ein solches Gefühl?“ erkundigte sich Alaia. Der Helfer nickte bestätigend und fragte:

„Kannst du dir denken, warum dich dieses Gefühl so stark bremste?“ Als Alaia verneinend den Kopf schüttelte, fuhr er fort: „Erinnere dich an dein Leben in Tibet. Dort hattest du dir geschworen, nie wieder die Liebe zu einem Menschen der Liebe zu den Göttern zu opfern, und obwohl du dich an diesen Vorsatz nicht erinnern konntest, wirkte er in dir und beeinflußte nachhaltig dein Leben. Wenn du in Tibet anders entschieden hättest, hätte dein Leben zu diesem Zeitpunkt der Menschheitsgeschichte und vor allem an diesem besonderen Ort einen vollkommen anderen Verlauf nehmen können.“

„Ist es denn immer so, daß sich die Vorsätze, die man in einem Leben trifft, in den folgenden Inkarnationen auswirken?“ fragte Alaia.

„Nur wenn sie aus vollem Herzen getroffen werden“, antwortete der Helfer, „unabhängig davon, ob sie dir in einem neuen Leben dienen oder dich eher behindern. Du spürst dann nur ein unbestimmtes Gefühl, das dich im positiven Sinne davon abhält, einen bestimmten Fehler zu wiederholen. Doch es kommt auch vor, daß der zu dem Gefühl gehörende Vorsatz zwar für das aktuelle Leben passen mochte, nicht aber für die neue Inkarnation. Dann hindert er dich daran, die Möglichkeiten des aktuellen Lebens wirklich auszuschöpfen.“

„Ist mir dies in Palästina passiert?“ fragte Alaia besorgt.

„Nein“, antwortete der Helfer beruhigend, „obwohl zu diesem Zeitpunkt der Menschheitsgeschichte genau vor deiner Nase entscheidende Veränderungen stattfanden. Doch du hattest eine andere Aufgabe: Du solltest das Menschsein in seiner ganzen sinnlichen Fülle erfahren, dich dem Zauber der Materie hingeben, ohne dich von den verlockenden geistigen Anregungen zu jener Zeit in Palästina ablenken zu lassen. Sei unbesorgt, Alaia, dein höchstes Selbst sorgt dafür, daß du den richtigen Weg nimmst.“

„Die Luft schien mir weicher, die Blumen dufteten süßer, und die Vögel sangen lieblicher, wenn dieser Jesus von Nazareth unten am Fluß lehrte, und Hannah liebte ihn. War er wirklich der Messias?“

„Jesus von Nazareth war der von den Propheten angekündigte Messias“, bestätigte der Helfer.

„Warum hat Jochanan dann später daran gezweifelt?“ fragte Alaia.

„Das ist eine längere Geschichte“, begann der Helfer, „doch sie ist sehr wichtig, um das Neue zu verstehen, das Jesus den Menschen dieser Erde brachte. Ich will versuchen, es dir zu erklären, denn es scheint mir wichtig, daß du den Weg der Menschheit in seiner Gesamtheit begreifst.

Stell dir den von Gott bestimmten Entwicklungsweg der Menschheit wie eine nach oben offene Kurve, eine Parabel, vor. Berücksichtige dabei, daß diese Parabel nur ein Modell ist, um etwas räumlich darzustellen, was eigentlich weit über die Definitionen von Raum und Zeit hinausgeht. Verstehe also Begriffe wie ‚vorwärts‘ oder ‚rückwärts‘ als Ausrichtung des Geistes. An der linken oberen Seite beginnen die Menschen mit dem Hinuntersteigen in die materielle Schöpfung. Sie sind sich ihrer göttlichen Abstammung bewußt, der Wille des Vaters ist ihr Wille. Das

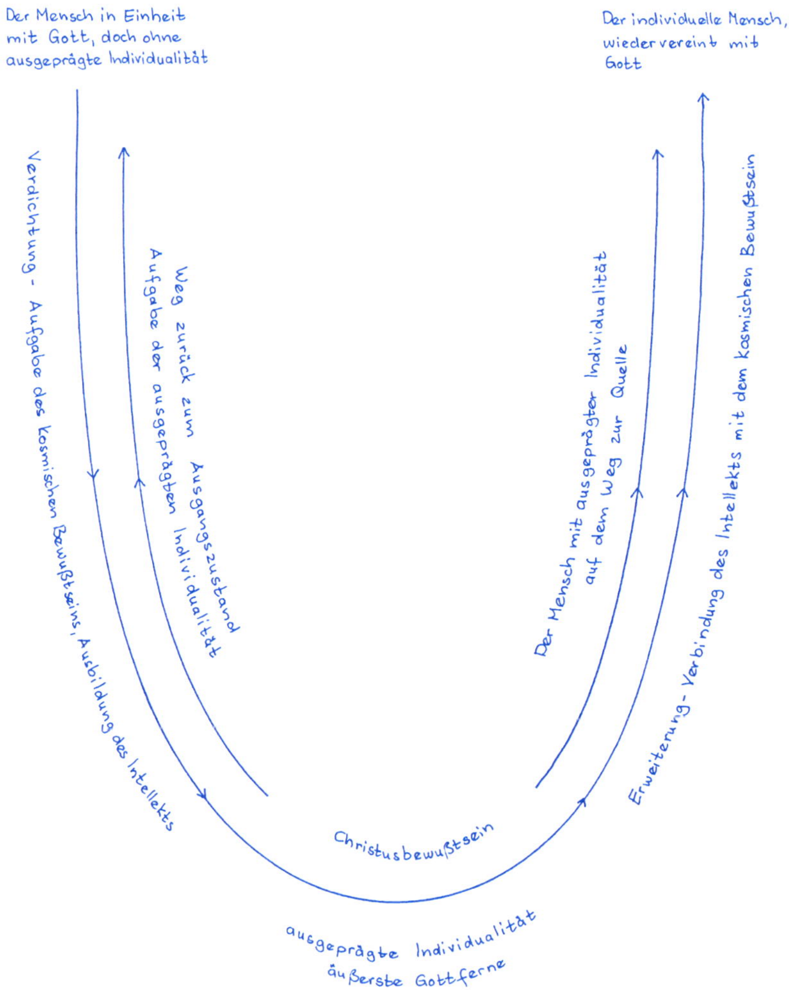

Der Mensch in Einheit mit Gott, doch ohne ausgeprägte Individualität
Der individuelle Mensch, wiedervereint mit Gott
Verdichtung - Aufgabe des kosmischen Bewußtseins, Ausbildung des Intellekts
Weg zurück zum Ausgangszustand Aufgabe der ausgeprägten Individualität
Der Mensch mit ausgeprägter Individualität auf dem Weg zur Quelle
Erweiterung - Verbindung des Intellekts mit dem kosmischen Bewußtsein
Christusbewußtsein
ausgeprägte Individualität äußerste Gottferne

Bewußtsein einer persönlichen Identität ist als Keim in ihnen angelegt."

„Entspricht das meinem Leben in Atlantis?" fragte Alaia.

„Eher der Zeit noch vor deiner Verkörperung auf Sirius. Auf der Erde hattest du bereits ein, wenn auch sehr mit dem göttlichen Willen verwobenes Gefühl der Identität.

Mit seiner Inkarnation auf dem Planeten Erde beginnt der Mensch, sich allmählich auf die Materie einzulassen. Zuerst verfügt er noch über viele seiner ihm von Gott gegebenen Fähigkeiten, doch immer mehr wird ihm bewußt, daß er selbst Entscheidungen treffen und damit sein Leben in die eigenen Hände nehmen kann. Der Keim der persönlichen Identität beginnt zu wachsen und wird immer kräftiger. Die göttlichen Fähigkeiten verlieren sich, der erstarkende Intellekt meint, ihre Aufgaben übernehmen zu können, und der Mensch verfällt der Illusion, sein Schicksal selbst zu kontrollieren. Dieser Zustand entspricht der größten Gottferne. Von einer höheren Perspektive aus gesehen, verdichtet sich das Bewußtsein, bis es sich nur noch auf den einzelnen Menschen beschränkt. Er kann sich nicht mehr im größeren Zusammenhang der Schöpfung sehen, denn er nimmt diesen nicht mehr wahr."

„Doch was ist mit Menschen wie Jochanan, die den Schöpfer nicht verloren haben?" fragte Alaia.

„Jochanan gehörte zu den Menschen, die einen besonderen Weg verfolgten, den Erleuchtungsweg, der nur wenigen möglich ist. Dieser Weg erfordert, sich möglichst wenig mit der irdischen Welt einzulassen. Du weißt aus Atlantis, aus Indien und besonders aus Tibet, was du auf diesem Weg zu leisten hattest."

„Ich meditierte, machte unablässig meine Übungen, aß und schlief recht wenig, nahm nicht am Leben der gewöhnlichen Menschen teil und hätte der körperlichen Liebe entsagen sollen", antwortete Alaia.

„Eine asketische, dem Weltlichen abgeneigte meditative Lebensweise war bis zur Verkörperung Jesu der einzige Weg, sich wieder mit der Quelle zu vereinen", bestätigte der Helfer. „Jochanan hatte diesen Weg vollendet. Er war ein großer Geist, der sich nur für besondere Aufgaben auf der Erde inkarnierte. Jesus deutete an, daß er die Wiederverkörperung des Eliah sei. In diesem letzten Leben enthielt er sich schon in jungen Jahren jeder irdischen Erfüllung, zog sich in die Wüste zurück und entsagte der Welt. So errang er die Krone, die Erleuchtung. Dies gelang ihm ziemlich rasch, denn er hatte sich keiner Verfehlung schuldig gemacht und konnte sich deshalb vollständig seiner Lebensaufgabe zuwenden: dem Messias die Bahn zu bereiten."

„Dann verwirklichte er das klare Licht!" stellte Alaia fest.

„In großer Vollkommenheit", bestätigte der Helfer. „Jochanan entsprach in seinem geistigen Vermögen den obersten Hohenpriestern von Atlantis."

„Wieso wurde dann nicht er der Messias, sondern Jesus von Nazareth?"

„Jochanan vollendete den alten Erleuchtungsweg, doch du weißt selbst, wieviel Disziplin und Willen dies erfordert", sagte der Helfer. Alaia nickte und dachte an ihr eigenes Scheitern in Tibet. „Es gab natürlich immer einzelne, die diesen Weg erfolgreich gingen", fuhr er fort, „und es wird sie immer geben. Für die große Mehrheit der Menschen war dieser Weg indes zu schwer. Viel wichtiger für die Entwicklung der ganzen Menschheit ist jedoch, daß dieser alte Erleuchtungsweg zurück nach links oben auf der Parabel führte. Die Asketen taten alles, um den Keim ihrer Individualität auf das geringstmögliche Maß schrumpfen zu lassen. Sie strebten einzig und allein danach, wieder in den Zustand, von dem sie einst ausgegangen waren, zurückzukehren. Nun ist es aber so, daß der Eine nichts grundlos erschafft. Die so mühsam errungene Identität muß unbedingt erhalten bleiben."

„Dann gibt es einen anderen Weg zur Quelle?“ fragte Alaia erstaunt.

„Dieser neue Weg wurde mit der Geburt Jesu Christi möglich.“

„Brachte er das neue Bewußtsein, von dem du mir beim letztenmal berichtet hast?“ fragte Alaia. Der Helfer nickte bestätigend.

„Zum Zeitpunkt von Jesu Geburt befand sich die Menschheit am untersten Punkt der Entwicklungskurve, jeder einzelne in seinem Ich gefangen. Wie du selbst erfahren hast, besitzt die Dualität ihren eigenen Zauber. Die Wunder der Schöpfung und die Verstrickungen aufgrund von Karma hielten die Mehrzahl der Menschen gefesselt. Um den großen Plan gelingen zu lassen, brauchte es einen starken Impuls und einen neuen Weg. Deshalb spaltete der Eine einen Teil von sich ab und ermächtigte ihn mit dem höchsten Bewußtsein, das zu jener Zeit auf Erden möglich war, dem Christusbewußtsein.“

„Nannte sich Jesus von Nazareth deshalb ‚Sohn Gottes‘?“ fragte Alaia.

„Ja, weil er in seinem Bewußtsein dem Einen so nahe war wie noch niemals ein Mensch vor ihm. Dieses Bewußtsein hatte er sich, im Gegensatz zu Jochanan, nicht über viele Inkarnationen in der Einsamkeit erarbeitet. Der hohe Geist, der sich als Jesus verkörperte, war so außergewöhnlich, daß er sich einfach manifestierte. Jesus mußte nur wenig dafür tun, um ihn zu erhalten. Er enthielt sich der Sexualität, doch sonst lebte er mit den Menschen zusammen, befolgte keine besondere Diät und verrichtete keine Rituale, um sich rein zu halten. Das Christusbewußtsein war so machtvoll, daß es alles, was ihm nicht entsprach, mit seinem Licht verwandelte.“

„Das konnte ihm doch niemand nachmachen!“ wandte Alaia ein.

„Leider nicht“, bestätigte der Helfer, „doch du weißt, daß sich in bestimmten Zeitabschnitten Menschen inkarnieren, die die

Aufgabe haben, ein neues Bewußtsein auf der Erde zu verankern. Sie bringen es für alle mit und heben so die Menschheit auf eine neue Entwicklungsstufe. Du selbst bist einem dieser hohen Geister begegnet. Denk einmal an Indien."

„Der lotosäugige Krischna!" rief Alaia, und die Erinnerung an seine überwältigende Liebe ließ ihr die Tränen in die Augen steigen.

„Vor ungefähr 3000 irdischen Jahren war es Krischna, vor 500 Jahren Gautama Buddha, und jetzt ist es Jesus", fuhr der Helfer fort. „Das Neue, was er den Menschen durch das Christusbewußtsein und seine Lehre brachte, ist die Möglichkeit, einem neuen Weg zur Quelle zu folgen. Auf der Kurve führt dieser Weg nicht zurück, sondern geht durch das tiefe Tal der Gottferne hindurch, um an der rechten Seite wieder aufzusteigen."

„Was ist anders an dem neuen Weg?" fragte Alaia.

„Die Menschen behalten ihr ausgeprägtes Ich-Bewußtsein. Es wird vom Christusbewußtsein geschliffen, bis seine einzelnen Facetten in allen Regenbogenfarben leuchten und den Einen in seiner Herrlichkeit zum Ausdruck bringen. Die starren intellektuellen Strukturen werden aufgeweicht, so daß die Menschen schließlich erkennen, daß es nicht der Verstand ist, der ihr Schicksal gestaltet. Er erhält die Aufgabe zurück, die ihm gebührt: die Regelung der Angelegenheiten der materiellen Schöpfung. Für diese Aufgabe ist er unersetzbar, sonst hätte der Eine die Menschen nicht damit ausgestattet. Je mehr die Menschen jedoch erkennen, daß sie durch die göttliche Quelle leben, um so mehr gewinnen sie ihre verlorenen Fähigkeiten wieder. Es ist nicht mehr nötig, einen schwierigen asketischen Erleuchtungsweg zu gehen. Die Ausrichtung auf das Christusbewußtsein, das in allen Völkern der Erde erwacht ist, reicht aus. Von einer höheren Perspektive aus gesehen weitet sich das Bewußtsein aller Menschen, bis der ganze Menschheitsleib und mit ihm die Erde erlöst ist."

„Und es ist vollkommen gleich, welche Menschen sich in seinem Namen versammeln?“ fragte Alaia verwundert.

„Beim alten Weg schwächten die Fehler des einen Menschen auch den anderen. Deshalb vermieden die Anhänger dieses Weges die Gemeinschaft anderer Menschen, die nicht ebenso rein waren wie sie selbst. Beim neuen Weg spielt dies keine Rolle. Die Menschen sind sich ihrer Schwäche sogar bewußt, doch wenn sie sich versammeln und das Christusbewußtsein um Hilfe bitten, bedient sich diese gewaltige Kraft aller Anwesenden, und die Menschen vollbringen Dinge, die weit über sie hinausgehen.“

„Das ist ja im Grunde dasselbe, was wir in Atlantis mit der göttlichen Kraft des Gitternetzes taten!“ rief Alaia erstaunt. „Allein hätte es niemand von uns geschafft, doch gemeinsam waren wir in der Lage, der Erde unglaublich starke Energieströme zuzuführen.“

„Nur daß die Menschen heute dazu keine Hohenpriester mehr sein müssen“, fuhr der Helfer fort, „und sie brauchen auch keine Kristalle und keine Rituale mehr. Jesus gab nur wenige Regeln. ‚Liebe deinen Nächsten wie dich selbst‘, ist eine der wichtigsten. Sie klingt ganz einfach, jeder kann sie verstehen. ‚Die Meinen werdet ihr daran erkennen, daß sie einander lieben“, sagte er ein anderes Mal. Er meinte damit die reine, bedingungslose Liebe, die für jeden erfahrbar werden kann, der sich in Gemeinschaft mit anderen auf das Christusbewußtsein richtet und es einlädt, sich seiner zu bedienen. Den Menschen, die Jesus persönlich begegneten und die ihn liebten, fiel dies besonders leicht, und auch in späteren Verkörperungen werden sie damit keine Mühe haben. Doch auch den anderen Menschen steht dieser Weg jetzt offen. Dieses hohe Bewußtsein, das Christusbewußtsein, ist von nun an für alle Menschen jeden Glaubens zugänglich.“

„Das muß Jochanan verwirrt haben“, stellte Alaia fest.

„Dieser neue Weg hat ihn so verwirrt, daß er es vorzog, sich von den Häschern des Königs fangen und köpfen zu lassen. Stell dir vor, was der neue für einen Meister des alten Wegs bedeutete: die weltlichen Menschen, die er in seiner Reinheit stets gemieden hatte, zu Gefährten zu erklären, mit ihnen zusammenzuleben, die asketische Lebensform als überflüssig abzulegen und sich mit der Materie einzulassen! Als Jochanan Jesus taufte, erkannte er in aller Tiefe, wer da vor ihm stand. Daß sich dieser größte aller Meister so unbedingt mit der Materie verbinden wollte, war mehr, als er ertragen konnte. Deshalb begann er zu zweifeln, und mit diesen Zweifeln begann das Fundament zu wanken, auf das er sein Leben gebaut hatte. Du kannst mir glauben, Alaia, daß der Tod für Jochanan eine Erlösung war."

„Wenn Jesus so ein großer Meister war, daß er sich Sohn Gottes nennen konnte, warum ließ er sich fangen und starb am Kreuz?" fragte Alaia.

„Das war von Anfang an so vorgesehen", antwortete der Helfer.

„Von Anfang an?" staunte Alaia. „Das verstehe ich nicht."

„Auch die Kreuzigung ist ein Mysterium, ein Sinnbild, das es zu begreifen gilt", sagte der Helfer. „Das Kreuz ist ein Symbol für die Materie. Die beiden Balken, aus denen es gebildet wird, stehen für die Raum- und die Zeitachse. Das bedeutet, daß sich der göttliche Funken in jedem Menschen freiwillig das Kreuz der Gesetzmäßigkeiten der Materie auferlegt. Jesus, der Träger des höchsten Bewußtseins, ließ sich tatsächlich kreuzigen, doch mit seiner Auferstehung zeigte er den Menschen, daß dieses Kreuz zu überwinden ist."

„Dann stimmten die Gerüchte tatsächlich?" fragte Alaia überrascht. „Es kursierten damals so viele unglaubliche Geschichten um diesen Jesus von Nazareth, daß ich dieser letzten erst recht keinen Glauben schenkte."

„Es war die Wahrheit", bestätigte der Helfer. „Am Kreuz begab sich Jesus, der das hohe Bewußtsein der Quelle in so außerordentlichem Maß verkörpert hatte, so tief in das Menschsein hinein, daß er die Trennung von Gott leidvoll erfuhr. Deshalb rief er: ‚Mein Gott, warum hast du mich verlassen!' Um das zu vollbringen, weswegen er sich auf der Erde verkörpert hatte, mußte er auch den Zustand der Trennung erfahren. Als er starb, verdunkelte sich die Sonne drei Stunden lang."

„Die Pharisäer waren zutiefst beunruhigt", berichtete Alaia, „denn die Sternenkundigen des Tempels hatten keine Sonnenfinsternis vorhergesagt."

„Du kannst auch dieses Ereignis symbolisch deuten", erläuterte der Helfer. „Der Mensch, der sich vollständig in der Gefangenheit von Raum und Zeit befindet, nimmt das Licht der göttlichen Quelle nicht mehr wahr. Darum vermieden die alten Meister die Verlockungen der Materie. Die Lösung, die Jesus durch sein Beispiel gab, war dagegen eine ganz andere, eine neue."

„Die Auferstehung?" fragte Alaia.

„Ja, die Auferstehung", antwortete der Helfer. „Die alten Meister befreiten sich von den Bindungen der Materie, indem sie sich so weit wie nur irgend möglich daraus lösten. Jesus hingegen ging durch den physischen Tod, das Gericht der Materie, hindurch, überwand ihn und erschien den Menschen als tastbares, körperliches Wesen. Doch dieser physische Leib unterschied sich von der gewohnten Materie, denn er verfügte über nicht-materielle Eigenschaften. Jesus konnte ihn zum Beispiel manifestieren und wieder auflösen, und einige Zeugen berichten, daß er von besonderer Leuchtkraft gewesen sei."

„Was meinst du mit ‚Gericht der Materie'?" fragte Alaia.

„Die Materie ist nicht frei. Sie folgt Naturgesetzen, die der Eine in seiner unendlichen Weisheit festlegte. Auf der Erde endet das physische Leben mit dem Tod. Der Körper, der irdische Teil des Menschen, geht damit den Weg aller Materie und unterscheidet sich nicht von Pflanzen oder Tieren. Damit untersteht er dem Gesetz, dem Gericht. Frei ist nur der Geist."

„Dann hätte Jesus mit der Auferstehung den Plan des Einen als erster vollbracht: den Geist mit der Materie zu vereinen!“ rief Alaia staunend.

„So ist es“, bestätigte der Helfer lächelnd. „Durch seinen freiwilligen Tod am Kreuz und seine Auferstehung zeigte uns Jesus, daß die Gesetzmäßigkeiten der Materie durch das Christusbewußtsein zu überwinden sind. Mit dem Auferstehungsleib manifestierte er die durch den Geist erleuchtete Materie. Doch um dies wirklich in seiner ganzen Tragweite nachzuvollziehen, werden die Menschen noch viele Jahrhunderte, wenn nicht Jahrtausende brauchen.“

„Wie sollen sie es jemals verstehen, wenn so viele von ihnen nicht einmal an den Einen glauben?“ fragte Alaia.

„Es ist kaum zu erwarten, daß dieser Weg ohne Schwierigkeiten verlaufen wird“, sagte der Helfer, „denn die meisten Menschen verfügen nicht über die intensive Schulung des alten Wegs. Die überwiegende Mehrheit ist ungebildet, die meisten sind ihren Gefühlen ausgeliefert, außerdem sind sie machtgierig und undiszipliniert.“

„Und mit diesen Menschen soll ich gemeinsam...?“ Alaia schauderte. Der Helfer legte ihr verständnisvoll den Arm um die Schultern.

„Der letzte Rest an Fremdheit wird dir auf diesem Planeten bleiben“, sagte er. „Tue, was du zu tun hast, zum Wohle aller Wesen. Und denke daran, Alaia, du wirst immer auch Menschen begegnen, die den Weg vor dir gegangen sind und dir helfen, dich zurechtzufinden. Das Leben in Palästina hast du sogar genossen! Vertraue der weisen Führung deines Höchsten Selbst, des göttlichen Funkens in dir.“

Seufzend blickte Alaia in die mit Wasser gefüllte Schale. Der rosafarbene Strudel erfaßte sie und zog sie unaufhaltsam hinab in eine neue Inkarnation. „Verbinde Materie und Geist“, hörte sie die Stimme in ihrem Innern. Dann explodierte das hellblaue Licht.

Kapitel 12

Der Druide

Die Sonne stand niedrig über den Hügeln von Glenmore, und das fahle Abendlicht überzog die Landschaft mit mattem Glanz. Aus den Tälern stieg Dunst und verwischte die Konturen der Bäume des Waldes zu einem dunklen, träge wogenden Meer. Der alte Mann, der mit erhobenen Armen unter der mächtigen Eiche stand, sog prüfend die Luft ein. Es roch nach Tang. Der Wind, der die mächtige Wolkenfront vor sich hertrieb, kam also von Norden. Es würde bald regnen, noch heute nacht. Gwyndon blickte zufrieden über das Land, sein Land, nicht etwa in dem Sinne, daß er es besäße, denn er war kein Chief, sondern Druide. Im Gegensatz zum Chief, der die Grenzen des Stammesgebiets gegen räuberische Banden sicherte und von den Leuten Abgaben forderte, sorgte er dafür, daß das Gleichgewicht von Mensch und Natur erhalten blieb. Dafür gaben ihm die Leute freiwillig, was sie erübrigen konnten.

Der Wind rauschte in den Blättern der alten Eiche, und der Druide begrüßte ihn. Die Wesen der Natur waren bereit, den Menschen zu helfen, wenn diese ihnen Achtung entgegenbrachten. Er, Gwyndon, war Mittler zwischen den verschiedenen Wesenheiten und den Menschen, das war seine Aufgabe als Druide, eine heilige Pflicht, die ihn auch jetzt noch, da er alt geworden war, zutiefst erfüllte. Er lehnte sich an den Stamm des großen Baumes und schloß die Augen. Die vertraute Kraft strömte in ihn ein, und er saugte sie in sich hinein, bis er nicht mehr sagen konnte, wo er, Gwyndon, aufhörte und der Baum anfing. Als er die Augen wieder öffnete, offenbarte sich ihm das pulsierende Strömen in den Lebensbahnen der Pflanzen, die diese gleich Adern durchzogen: das rasche Fließen in den kleineren Gewächsen und das majestätisch langsame in den großen Bäumen. Er schaute die farbigen Lichthüllen, die alle Lebewesen, nicht nur die Pflanzen, wie mit einem Mantel umgaben. Die Farben dieser Hüllen zeigten Gwyndon die innere Beschaffenheit des Wesens. So offenbarten ihm die Pflanzen die Art ihrer Heilkraft, die Tiere zeigten ihm ihren Platz im Schöpfungsplan und die Menschen die Eigenschaften ihres Gemüts und die Art ihrer Krankheit.

Gwyndon lächelte. Heute hatten sich viele der hellen Wesenheiten versammelt, die dafür sorgten, daß niemand das Pulsieren störte. Den Augen der gewöhnlichen Menschen blieben diese feinstofflichen Wesen verborgen. Nur gelegentlich war ein Kind in der Lage, sie zu sehen, doch diese Fähigkeit verlor sich oft, wenn es älter wurde. Behielt es jedoch diese Gabe, wurde es vom Druiden erzogen, um einmal sein Nachfolger zu werden. Noch war in seinem Stamm kein solches Kind geboren worden, doch das beunruhigte Gwyndon nicht, fühlte er sich doch trotz seines hohen Alters stark und gesund.

Wenn er sich in diesem hellsichtigen Zustand befand, konnte er sich mit den Wesenheiten verständigen, und sie berichteten ihm von allem, was im weiten Land geschah. Sie waren so unmittelbar mit ihresgleichen verbunden, daß das Wissen des einen im selben Augenblick auf alle anderen überging. So wußte der Druide, daß an der fernen Südküste Schiffe gelandet waren, daß Fremde durch das Land zogen, die Bäume fällten und dadurch, daß sie von einem neuen Gott berichteten und für ihn warben, Unfrieden in die Stämme trugen. Doch dies geschah im Süden in der Ferne, und Gwyndon glaubte nicht, daß diese Leute so weit nach Norden bis in diese Berge wandern würden. Und selbst wenn sie so weit kämen, würde ihnen der Chief im fernen Glenmore Castle sicher

Einhalt gebieten. Sie brauchten keinen neuen Gott. Alles war gut so, wie es war.

Er streckte der untergehenden Sonne die Arme entgegen.

„Ich danke dir für das Licht und die Wärme, die du uns heute spendetest und ohne die unser Leben nicht möglich wäre“, sprach er feierlich. Er kreuzte die Arme und bildete so die Rune *Gifu*, um die Verbundenheit der Erde und all ihrer Bewohner mit der Sonne darzustellen. „Für diese Gabe ehren wir dich.“ Dann bückte er sich und legte zu Ehren der Sonne und ihrer Leuchtkraft mit seinen Runenstäben die Rune *Dag* auf einen flachen Stein vor der Eiche. „Dein Licht sei uns Sinnbild für das innere Licht, das unseren Geist erhellen möge.“ Er legte die Hände vor dem Herzen zusammen und verweilte andächtig, bis der letzte lichte Schimmer des Sonnenrundes hinter den Hügeln verschwunden war. Fröstelnd hüllte sich der Druide enger in seinen Umhang, verabschiedete sich von den Wesenheiten und stieg langsam den schmalen Pfad zum Dorf hinab.

Niemand war mehr unterwegs, als Gwyndon über den Dorfplatz schritt. Die Kühle hatte die Leute in die Hütten getrieben, wo sie sich am Herdfeuer wärmten und, dem Geruch nach zu urteilen, die abendliche Mahlzeit einnahmen. Nur die Hunde meldeten kläffend seine Ankunft, und er stieß einen leisen Pfiff aus, worauf sie ihn erkannten und ihr Bellen in freudiges Winseln überging. Ein Mann trat aus seiner Behausung und fragte:

„Wie wird der Tag morgen, Gwyndon? Bleibt mir vor dem Regen noch Zeit zum Einsäen?“

„Es wird heute nacht schon zu regnen beginnen“, antwortete Gwyndon und zeigte auf den Himmel und die von Norden aufziehenden Wolken. „Der Regen wird zwei Tage dauern, dann erst kannst du säen.“ Der Mann bedankte sich und schlüpfte in die behagliche Wärme seiner Hütte zurück. Die Wettervoraussage war eine der Pflichten, die ein Druide für seinen Stamm leisten mußte. Aus Wolken und Wind vermochte er vorherzusagen, was das Wetter am nächsten Tage bringen würde, und so gab er den Bauern wertvolle Hinweise. Doch dies war eine Kunst, die er jedem klugen Menschen hätte beibringen können. Das, was einen wirklichen Druiden ausmachte, war viel mehr.

Gwyndon verstand sich zum Beispiel auf die Heilkunst. Aus den Lichthüllen der Pflanzen konnte er auf deren Wirkung schließen, doch wie man sie am besten zubereitete, hatte er von seinem Meister gelernt. Er wußte, welche Bestandteile der Pflanzen – Blätter, Blüten, Stengel, Wurzel oder das ganze Kraut – am besten halfen, ob man ihren Saft pressen oder sie in Wasser kochen mußte, ob sie gut wirkten, wenn sie frisch als Tee getrunken oder lange der Sonne ausgesetzt und danach tropfenweise eingenommen wurden oder ob man sie auf verletzte Stellen auflegen mußte. Außerdem kannte er viele geheime Beschwörungen, mit denen er die Geister vertrieb, die die Krankheit für ihre Zwecke nutzten. Krankheit war nichts anderes als ein Ungleichgewicht zwischen Mensch und Natur, und dieses vermochte Gwyndon auszugleichen. Wenn es Schwierigkeiten bei der Geburt eines Kindes gab, setzte sich Gwyndon mit dem Geist des Kindes in Verbindung, und die Geburt verlief mühelos. Die Sterbenden geleitete er sanft hinüber in das andere Reich, und sie ließen ihren Körper mit einem Lächeln zurück. Dafür liebten ihn die Menschen seines Stammes, doch er heilte nicht nur ihre Krankheiten, sondern hatte stets ein offenes Ohr für ihre Sorgen und half ihnen, wo er konnte, indem er ihnen die Runen warf und diese zu ihrem Besten auslegte.

Der Druide verstand es auch, den Flug der Vögel zu deuten, besonders aber den der großen schwarzen Raben. Den Menschen seines Stammes schien es, als ob diese Vögel eine besondere Zuneigung zu Gwyndon gefaßt hätten, denn zuweilen landete einer der Raben sogar auf dem Dach seiner Hütte. Dann legte der Druide jedesmal seinen dunkelvioletten Umhang um und bestieg den Hügel, auf dessen Kuppe die heilige Eiche stand. Was er dort tat, wußten die Menschen nicht. Jenen, die sich ratsuchend zu ihm auf den Hügel begaben, schien es, als hielte Gwyndon Zwiesprache mit den großen Tieren, die stets im Geäst des großen heiligen Baumes zu finden waren. Für den Druiden waren die Vögel Kundschafter. Das, was die feinstofflichen Wesen ihm nicht meldeten, erfuhr er von den Raben. Sie hatten aufgrund ihrer grobstofflichen Verkörperung eine andere Sichtweise als Elfen und Faune, und so bildete sich Gwyndon sein Wissen aus unterschiedlichen Blickwinkeln.

Mit einem Ruck schob er das Tierfell beiseite, welches den Eingang seiner Hütte verschloß. Der dicke Klotz, den er mittags auf das Feuer gelegt hatte, glomm noch, und er schichtete trockene Hölzer über die Glut. Bald züngelten die Flammen, und er erkannte in ihrem Lichtschein erfreut, daß ihm die Dorfbewohner Hasenfleisch neben die Kochstelle gelegt hatten. Sorgfältig fädelte er die Fleischstücke auf einen Spieß, briet sie über den Flammen und aß mit gutem Appetit. Dann deckte er das Feuer sorgfältig ab, damit die Glut bis zum nächsten Morgen hielt, und ließ sich müde auf sein Lager sinken.

* * *

Dunkles Wasser überflutete das Land. Es brandete nicht in zerstörerischen Wogen ans Ufer, sondern sickerte langsam, aber beständig aus unsichtbaren Quellen hervor. Bäume sanken nieder, denn das Wasser höhlte den Boden aus, auf dem sie wuchsen und entzog ihren Wurzeln die Lebensgrundlage. Immer höher stiegen die Wasser und erfaßten jetzt auch Menschen. Viele ließen sich vertrauensvoll treiben, anderen stieg es dagegen bis zum Hals, und sie versanken. Auch Gwyndon hatten die Fluten ergriffen. Der sichere Grund, auf dem er bisher gestanden hatte, begann zu wanken, das Wasser schlug über ihm zusammen. „Es ist zu Ende", dachte er, und eine unendliche Trauer übermannte ihn.

* * *

Schweißgebadet fuhr der Druide vom Lager auf. „Es ist zu Ende! Es ist zu Ende! Zu Ende! Zu Ende!" kreisten die letzten Worte des Traumes in seinem Kopf. Er stand auf und goß etwas Wasser in sein Trinkgefäß. Das kalte Getränk half ihm, den quälenden Gedankenstrom zu beenden. Was war zu Ende? Und was bedeutete das dunkle Wasser, das sanft und doch unwiderstehlich das Land überflutete? Gwyndon fröstelte. Er hüllte sich in seinen Umhang und versuchte sich zu sammeln. Warum hatte es nur einigen den Tod gebracht, wohingegen andere sich von ihm tragen ließen? Warum war er selbst darin versunken? Der Druide erwog kurz, sich gleich die Runen zu legen, doch zu seinem eigenen Erstaunen war seine Verwirrung so groß, daß er davon absah. Gleich am nächsten Morgen würde er sich mit diesem Traum befassen müssen. Es war klüger, sich bei Tag mit den Geistern der Nacht auseinanderzusetzen.

* * *

Ein kleines Lamm weidete auf einer grünen Wiese. Viele Menschen kamen und streichelten sein weiches Fell. Das Lamm rieb seinen Kopf an jedem dieser Menschen, was diese glücklich zu machen schien. Plötzlich entwickelte es einen ungeheuren Appetit. Es lief über das Land, doch es fraß nicht nur Gras, sondern verschlang ganze Bäume, vor allem die großen Eichen. Die feinstofflichen Wesenheiten dieser

Bäume schwebten klagend daneben, doch das Lamm kümmerte sich nicht um ihren Schmerz. Erschrocken stellte Gwyndon fest, daß das Tier auch seinen Baum nicht verschonen wollte. Mutig stellte er sich ihm in den Weg, doch es ging einfach an ihm vorbei, und er sah die heilige Eiche stürzen und im Maul des Lammes verschwinden. Der Schmerz in seinem Herzen war scharf und stechend, er fühlte, wie ihn alle Lebenskraft verließ. „Das ist das Ende", dachte er verzweifelt.

* * *

Keuchend fuhr der alte Mann empor. Tränen liefen ihm über die Wangen. Entsetzt erkannte er, daß sich der Traum wiederholt hatte. Es war also ein bedeutungsvoller Traum, der Verderben verhieß, Verderben für die heiligen Bäume und Tod für ihn selbst! Ihn schauderte, und auch sein Umhang konnte ihn nicht wärmen. Er schlug das Fell vor der Tür zurück und schaute hinaus. Der Wind hatte sich gelegt, doch es regnete, wie er vorhergesehen, in einer Weise, die kein baldiges Ende verhieß. Bald würde der Morgen grauen. Schaudernd lief er zum Fluß, zog sich rasch unter einem schützenden Felsvorsprung aus und tauchte im eisigen Wasser unter. Die Kälte verschlug ihm den Atem, und er schnappte nach Luft; doch nachdem er sich wieder angezogen hatte, wurde ihm warm, und er fühlte sich klarer, klar genug, um beim heiligen Baum die Deutung seiner Träume zu versuchen. Zum erstenmal empfand er sein Alter, der Aufstieg zum Hügel erschien ihm mühselig und steil, der Pfad schlüpfrig und unberechenbar. Keuchend schaute er auf der Kuppe in die Runde. Im Osten kündete sich die Dämmerung an, doch nicht durch einen rötlichen Schimmer, sondern dadurch, daß das dunkle Grau der Regenwolken dort etwas heller schien. Das dichte Blätterdach der Eiche gab etwas Schutz vor dem Regen, und so lehnte er sich aufatmend an den Stamm. Er nestelte den Beutel mit den Runensteinen vom Gürtel, und als er ihn öffnen wollte, bemerkte er erschrocken, daß seine Hände zitterten. Was war mit ihm geschehen? Welcher Schrecken kündigte sich durch diese dunklen Träume an?

Es gelang ihm, sich zu entspannen und die vertraute Kraft des Baumes in sich aufzunehmen. Als er die Augen wieder öffnete, sah er das wunderbare Wesen neben sich, das diesen Baum belebte.

„Du bist betrübt, mein Freund“, stellte es mitfühlend fest.

„Ich bin alt und müde“, wich der Druide aus, obwohl er wußte, daß das Wesen in seiner Lichthülle mehr las, als er mit Worten hätte ausdrücken können.

„Nicht älter und müder als gestern“, entgegnete das Wesen. „Magst du dich mir anvertrauen, Menschenfreund, oder ziehst du es vor, daß ich mich entferne?“

„Es ist zu Ende“, murmelte Gwyndon, „und ich weiß nicht, worum es sich handelt. Die Träume künden von Verderben und Tod, meinem Tod!“

„Jeder Tod ist auch ein Neubeginn“, antwortete das Wesen, „*Eoh* ist nicht nur Ende, sondern auch Anfang.“ Der Druide nickte schweigend. Das Wesen berührte seine Stirn, und die Verwirrung fiel von ihm wie eine überreife Frucht.

„Leg dir die Runen“, empfahl das Wesen, „jetzt gleich, und wenn du willst, dann helfe ich dir, sie zu deuten.“

„Ich danke dir“, sagte Gwyndon, „für die Klarheit und die Hilfe.“ Das Wesen nickte lächelnd. Der Druide griff in den Beutel, zog einen Stein heraus und legte ihn vor sich auf den Felsen: *Hagal!* Es würden also tatsächlich einschneidende Veränderungen eintreten, die Not und Elend bringen konnten, und es würde ganz plötzlich geschehen. Er legte den nächsten Stein: *Peord*, und die Rune stand auf dem Kopf! Die Veränderungen waren also schicksalhaft und durch nichts aufzuhalten.

„Was bedeuten diese Veränderungen für mein Volk?“ fragte der Druide und legte den nächsten Stein: *Nyd*, zum Glück nicht auf dem Kopf stehend. So würden die Veränderungen nicht einfach zu verkraften sein, doch das Volk würde sie aufgrund seiner Zähigkeit überstehen. Es konnte sich also nicht um einen Einfall räuberischer Banden handeln, die das Land mit Krieg überzogen. Doch was war es dann? Er zog die Rune *Rad*. Überrascht hielt er inne. *Rad* stand für einen geistigen Entwicklungsweg, der unter großen Entbehrungen einem bestimmten hohen Ziel zustrebte. Konnte es der neue Gott sein, für den die Fremden im fernen Süden warben und dem sie alle heiligen Bäume opferten?

„Was bedeuten diese Veränderungen für mich?" fragte er, und seine Hand zitterte ein wenig, als er die Hand in den Runenbeutel steckte. Er legte *Eoh*. Er selbst würde diese Veränderungen also nicht überleben, und obwohl ihm seine Träume diesen Ausgang angekündigt hatten, fiel es ihm schwer, die Bestätigung durch die Rune anzunehmen. „Was willst du, Gwyndon", fragte er sich, „du hast ein langes, erfülltes Leben hinter dir, du warst nie krank und mußtest auch nicht leiden. Warum zögerst du, diesen Körper zu verlassen und in die andere Welt zu wechseln?"

„Nimm noch eine Rune", flüsterte das Baumwesen, das die ganze Zeit über schweigend neben ihm gestanden hatte.

Der Druide steckte zögernd die Hand in den Beutel. Was gab es jetzt noch zu fragen? Langsam legte er den letzten Stein neben *Eoh*. Es war die Rune *Odal*.

„Es ist deshalb zu Ende für dich, weil du vollendet bist, Menschenfreund", erklärte das Baumwesen, „und das betrifft nicht nur dich, sondern unsere ganze wunderbare Kultur. Du und ich, wir werden diese Erde verlassen, denn in der neuen Strömung, die dieses Land unwiderstehlich überflutet, ist für uns kein Platz. Wir befinden uns auf dem Gipfel unseres Wissens, und um etwas noch Höherstehendes zu erschaffen, müssen wir weichen, damit die Menschen nicht bei uns verweilen, sondern weitergehen können. Das Wissen, das wir hüten, geht der Menschheit mit uns für lange Zeit verloren, doch nicht für immer, denn in ferner Zukunft kehren wir zurück, dann, wenn die Menschen den neuen Schritt gegangen sind. Ich werde mit dir weinen, Gwyndon, und doch muß es sein. Wenn du bereit bist, deinen Körper zu verlassen, werde ich dir in den anderen Welten Führer sein.“ Damit legte das Wesen seine Hand abschiednehmend auf die Stirn des alten Mannes, und dankbar empfand dieser den Trost der physischen Berührung seines feinstofflichen Freundes.

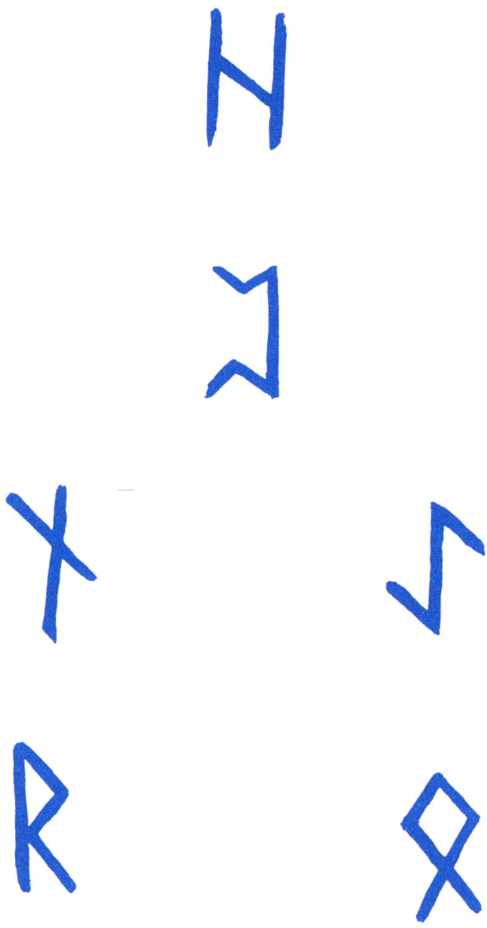

Tieftraurig kehrte der Druide in seine Hütte zurück. Er hängte den tropfnassen Umhang über eine Dachsparre und bemerkte dankbar, daß die Frauen das Feuer wieder entfacht und darüber einen Kessel aufgehängt hatten, in dem Getreidebrei einladend blubberte. Er schöpfte die heiße dicke Suppe in eine Schüssel und aß, ohne auf den Geschmack zu achten. Hatte er das Wesen richtig verstanden? War die alte Kultur der Druiden, die innige Verbundenheit zwischen den Wesen der Natur und den Menschen, der Erde und dem Geist des Einen, dem Untergang geweiht? Was konnte höher stehen als eine solche achtungsvolle Verbindung, welchem neuen Gott mußten sie den Platz räumen? Gwyndon spürte, wie Verbitterung in ihm aufstieg. Dem dunklen Wasser, dem gefräßigen Lamm sollte er weichen? Und mit ihm die heiligen Bäume und die wunderbaren Wesen, die diese Bäume beleben? Das würde einen unglaublichen Verlust für die Menschen und die Erde bedeuten, denn diese Wesenheiten bildeten eine kraftvolle Schaltstelle zwischen den Energien des Himmels und denen der Erde. In den Blättern ihrer Bäume speicherten sie lebenspendende Schwingungen, die sie durch die Wurzeln langsam in den Boden leiteten. Dies war ein Prozeß, der ganz natürlich in jeder Pflanze vor sich ging, doch die Hüter der großen heiligen Bäumen vermochten Schwingungen durch diese hindurchzuleiten, zu denen die anderen nicht im Stande waren. Wenn die Baumwesen den Planeten verließen, würde die Erde viel weniger kraftvoll sein, die Menschen würden krank und schwächlich. Welch eine Torheit von diesem neuen Gott, oder waren nur jene Toren, die ihn verkündeten? Wußten die, welche die Bäume fällten, um den Preis, den alle Menschen dafür zahlen mußten?
Nur mühsam entfloh der Druide seinen Grübeleien. Kaum vermochte er sich zu sammeln, um seinen Pflichten nachzugehen. Tagelang durchstreifte er die Wälder auf der Suche nach einer Antwort, die er nirgends fand. Doch von jenem Tage an hatte er es

sich zur Gewohnheit gemacht, die Runen täglich zu befragen, und als die Strahlen der aufgehenden Sonne ihm eines Morgens *Hagal* zeigten, die Rune der plötzlichen Veränderung, wußte er, daß die Zeit gekommen war. Langsam verrichtete er sein Ritual, langsam stieg er ins Dorf hinab, als ob er die Ereignisse dadurch verzögern könnte.

* * *

Die Fremden standen auf dem Dorfplatz. Es waren zwei Männer in langen wollenen Umhängen. Sie trugen keine Schwerter, doch in ihren Augen brannte ein Feuer, das wie eine Klinge blitzte. Der Druide hielt sich abseits und versetzte sich in Trance, um die Lichthüllen der Männer zu betrachten. Sie loderten in violetter Gottesliebe, doch diese Flammen schienen alles zu verzehren, was sich ihnen in den Weg stellte. Die gelbe Farbe des persönlichen Willens war ebenfalls stark ausgeprägt, weniger dagegen die grüne Sanftmut und die blaue Hingabe, doch es gab auch keine rote Leidenschaft. Es waren gute Menschen, überzeugt von ihrer Mission und ihrem Gott, den sie Jesus nannten, vollkommen ergeben. Die Dorfbewohner hatten sich um sie versammelt und lauschten ihren Worten. Als sie den Druiden erblickten, wurden sie unruhig. Doch Gwyndon gesellte sich einfach zu ihnen und zeigte ihnen damit, daß er nichts dagegen einzuwenden hatte, daß sie den Worten der Christen lauschten. Der eine der beiden Männer, der sich John nannte, redete in ihrer Sprache, die er leidlich gut beherrschte.

„... und deshalb schickte Gott seinen Sohn, seinen eigenen Sohn auf die Erde, denn er sah, daß die Menschen Not litten, und wollte ihnen helfen. Dieser Sohn, den sie Jesus nannten, wurde in einem fernen Land im Süden geboren, viele Wochen und Monate entfernt von hier."

„Was hat er dann mit uns zu schaffen?" wollte einer der Dorfbewohner wissen.

„Nun, er mußte irgendwo geboren werden, und Gott ließ es an einem Ort geschehen, wo sein Leben große Wirkung entfalten konnte", fuhr John fort, „doch uns kann es gleich sein, wo es geschah, denn Jesus sagte, daß er gekommen sei, um alle Menschen zu erlösen. Und deshalb hat das, was er sagte, auch mit euch zu schaffen. Begreift ihr das, Leute? Oder habt ihr noch von keinem Gott gehört?" Die Leute murrten empört.

„Was denkst du von uns?" rief einer der Männer, „Wir sind doch keine Wilden! Wenn du den Großen Geist, den Einen, meinst, wissen wir, von wem du sprichst."

„Dann ist es ja gut", beschwichtigte John, „ich hatte es auch nicht anders erwartet. Gott oder der Große Geist, wie ihr ihn nennt, wacht über seine Kinder auf der Erde." Die Dorfbewohner nickten zustimmend. „Doch er sah, daß sie unglücklich wurden, denn sie hatten vergessen, wie sie leben sollten. Sie achteten seine Gesetze nicht mehr, und deshalb beschloß er, seinen eigenen Sohn zu ihnen zu schicken, damit dieser sie lehren konnte, welche Art von Leben Gott gefiel. Denn nur, wer ein gottgefälliges Leben führt, wird wahrhaftig glücklich."

„Was du uns da erzählst, war schon unseren Vorvätern bekannt. Bei uns sorgt der Druide dafür, daß wir die heiligen Gesetze halten, wenn wir sie vergessen sollten", rief ein Mann. „Gwyndon, sag du ihnen endlich, daß wir unseren Gott haben und seinen Sohn nicht brauchen!" Alle Augen richteten sich auf den Druiden. Doch der alte Mann blickte zu Boden und schwieg. Was wußten sie von *Peord*? Er fühlte sich merkwürdig gelähmt, hatte ihm diese Rune doch offenbart, daß sich das Schicksal erfüllen würde, was immer er auch dagegen unternahm. Widerstand war vollkommen zwecklos. Die Dorfbewohner blickten ihn erstaunt an.

„He, was ist los, Gwyndon, hast du die Sprache verloren?" rief einer. „Du bist doch sonst nicht so schweigsam!"

„Wir wollen die Gesetze der Gastfreundschaft beachten und die Männer sagen lassen, was sie zu sagen haben, ohne sie unziemlich zu unterbrechen“, redete sich der Druide lahm heraus, und da er sich selbst nicht glaubte, glaubten ihm auch die anderen nicht. Was war bloß mit Gwyndon los? Einige der älteren überlegten, daß er schon für den Stamm gesorgt hatte, als sie selbst noch Kinder waren. Vielleicht machte ihm das Alter tatsächlich langsam zu schaffen.

Jetzt schaltete sich der andere, der sich Paul nannte, in das Gespräch ein:

„Gott, oder wenn ihr unbedingt wollt, der Große Geist, sandte seinen Sohn deshalb zu uns, weil er alle Menschen liebt, und sein Sohn Jesus liebt uns ebenfalls, sonst wäre er bei seinem Vater im Himmel geblieben. Dort wäre es ihm viel besser ergangen, das könnt ihr mir wohl glauben, doch aus Liebe zu uns willigte er ein, die Menschen auf der Erde zu erlösen. Versteht ihr, er liebt jeden einzelnen von euch, auch dich und dich“, und damit wies er auf die einzelnen Dorfbewohner. Die Leute schauten einander erstaunt an.

„Er kennt uns nicht. Wie kann er uns lieben?“ wandte ein Mann ein. John lächelte nachsichtig.

„Weil er der Sohn Gottes ist, verstehst du? Gott kann alles, er sieht alle Menschen, kennt und liebt jeden einzelnen, auch dich. Und sein Sohn kann natürlich, was der Vater kann, oder ist dein Sohn etwa ein Schlappschwanz?“

„Nein, natürlich nicht!“ erwiderte der Mann entrüstet.

„Na, siehst du“, fuhr John fort, „das hatte ich auch nicht anders erwartet bei so einem starken Mann wie dir.“ Der Mann freute sich sichtlich über dieses Lob, und Gwyndon mußte zugeben, daß John verstand, Menschen für sich einzunehmen. „Jesus kam deshalb zu uns auf die Erde, weil er uns lehren wollte, wie wir glücklich werden können. Er gab nur ganz wenig Regeln, und eine der wichtigsten ist, daß wir einander lieben sollen, so wie er uns liebte", fuhr jetzt wieder Paul fort. „Wir sollen jeden anderen Menschen so sehr lieben, wie wir uns selbst lieben. Deshalb lautet die Regel: ‚Liebe deinen Nächsten wie dich selbst'."

„Aber bestimmt nicht die Gorns aus der Schlucht", rief ein Mann, und die Dorfbewohner zollten diesen Worten geräuschvollen Beifall, denn die Gorns waren dafür bekannt, viel Alkohol zu trinken und Vieh zu stehlen. Der Druide lachte still in sich hinein. Er war gespannt, wie John und Paul diesen praktischen Einwand entkräften würden.

„Auch die Gorns", erwiderte Paul bestimmt. „Sie sind genauso Kinder Gottes, wie ihr es seid. Wenn sie Unrecht tun, müßt ihr sie mit Worten überzeugen, daß es besser ist, Gutes zu tun, denn nur die Guten halten Einzug ins Himmelreich."

„Jesus kannte die Gorns nicht", widersprach der Mann, „da ist Reden aussichtslos, da helfen nur Prügel!"

„Mit den Gorns reden", lachte ein anderer, „das ist ein guter Witz, wirklich komisch!"

„Versucht es doch mal", prustete ein anderer, „wenn ihr ihr Land betreten habt, ohne daß sie euch die Schädel einschlagen, wollen wir euch gerne glauben." John hielt es für angebracht, das Thema zu wechseln.

„Das wollen wir gern probieren", antwortete er freundlich, „und mit der Kraft des Lammes wird es uns gelingen." Der Druide fuhr zusammen. Das Lamm?

„Welches Lamm?" fragte ein Dorfbewohner, „Was meinst du mit der Kraft des Lammes?"

„Jesus wird das Lamm Gottes genannt", erklärte Paul, „denn er ist sanftmütig wie ein Lamm, und doch ist er unwiderstehlich stark. Nicht Gewalt wird die Menschen erlösen, sondern die Liebe Jesu. Er liebte so sehr, daß er für die Menschen starb. Er nahm ihre Sünden auf sich und sühnte sie durch seinen Tod."

„Das wäre nicht nötig gewesen, nicht für mich", rief ein Mann. „Für mich muß niemand sterben! Ich regle meine Angelegenheiten allein, und wenn ich Rat brauche, dann befragt Gwyndon, unser Druide, die Runen für mich."

„Du brauchst keinen Druiden und keine Runen mehr, wenn du Jesus hast", erwiderte John, „denn Jesus ist der Sohn Gottes, und durch ihn kannst du viel mehr bewirken als durch jeden Druiden. Glaube mir, wenn du dich in seinem Namen taufen läßt, wirst du über Runen und heilige Bäume lachen!" Gwyndon spürte, wie ihm das Herz eng wurde. Etwas Schweres, Drückendes legte sich auf seine Brust. Er hatte genug gehört. Mehr konnte er beim besten Willen nicht ertragen, und so zog er sich in seine Hütte zurück.

* * *

Die Männer blieben im Dorf. Sie halfen den Bewohnern bei der Arbeit und taten nichts, um den Druiden zu behindern. Sie begegneten ihm freundlich und erkundigten sich sogar nach seinen Göttern, ein Ansinnen, auf das er selbstverständlich nicht einging. Die Christen waren tatsächlich vollkommen unwissend, denn sie schienen zu glauben, daß er zur großen Eiche betete! Wie hätte er ihnen verständlich machen sollen, daß in diesem Baum ein wundervolles lichtes Wesen wohnte, mit dem er sich täglich beriet? Wie erklären, daß solch ein feinstoffliches Wesen den Schöpfungsplan des Großen Geistes für die Natur ganz unmittelbar in sich erlebte und dies Wissen den Menschen zur Verfügung stellte? Wie sollte er diesen Blinden die Farben beschreiben, die er um jedes lebendige Wesen, ja sogar um sie selbst herum wahrnahm? Wie hätte er ihnen das lebendige Netz erklären sollen, durch welches Mensch und Natur mit dem Großen Geist verbunden waren? Und wie ihnen verständlich machen, daß er die feinstofflichen Wesenheiten, die sie gar nicht sahen, natürlich nicht anbetete, sondern nur den Einen, den Großen Geist?

Schon begannen die ersten Dörfler zu schwanken. Die Christen berichteten täglich vom Paradies, einer wunderbaren Welt nach dem Tode, die nur für jene aufgespart blieb, die sich im Namen Jesu Christi taufen ließen. In glühenden Farben schilderten sie die Freuden, die dort auf die Christen warteten, und ebenso drastisch beschrieben sie die Hölle, jene Welt, die auf die anderen wartete, jene, denen Jesus die Sünden nicht abgenommen hatte. Doch um gerecht zu sein, mußte Gwyndon anerkennen, daß sie tatsächlich vorlebten, was sie predigten. Sie achteten ihre Mitmenschen, halfen ihnen unermüdlich und waren immer zur Stelle, wenn sie gebraucht wurden, ohne etwas als Gegenleistung für sich zu verlangen. Das, was die Dörfler am meisten beeindruckt hatte, war die wunderbare Verwandlung der Gorns. Die Christen hatten diesen wilden Clan tatsächlich gezähmt, wenn der Druide auch nicht sicher war, ob es durch die Liebe Jesu geschehen war oder durch die genüßlichen Schilderungen der Höllenfeuer und der Qualen derer, die sich nicht zu ihm bekehrten.

Mit der Zeit bemerkte Gwyndon, daß er immer einsamer wurde. Die Menschen im Dorf scheuten seine Anwesenheit, und er hätte nicht mit Bestimmtheit sagen können, daß er sich nicht auch vor ihnen zurückzog. Er fürchtete die Entscheidung, welche die Dörfler einst würden treffen müssen, und nahm sie mit seinem Verhalten geradezu vorweg. *Peord*, die Schicksalsrune, hielt ihn in ihren Klauen, und er vermochte nicht, sich aus ihrer lähmenden Umklammerung zu lösen. Er glaubte sicher zu wissen, daß er untergehen würde. So gab er den Kampf auf, bevor er überhaupt begonnen hatte, und überließ den Christen das Feld, das er so lange Jahre hingebungsvoll bestellt hatte.

Es kam der Tag, den der Druide so sehr gefürchtet hatte. Am Abend zuvor hatten John und Paul die Dorfbewohner einzeln aufgesucht und für den nächsten Morgen auf den Platz eingeladen, da sie etwas äußerst Wichtiges zu sagen hätten. Auch an Gwyndon war die Einladung ergangen, und deshalb war er anwesend, obwohl die Rune *Eoh,* die Rune des Todes, die er heute morgen gezogen hatte, das Schlimmste verhieß. Die beiden Christen hatten helle Gewänder angelegt. Jeder von ihnen trug ein Kreuz. Sie begannen die Versammlung mit einem Gebet. Andächtig sanken sie auf die Knie, legten die Hände zusammen und sprachen:

„Wir beten zur Dir, Gott, unserem heiligen Vater, und zu Jesus Christus, Deinem eingeborenen Sohn. Gib uns heute die Kraft zu beweisen, daß Du allein der Gott bist und niemand außer Dir. Laß die Liebe des Lammes in uns einströmen, damit diese Menschen hier durch diese Liebe gerettet werden. Statte uns mit der Vollmacht aus, nach vollbrachter Tat in Deinem Namen all diejenigen zu taufen, welche die heilige Taufe begehren. Heiliger Vater, gib uns Deinen Segen!" Die Dörfler hatten ihnen schweigend gelauscht. Der Druide bemerkte, daß fast alle die Köpfe andächtig geneigt hatten. Die beiden Christen erhoben sich. John begann:

„Wir wollen euch beweisen, daß Jesus, der Gott der Christenheit, stärker ist als eure Götter", begann John, wobei er den Druiden bedeutungsvoll anblickte. „Ihr betet diese alte Eiche an, doch eine Eiche ist ein Baum und nicht mehr, ein Baum, aus dessen Holz man Häuser bauen könnte, zum Beispiel ein Haus Gottes. Zum Beweis dafür, daß die Liebe des Lammes unbesiegbar ist, werden wir, wenn ihr einverstanden seid, heute diesen Baum auf der Kuppe des Hügels fällen." Ein Raunen ging durch die Menge. Die Menschen blickten unsicher zu ihrem Druiden hinüber. Wie würde er reagieren? Doch Gwyndon schwieg auch jetzt. Es schien, als sei sein inneres Feuer erloschen. Er wirkte wie ein alter, gebrochener Mann, und nichts erinnerte mehr an den leuchtenden Blick, die aufrechte Haltung und die strahlende Kraft, die sonst von ihm auszugehen pflegte. Nicht nur, weil John und Paul sie überzeugten, sondern auch wegen des sichtlichen Verfalls ihres Priesters, der sich seit der Anwesenheit der Christen rasend schnell vollzogen hatte, flüsterten die Menschen hinter vorgehaltenen Händen: „Dieser Jesus scheint tatsächlich stärker zu sein als der Gott unseres Druiden."

„Wenn dies vollbracht ist, werden wir hinunter zum Fluß ziehen und im Namen Jesu Christi alle taufen, die den alten Göttern entsagen und nur noch Jesus anbeten wollen. Seid ihr damit einverstanden, Leute?" fragte Paul. Erst riefen nur einzelne ihre Zustimmung, doch die anderen ließen sich anstecken. Paul, das Kreuz in der rechten Hand haltend, blickte auffordernd in die Runde und tat die ersten Schritte in Richtung des Hügels. Die Menschen schauten einander an, wagten noch einen letzten Blick auf ihren Druiden, doch da dieser keine Regung zeigte, setzte sich der Zug der Leute in Richtung des Hügels in Bewegung.

Später sollte sich Gwyndon oft fragen, warum er sich von *Peord* in diesem Ausmaß hatte lähmen lassen. Die Rune bedeutete schließlich nicht nur Schicksal, sondern auch die Auseinandersetzung mit den Ereignissen, die zu diesem Schicksal gehörten. Vielleicht hätte er das Blatt wenden können, indem er das Gespräch mit den Christen suchte und sich mit ihnen und den Dorfbewohnern auseinandersetzte, statt sich gänzlich von ihnen abzuwenden. Möglicherweise hätte die Geschichte für den Druiden anders ausgehen können, versöhnlicher und nicht so verzweifelt, wie es schließlich geschah.

„Wie steht es mit dir, Gwyndon?" fragte John, der bei dem einsamen alten Mann zurückgeblieben war. „Willst du dich nicht auch zu uns gesellen? Jesus wird dir deinen Götzendienst verzeihen, wenn du dich in seine Obhut begibst."

Der Druide antwortete nicht, doch der Blick, der den Christen traf, war so traurig, so in sein Schicksal ergeben, daß John nicht anders konnte und ihm mitfühlend die Hand auf die Schulter legte. Nach dieser Geste der Menschlichkeit eilte er hinter den Dorfbewohnern her, die bereits einen guten Teil des Weges zurückgelegt hatten. Gwyndon folgte ihnen nicht. Er hörte die Schläge, mit denen sie den Baum fällten, und selbst das war mehr, als er ertragen konnte. Es hätte wohl in seiner Macht gestanden, sie mit Gewalt daran zu hindern, doch davon hielt er nichts. Blind vor Tränen stürzte er in seine Hütte, wo ihn sein Freund, der feinstoffliche Hüter der Eiche, bereits erwartete. Gemeinsam beweinten sie das Ende ihrer Zeit. Auch die Raben kreisten klagend über dem Hügel, und manch einen Dorfbewohner verfolgte dieses Klagen noch lange in seinen Träumen.

„Ich werde diese Erde jetzt verlassen", sagte das Wesen, als sie keine Tränen mehr hatten. „Die höherentwickelten Naturwesen werden mich begleiten, denn ohne Achtung wird ihnen das Leben hier gleichermaßen unerträglich. Wir erwarten dich, wenn du die Ebene gewechselt haben wirst. Sei dir unserer Unterstützung gewiß! Doch auf der Erde mußt du jetzt allein bestehen, Gwyndon. Lebe wohl!" Und mit diesen Worten verblaßte er ganz einfach und war nicht mehr vorhanden. Einsam blieb der Druide zurück. Dann begann er sein Bündel zu schnüren. Sein Eßgeschirr, die Felle und Decken, auf denen er zu schlafen pflegte, und einige Nahrungsmittel als Wegzehrung. Als er seine Hütte nach einem letzten Blick des Abschieds verließ, hallte die Luft wider vom triumphierenden Geheul der Dorfbewohner, die auf der Kuppe des Hügels um den gefällten Baum herumtanzten. Gwyndon verließ das Dorf, in dem er ein Leben lang gewirkt hatte, ohne daß die, für die er sich eingesetzt hatte, es bemerkten.

Das Fest erreichte seinen Höhepunkt mit der feierlichen Taufe aller Dorfbewohner. Es erstaunte niemanden, daß der Druide seine Hütte verlassen hatte. Sie rissen sie ein und erbauten auf dem Hügel aus dem Holz der großen Eiche ein Gotteshaus, das sie Kirche nannten.

* * *

Gwyndon schlug den Weg zum fernen Glenmore Castle ein, denn er wollte wissen, ob der Chief von dieser Entwicklung in seinem Land wußte und wie er dazu stand. Der Wald schien ihm leer, die Natur wie verwaist. Nur die feinstofflichen Wesenheiten, die das einfache Überleben der Pflanzen sicherten, waren geblieben. Diejenigen aber, die die höheren Schwingungen der göttlichen Liebe herabgeleitet hatten, gab es auf dieser grobstofflichen Ebene nicht mehr. Wie würden die Wälder überleben, ohne den Schutz ihrer Hüter? Wer würde den Menschen Einhalt gebieten, wenn sie mehr Bäume fällten, als dem Gleichgewicht der Natur guttat? Und wie würde sich ein solches Tun am Ende auf den ganzen Planeten auswirken? Gwyndon spürte, daß er in dieser leeren Welt nicht weiterleben wollte. Nach seinem Besuch im großen steinernen Haus würde er sich in die kleine Hütte im dichten Wald, die nur er allein kannte, zurückziehen, um dort zu sterben.

Glenmore Castle war ein Haus aus Stein, nicht aus Holz und Lehm wie die Hütten, die sich wie schutzsuchend an die Außenmauern des großen Bauwerks drängten. Ein großes, mit schweren hölzernen Flügeln geschütztes Tor führte in den Innenhof des Gebäudes. Als der Druide hindurchgehen wollte, versperrten ihm zwei mit Schwertern bewaffnete Krieger den Weg.

„Was willst du, Fremder?" fragte der eine.

„Ich bin Gwyndon", antwortete der Druide, „und ich begehre meinen Chief zu sprechen." Der Bewaffnete rief etwas in den Hof hinein. „Warte!" sagte er dann. „Wenn der Chief dich sehen will, wird er es dir mitteilen lassen." Danach verschloß der Krieger seine Miene und hüllte sich in Schweigen. Nach kurzer Zeit erschien ein Bediensteter am Tor, und der Krieger bedeutete dem Druiden mit einer kurzen Geste, daß er eintreten dürfe. Rasch folgte er dem Diener, der den vor Gesinde und Vieh wimmelnden Hof schon zur Hälfte überquert hatte, ohne sich darum zu kümmern, ob der alte Mann ihm folgen konnte. Gwyndon hielt dies für kein gutes Zeichen. An der Farbe seines Umhangs konnte jeder im Land erkennen, daß er Druide war, denn das dunkle Violett war nur den Priestern vorbehalten. Im allgemeinen war man ihm mit Hochachtung begegnet. Er machte sich auf das Schlimmste gefaßt.

Glenmore Castle war ein düsteres Haus mit dicken Mauern, kleinen Fenstern, zugigen Gängen und vor Schmutz starrenden Räumen. Der Druide hatte es nur den Menschen, mit denen er zusammenlebte, nahebringen können, daß Sauberkeit Krankheiten verhinderte. Er hatte sogar eine etwas vom Dorf und vom Fluß abgelegene Stelle für das Verrichten der Notdurft bestimmt, und seitdem waren keine ernsten Erkrankungen mehr aufgetreten. Diese Praxis hatte sich nicht bis hierher durchgesetzt. Es stank, und wie jedesmal kämpfte Gwyndon gegen einen starken Würgereiz. Der Bedienstete führte ihn zu einem mit einem dicken Vorhang verhängten Eingang und wies den Druiden an hindurchzutreten.

Der Raum war kahl und düster. Einige Teppiche hingen an den Wänden, doch wirkten sie wie kleine Flicken an den kalten grauen Steinwänden. Gwyndon erschrak, als er den Chief sah. Es war höchstens drei Jahre her, seit er ihn zum letztenmal aufgesucht hatte, und doch erblickte er nur noch die Ruine des einst kühnen Kämpfers vor sich. Dieser räkelte sich in einer Ecke auf einem steinernen Sitz. Seine Kleider waren so verschmutzt, daß die eigentliche Farbe nicht mehr zu bestimmen war. Es stank nach Erbrochenem, und der Atem des Chiefs verriet, daß er dem Alkohol entschieden zugesprochen haben mußte. Sein Kopf war kahl geworden, die Wangen schlaff und der Bauch fett. Mit glasigen Augen starrte er den Druiden an.

„Was willst du, Gwyndon?“ lallte er und rülpste geräuschvoll.

„Chief, braucht ihr meine Hilfe?“ fragte der Druide, dem die Lichthülle seines Gegenübers nichts Gutes verhieß.

„Laß mich in Ruhe, Alter", antwortete der Chief. „Stiehl mir nicht meine Zeit, sondern sag mir, was du willst, und dann verzieh dich wieder." Gwyndon schauderte. Die Geister der Krankheit und des Unfriedens hatten bereits Besitz von der erbärmlichen Kreatur vor ihm ergriffen.

„Es ziehen Männer im Land umher, die einen neuen Gott verkünden, den sie Jesus nennen. Sie fällen unsere heiligen Bäume und entzweien die Stämme. Wißt ihr davon, Chief?" fragte er.

„Wegen solch einer Kleinigkeit wagst du es, mich zu behelligen?" brüllte der Chief, und die Stirnadern schwollen ihm derartig an, daß Gwyndon fürchtete, ihn würde gleich der Schlag treffen.

„Es ist keine Kleinigkeit", antwortete er mit ruhiger Stimme, „Chief, es verändert unser Land von Grund auf. Die feinstofflichen Wesenheiten verlassen die Wälder..."

„Feinstoffliche Wesenheiten", unterbrach der Chief grölend. „Du hast gar nichts kapiert, Gwyndon, überhaupt nichts! Es geht nicht mehr um dich und deine grünen Geister, es geht um viel mehr. Was weißt denn du von Politik? Die Chiefs im Süden beten zu dem neuen Boß im Himmel, zu diesem Jesus, und sie bieten Handel und Soldaten all denen, die den Neuen anerkennen. Verstehst du Gwyndon, der Neue bringt uns Reichtum und Macht. Was scheren mich die Geister?"

„Gilt euch ein Druide gar nichts mehr?" fragte Gwyndon, dem es immer schwerer fiel, seine Erregung zu dämpfen.

„Ein Druide?" kicherte der Chief boshaft. „Willst du wirklich wissen, was mir ein Druide gilt? Das sollst du gleich erfahren, Gwyndon, du Ahnungsloser. Wache!" brüllte er. „Schmeißt diesen Kerl da raus. Er wagt es, mir die Zeit zu stehlen!" Zwei Männer ergriffen den Druiden und zerrten ihn aus dem Raum. Sie stießen ihn unter dem Gejohle und Gepfeife des Gesindes über den Hof und gaben ihm am Tor einen solchen Stoß, daß er auf den kotigen Boden stürzte. Bevor sich der alte Mann aufrappeln konnte, leerten die Männer johlend einen Kübel Unrat über ihm aus.

„Laß dich hier nie wieder blicken", schrie einer der Wachen. „Das nächstemal laß ich mir aus deiner Haut ein neues Wams nähen." Mit allerletzter Kraft gelang es Gwyndon, auf die Beine zu kommen. Tränen liefen ihm über die Wangen, und so schnell er konnte entfernte er sich von diesem Ort seiner äußersten Demütigung. Schützend nahm der Wald ihn auf, und dankbar bemerkte der Druide, daß die verbliebenen Naturgeister sich nach Kräften um ihn kümmerten. Einige wiesen ihm den Weg zum nächsten Fluß, wo er sich und seine Kleider vom Unrat reinigte. Sie zeigten ihm eine Höhle und trockenes Holz, wo er ein Feuer entfachte, die Kleider trocknete und die Nacht verbrachte. Früh am nächsten Morgen brach er auf. Sein Körper war wieder rein, doch in seiner Seele fühlte er sich beschmutzt. „Nie wieder werde ich meine Fähigkeiten für die Menschen einsetzen", beschloß er verbittert. „Sie sind so standhaft wie Blätter im Wind. Um ihres eigenen Vorteils willen sind sie bereit, denjenigen zu verraten, der ihnen ein Leben lang diente." Er warf ihnen nicht vor, daß sie sich für einen anderen Gott entschieden hatten, denn das war etwas, was jeder Mensch für sich allein entscheiden mußte. Was er ihnen nicht verzieh, war, daß sie aufgehört hatten, ihn als den zu achten, der er war! Das war mehr, als er ertragen konnte. Die Behandlung durch den Chief hatte das Geschwür, das an seiner Seele fraß, nur aufbrechen lassen. Keiner der Dorfbewohner war von sich aus zu ihm gekommen, hatte sich nach seinem Wohlergehen erkundigt! Johlend waren sie den Hügel hinaufgezogen, um den heiligen Baum zu fällen. Nicht einer hatte zurückgeblickt auf den Druiden Gwyndon!

Der alte Mann richtete sich in der kleinen Hütte ein, die er vor langer Zeit an einer nur ihm bekannten Stelle tief im Wald erbaut hatte. Früher hatte er sich dorthin zurückgezogen, wenn er Stille brauchte. Jetzt diente sie ihm als Zuflucht, als Zuhause, wo er die ihm noch verbleibende Zeit verbringen wollte. Viele Stunden verbrachte er dort in Zwiesprache mit dem Großen Geist, den er in seinem Innern vernahm. Schließlich fand er Frieden. Die Zeit und die Stille halfen ihm, zu erkennen, daß er die Dorfbewohner mit seiner für sie unerwarteten Zurückhaltung nicht gerade ermutigt hatte, sich an ihn zu wenden. Selbst mit seiner Körperhaltung hatte er ihnen gezeigt, daß er sich als Verlierer fühlte. Er verzieh ihnen, denn wenn er ehrlich war, konnte er ihnen nicht verdenken, daß sie sich den strahlenden, siegesgewissen Christen angeschlossen hatten.

Als der erste Schnee fiel und das Land mit einer kalten hohen Schicht zudeckte, bereitete sich der Druide darauf vor, seinen Körper zu verlassen. Seine Zeit war gekommen, dessen war er sicher, denn in seinen Träumen erschien ihm jede Nacht der Hüter des heiligen Baumes und sprach von einem baldigen Wiedersehen. Immer schwächer wurde der Körper des alten Mannes, immer stärker seine Seele. Lächelnd blickte er dem Tod ins Angesicht, denn er schaute die lichtvollen Gestalten auf der anderen Seite des Tunnels. So verließ er glücklich seinen Körper, geleitet von seinen treuen feinstofflichen Freunden, und mit ihm ging die reine Form des Druidentums zu Ende. Das, was später unter diesem Namen geschehen sollte, war nur ein schwacher Abglanz dessen, was einmal gewesen war. Und so geriet das Wissen in Vergessenheit, ganz wie es der Hüter des Baumes vorhergesagt hatte.

Odal, die Rune der Vollendung! Doch das Neue, welches das Alte übertreffen sollte, mußte erst noch wachsen. Und so schwankten die Menschen durch die Zeit, des Alten überdrüssig und des Neuen noch nicht mächtig.

Kapitel 13

Zwischenspiel im Zwischenreich

Der Druide Gwyndon blieb eine ganze Weile bei seinen feinstofflichen Freunden im Zwischenreich der Naturwesen. Er kostete den Zustand aus, sich unmittelbar und auf gleicher Ebene mit ihnen verständigen zu können, und gemeinsam erfreuten sie sich an den Möglichkeiten, die ihnen dieses Miteinander gab. Immer seltener erfaßte ihn die Trauer um den Untergang des Druidentums und den Niedergang der Wälder. Immer weiter entfernte er sich von seinem Leben auf der Erde und der Rolle, die er in jenem Leben gespielt hatte. Es kam der Tag, da ihm sein innigster Freund, der Hüter der Eiche, empfahl, diese Ebene des Zwischenreichs zu verlassen.

„Du bist ein Mensch, Gwyndon", sagte er, „dir stehen ganz andere Möglichkeiten offen als uns, denn wir sind vom Großen Geist ausschließlich dazu bestimmt, der Natur zu dienen. Verstehst du, Freund, wir können nicht anders, als diesen Auftrag zu erfüllen. Das ist unser Lebenssinn; wir haben keine Wahl. Du dagegen darfst frei entscheiden, wie du leben willst. Auf dieser Stufe hier bist du bereits vollendet. Denke an die Rune *Odal!* Es gibt nichts Neues mehr für dich. Jetzt soll dir *Eoh* ihren wahren Sinn offenbaren. Erinnerst du dich, was ich dir damals bei der Eiche sagte, als du die Runen legtest, um den tieferen Sinn deiner Träume zu begreifen?"

„*Eoh* ist nicht nur Tod, sondern auch Neubeginn", antwortete Gwyndon nachdenklich.

„Dann lebe jetzt den Neubeginn", empfahl ihm das Wesen. „Bist du dazu bereit?" Gwyndon schwieg. Das bedeutete, daß er

Abschied nehmen mußte von den Wesen, denen er sich verbunden fühlte, von dieser Sphäre, in der er sich wohl fühlte, um wohin zu gehen? Wartete ein neuer Kampf auf ihn, sollte er in einem neuen Leben wieder das, was ihm am heiligsten war, aufgeben, noch einmal diesen tiefen Schmerz erleiden? Doch tief in seinem Innern wußte er, daß der Freund recht hatte. Hier würde er stehenbleiben, auf einer angenehmen Stufe zwar, im Zustand der Vollendung...

„Ich bin bereit", hörte er sich sagen, und obwohl er erschrak, daß sich seine Seele schon entschlossen hatte, fühlte er, daß es richtig war.

„Dann lebe wohl, geliebter Menschenfreund", sprach das Wesen. „In dieser Form werden wir uns nicht mehr begegnen. Doch sei gewiß, daß unsere Liebe uns in alle Ewigkeiten miteinander verbindet. Ich werde mich dir, wenn die Zeit gekommen ist, wieder offenbaren. Dann werden wir beide allerdings nicht mehr die sein, die wir jetzt sind." Er umarmte den Druiden und berührte ihn an der Stirn. Gwyndon empfand eine selige Müdigkeit. „Schlafe jetzt ein", hörte er das Wesen flüstern, „schlafe ein als Druide Gwyndon und erwache als..."

* * *

Alaia öffnete die Augen. Sie lag auf weiches Moos gebettet im Schatten der Bäume vor dem weißen Tempel. Erstaunt richtete sie sich auf. Wie war sie hierhergekommen? Der Helfer schritt gerade die Treppe herab und trat auf sie zu.

„Willkommen", begrüßte er sie strahlend. Sie sprang auf und sank in seine Arme.

„Wie komme ich hierher? Wieso hat mich diesmal kein Engel zu dir geführt?" fragte sie nach einer Weile.

„Weil du dich lange in einem anderen Teil des Zwischenreiches aufgehalten hast", erklärte der Helfer. „Nachdem du bereit warst, dich von den Naturwesen zu lösen, hat dich dein eigener Wunsch hierhergetragen. Komm mit in den Tempel, damit wir gemeinsam die Fäden dieses Lebens mit den anderen verknüpfen." An seiner Seite erklomm sie die Stufen und sah sich voller Wiedersehensfreude in dem vertrauten Raum um. Das Licht zu Ehren des Einen brannte wie immer still auf dem schlichten Altar, doch waren einige der Fenster farbig verglast, und die hindurchscheinende Sonne malte leuchtende Flecken auf den hellen Steinboden.

„Die Farben dieser Fenster sind wunderschön", sagte Alaia berührt.

„Es sind jene Farben deiner Seele, die du auf der Erde gelebt hast. Je mehr Farben du verkörperst, um so prächtiger leuchtet dieser Tempel, denn er ist ein Spiegel deines Seins. Hast du das noch nicht bemerkt?" Überrascht schüttelte Alaia den Kopf. „Du hast in deinem letzten Leben viele Farben hinzugefügt", fuhr der Helfer fort. „Weißt du, um welche es sich handelte?"

„Ich habe die Erde diesmal nicht nur genossen, sondern bin ihrem geistigen Sein sehr nahegekommen, besonders den Bäumen und ihren Hütern. Deshalb muß es die grüne Farbe sein", antwortete Alaia.

„Grün, die vollkommene Verbindung von Blau und Gelb: der Wille des Menschen, der sich mit dem göttlichen verbindet, um Seiner Schöpfung, der Natur, zu dienen. Diese Aufgabe hast du vollendet erfüllt, denn du erkanntest nicht nur die irdische Natur, sondern auch den göttlichen Schöpfungsplan, der hinter allen Manifestationen wirkt. Nachdem du dich in Palästina ganz dem sinnlichen Erleben der materiellen Wunder hingegeben hattest, gelang es dir als Druide, den Geist, der lenkend hinter der Materie steht, zu ergründen. Du erfuhrst diese geistige Kraft nicht nur in den großen Kreisläufen der Natur, sondern in jeder noch so kleinen Pflanze, in jedem Tier und natürlich in den feinstofflichen Wesenheiten. Du liebtest diese Vielfalt, sie war dir Ausdruck der göttlichen Vollkommenheit, und du dientest ihr gern. Es gibt eine Farbe im Kaleidoskop, welche die Vielfalt der irdischen Schöpfung ausdrückt.

„Die Vielfalt aller Farben, vereint in einer?“ fragte Alaia. Der Helfer nickte und fuhr fort: „Es ist Magenta, die Farbe deines Umhangs, des Umhangs der Druiden. Auch im klaren Licht sind alle Farben enthalten, doch Magenta ist wärmer. In dieser Farbe wird die Liebe des Einen zu seinen Geschöpfen sichtbar, fühlbar und erlebbar.“

„Wenn du es so beschreibst, klingt es wunderbar“, sagte Alaia, „doch wie paßt das Ende dieses Lebens in das Bild?“

„Magenta ist auch die Farbe opferbereiter Liebe“, erklärte der Helfer, „denn wer dem Höchsten dient, der muß zuweilen Opfer bringen, auch solche, die ihm nicht unbedingt einleuchten mögen.“

„War es denn wirklich notwendig, daß die Christen die heiligen Bäume fällten und die Hüter der Bäume damit verjagten?“ fragte Alaia traurig. „Verlangte das Christusbewußtsein tatsächlich solch ein Opfer?“

„Nein“, erwiderte der Helfer, „denn dieses Bewußtsein ist höchste Wahrheit und umfaßt alles, natürlich auch das Wissen um die Natur und die Dienste der feinstofflichen Wesenheiten. Doch Jesus, der Christus, stellte die Vermittlung dieses Wissens nicht in den Vordergrund. Ihm war es wichtiger, den Menschen die grundsätzlichen Regeln zu geben, die ein Weiterleben auf diesem Planeten und ein Zurück zur göttlichen Quelle ermöglichten. Diejenigen seiner Nachfolger, die seine Lehre verbreiteten, hielten sich ausschließlich an die Kernbotschaft: das Mysterium von Jesu Kreuzigung und Auferstehung und die wichtigen Gebote der Liebe und der Gemeinschaft. Ganz abgesehen davon kannten die meisten gar nichts anderes, und vorsichtig mieden sie alles, was nicht dazu gehörte.“

„Warum nur?“ fragte Alaia. „Das Wissen der Druiden hätte ihrer Lehre nicht geschadet. Im Gegenteil! Es hätte sie bereichert. Vielleicht hätte ich mich ihrem Jesus sogar angenähert, wenn sie mich geachtet hätten.“

„Vergiß nicht, daß sich das Christentum aus dem alten Judentum entwickelte“, erklärte der Helfer, „und dort gibt es unzählige Vorschriften. ‚Jehova‘, der Gott der Juden, war ein strenger Gott. Er nannte das Volk Israel ‚sein Volk‘ und verbot diesem, sich mit den religiösen Bräuchen anderer Völker einzulassen oder diese gar zu übernehmen. Wenn die Israeliten ihm nicht gehorchten, strafte er sie schrecklich. Er wollte seine Lehre rein erhalten, denn nur ein wahrhaft Erleuchteter kann Wahrheit von Aberglauben unterscheiden. Die Christen folgen in diesem Punkt dem Beispiel der Juden. Sie sind nicht in Mysterienschulen geschult, sondern zutiefst von der Liebe zu ihrem Herrn durchdrungene Menschen. Deshalb trauen sie sich meist nicht zu, Götzendienst von Gottesdienst zu unterscheiden und handeln wie die alten Juden: Vorsichtshalber meiden sie alles, was ihrer Meinung nach nicht genau der Lehre ihres Herrn entspricht. Doch das ist menschliche Unzulänglichkeit und hat mit der eigentlichen Wahrheit, dem Christusbewußtsein, nichts zu tun.“

„Sie hätten das Druidentum meiden können“, rief Alaia erregt, „ich wollte sie nicht zu meinem Glauben bekehren. Es gibt nur einen Schöpfer des Universums! Jeder hätte den einen Gott auf seine Art verehren können. Warum nur erklärten sie ihren Glauben für wahr und den meinen für falsch? Ich konnte sie in ihrer Religion gelten lassen, warum sie nicht mich in meiner?“ Der Helfer nickte verständnisvoll.

„Ich verstehe deine Erregung, Alaia“, antwortete er, „denn du sprichst einen wirklich wichtigen Punkt an. Als sich die in menschliche Körper gekleideten Funken aus dem unendlichen Bewußtsein Gottes auf der Erde inkarnierten, erfuhren sie die

Dualität mit all ihren Gesetzen. Dualität ist Gegensätzlichkeit: warm und kalt, hell und dunkel, gut und böse, falsch und richtig. Diese Gesetze sind ewige Naturgesetze, doch sie gelten nur der Materie, nicht dem Geist! Die Menschen, die ihre göttliche Abstammung im Laufe der Jahrtausende vergaßen, begannen schließlich, die Gesetze der Materie auch auf den Geist anzuwenden. Das bedeutet: Wenn das eine richtig ist, muß das andere falsch sein! Verstehst du, Alaia? Wenn Christus recht hat, muß nach diesem falsch angewandten Gesetz der Dualität jeder andere Glaube falsch sein! Doch das ist wieder menschliche Unzulänglichkeit, die nichts mit dem Christusbewußtsein zu tun hat."

„Dann war das Opfer, das ich brachte, gar nicht nötig", rief Alaia bitter.

„Nein", bestätigte der Helfer, „in dieser Form war es sicher nicht nötig, doch du warst deinem Schicksal nicht machtlos ausgeliefert, du, ein Eingeweihter, ein Druidenpriester! Du selbst hast eine Menge dazu beigetragen, daß das Schicksal in dieser Weise seinen Lauf nehmen konnte." Alaia schwieg verwirrt.

„Hätte ich es besser machen können?" fragte sie nach einer Weile. Der Helfer nickte schweigend. Sie dachte angestrengt nach.

„Die Rune *Peord* und ihre Macht über mich", murmelte sie schließlich.

„Wir haben uns verstanden", bestätigte der Helfer lächelnd. „Du gabst dieser Rune die Macht, dich so sehr zu lähmen, daß du deinen freien Willen nicht mehr einsetzen und dein Schicksal nicht mehr tatkräftig in die Hände nehmen konntest."

„Ich gab ihr keine Macht, *Peord* hatte die Macht!" widersprach Alaia.

„Kein von Menschen gemachtes Ding verfügt über eigene Macht", entgegnete der Helfer. „Nur der Eine ist in der Lage, seine Geschöpfe mit lebendiger Kraft zu beseelen."

„Das verstehe ich nicht“, protestierte Alaia. „Ich spürte die besondere Kraft der Runen, ihre unterschiedlichen Botschaften waren für mich lebendige Wirklichkeit!“

„Ich will es dir erklären“, antwortete der Helfer. „Wenn ein Mensch einen Gegenstand mit besonderer Hingabe fertigt, möglicherweise unter Beschwörungen oder Gebeten, verbinden sich die Gedanken und Wünsche dieses Menschen mit dem Gegenstand. Sie haften ihm an, und wenn es starke Gedanken sind, können sie auch von anderen Menschen wahrgenommen werden. Die Runen und ihre Botschaften wurden von erleuchteten Druiden als Hilfe für die Menschen geschaffen. Sie existieren bereits einige hundert Jahre, und in dieser Zeit haben sich viele Druidenpriester ihrer bedient. Je mehr Menschen sich gedanklich in gleicher Weise mit solch einem rituellen Gegenstand beschäftigen, um so mehr wird dieser aufgeladen. Die Kraft, die du den Runen zuschriebst, war nichts anderes als die von vielen Menschen auf ein bestimmtes Ziel gerichteten Gedanken und Wünsche.“

„Dann hätten Gedanken ja ein Eigenleben!“ rief Alaia überrascht.

„Das haben sie, doch nur solange, wie sie immer wieder von Menschen aufgeladen werden“, erklärte der Helfer. „Wenn die Botschaften der Runen vergessen sein werden, wird die Kraft der Gedankenwesen schrumpfen, bis sie nicht mehr wahrgenommen werden kann. Es ist nicht egal, was Menschen denken. Das, was du gedanklich aussendest, kommt in Form dieser Gedankenwesen zu dir zurück, wenn auch anders, als du es dir möglicherweise vorstellst.“

„Die Runen sagten mir nichts Falsches. Das Schicksal erfüllte sich genauso, wie sie vorhersagten“, wandte Alaia ein.

„Das ist richtig“, antwortete der Helfer, „die Runen, die du dir legtest, zeigten dir den Verlauf des Schicksals richtig auf. Die Veränderungen kamen plötzlich, waren für die geistige Entwicklung der Menschen schicksalhaft und nicht abzuwenden. Für dich jedoch zogst du daraus die falschen Schlüsse. Der Hüter des Baumes versuchte vergeblich, dich darauf aufmerksam zu machen: die doppelte Bedeutung der Rune *Eoh*, Tod und Neubeginn. Das Alte muß zu Ende gehen, um dem Neuen Platz zu machen, so wie jedem Frühling ein Winter vorausgehen muß. Doch du sahst nur den Tod, nur das Ende, und diesem Schicksal liefertest du dich ohnmächtig aus!"

„War es denn nicht so vorbestimmt?" fragte Alaia, die immer noch nicht ganz überzeugt war.

„Du hättest deinem Schicksal würdevoller begegnen und es somit ändern können. Deine Rolle im Schicksalsspiel bestimmst du selbst, unabhängig von der Aussage der Runen oder anderer Formen der Prophezeiung. Indem du dich von *Peord* lähmen ließest, nahmst du dir selbst die Möglichkeit des Handelns. Du ließest zu, daß dich die Menschen demütigten, und wurdest einsam und verbittert. Du fälltest sogar die Entscheidung, anderen nie mehr mit deinen Fähigkeiten zu dienen. Wenn du zuletzt keinen Frieden gefunden hättest, wäre dieser Satz zu einer Belastung für künftige Inkarnationen geworden. Wisse, Alaia, niemand kennt die Zukunft außer dem Einen, auch nicht die Engel und erst recht nicht die Runen. Was wäre das göttliche Geschenk des freien Willens wert, wenn das Schicksal vorherbestimmt und nicht zu wenden wäre?" Alaia schwieg nachdenklich.

„Dann wäre es besser, solche Hilfsmittel zu meiden, denn sie wirken, wenn man sie benutzt", antwortete sie schließlich.

„Solange du dich dieser Wirkung nicht entziehen kannst, ist es tatsächlich besser, sie zu meiden", bestätigte der Helfer. „Die Zwiesprache mit dem höchsten Selbst ist fruchtbarer, wenn auch nicht so einfach zu erlangen. Dazu bedarf es der Ausdauer und der Demut."

„Ich will die Zwiesprache mit meinem Höchsten Selbst zur Vollendung bringen", rief Alaia voller Sehnsucht, „koste es, was es wolle! Ich sehne mich so sehr danach, denn ich trage schwer an der Dualität. Als ich mich dem Irdischen in Palästina hingab, spürte ich nichts von der harten Auseinandersetzung zwischen Geist und Materie."

„Deswegen suchen so viele Menschen das Glück im irdischen Genuß", erklärte der Helfer. „Nur wenige sind bereit, das Spannungsfeld zu ertragen, das sich aus dem Zusammenprall von Geist und Materie ergibt. Die Annäherung der beiden Pole erfolgt im Menschen und durch den Menschen. Jesus Christus zeigte mit seinem Auferstehungsleib die Frucht der geglückten Verschmelzung." Alaia schwieg. Nach einer Weile sagte sie:

„In Palästina lebte ich ein glückliches irdisches Leben. Kann man auf dieser Erde auch ein erfülltes geistiges Leben führen? Erst wenn mir dies glücken sollte, kann ich glauben, daß es möglich ist, beide Pole zu vereinen."

„Es ist dir wohl gegeben, ein solches Leben zu erfahren", antwortete der Helfer nachdenklich, „doch ich muß dich warnen. Es wird dir danach nicht leichterfallen, den Weg auf der Erde zu gehen. Die Erinnerung an das Leben eines Erleuchteten könnte dich traurig machen."

„Ich werde es tragen müssen", antwortete Alaia entschlossen, „denn ich brauche die Erfahrung beider Pole."

„Dann soll es so sein", sagte der Helfer. Alaia blickte auf die spiegelglatte Oberfläche der Wasserschale. Als der rosafarbene Strudel ihr Bewußtsein in die Tiefe zog, folgte sie ihm willig.

„Dein Wille geschehe", hallte es in ihrem Innersten wider, und dann verlor sie das Bewußtsein in der hellblauen Explosion.

Kapitel 14

Der Erleuchtete

སངས་རྒྱས་ཆོས་དང་ཚོགས་ཀྱི་མཆོག་རྣམས་ལ། །བྱང་ཆུབ་བར་དུ་བདག་ནི་སྐྱབས་སུ་མཆི། །བདག་གིས་སྦྱིན་སོགས་བགྱིས་པའི་བསོད་ནམས་ཀྱིས། །འགྲོ་ལ་ཕན་ཕྱིར་སངས་རྒྱས་འགྲུབ་པར་ཤོག །

Die schneebedeckten Gipfel der Berge schienen den Himmel zu berühren. Die zerklüfteten, von ewigem Schnee und Eis umhüllten Felsmassive reckten sich wie Vorposten des Planeten Erde in das Dunkelblau der anderen, der nicht-irdischen Welt. Unendliche Schönheit, so weit das Auge reichte! Weiße duftige Wolken umspielten die eisbedeckten Zinnen, vom Winde fedrig zerzaust. Die gleißenden Strahlen der Sonne ließen die Eiswände wie Milliarden von Diamanten glitzern. Kein Stäubchen, ja nicht einmal natürliche Feuchtigkeit hinderte die Leuchtkraft des Lichts in dieser klaren, frischen Luft.

Das Gras zu Füßen des jungen Mönches sproß in tiefstem, satten Frühsommergrün, und die hellviolettfarbigen Blüten malten zarte Tupfen auf diesen Rasenteppich. Gyaltsen stand auf der Kuppe einer Anhöhe, die in der Mitte eines von riesigen Bergen eingefaßten Tals aufragte. Wenn Menschen einen Aussichtspunkt für die himmelstürmenden Gipfel hätten schaffen wollen, hätte es keinen besseren Ort gegeben als diese Anhöhe, denn sie war leicht zu besteigen und doch hoch genug, um den Blick frei nach allen Seiten schweifen zu lassen. An ihrem südlichen Hang lag das Klosterdorf, in dem Gyaltsen seit vielen Jahren lebte.

Der junge Mann genoß die Sicht, so oft es seine Zeit erlaubte. Hier stand er und schaute, und wenn er schaute, tat er dies mit allen Sinnen, trank die Sonne, die Berge, das Glitzern des Schnees, verleibte sich all diese Eindrücke ein und wurde eins mit ihnen. Dabei genoß er einerseits das Panorama als Ausdruck irdischer Vollkommenheit, zum anderen sah er in jeder physischen Manifestation ein Symbol für die andere, die wahre Welt. So war ihm die Klarheit der Luft ein Sinnbild für die Klarheit des Geistes; die Leuchtkraft der Sonne ein Abbild für das wärmende Licht der Weisheit, das der Mensch in sich zu wecken vermochte; die aufragenden Gipfel das irdische Symbol dafür, daß der Mensch den Himmel sehr wohl erreichen konnte, wenn er danach strebte; das satte Grün mit seinen violetten Tupfen ein Zeichen für die Kraft, die alles Leben nährte. Luft, Sonne, Berge und Pflanzen dienten dem jungen Mann als Tore oder Fenster, durch die er die andere, die wirkliche Welt sehen konnte. Als solche genoß er sie und widmete sich ihnen mit einsgerichteten Sinnen.

Gyaltsen war ein Mensch des Friedens. Als friedvolles Kind war er aufgewachsen, und von Anfang an hatte er gewußt, daß er Mönch werden wollte. Da er schon als kleiner Junge lieber mit gekreuzten Beinen vor dem Hausaltar saß, als mit gleichaltrigen Freunden umherzutollen, hatten seine Eltern zugestimmt, ihn bereits mit fünf Jahren den Lamas im nahegelegenen Kloster zu überlassen. Der kleine Junge löste sich rasch von seiner Familie und erfreute die Mönche mit seiner schnellen Auffassungsgabe. Mühelos erlernte er Schriftzeichen und Grammatik der tibetischen Sprache, und von nun an bestimmte das Streben nach Wissen und innerer Klarheit sein gesamtes Leben. Nie hatte er die

Verlockungen des materiellen Lebens gespürt, und auch als er älter wurde, sah er in Frauen nie etwas anderes als in Männern: Menschen, die er achtete. Nie hatte er den Drang in sich verspürt, sich einer Frau als Partnerin geschlechtlicher Vereinigung hinzugeben. Er mußte diesen Drang nicht unterdrücken wie so viele junge Männer in den Klöstern, er empfand ihn nicht!

So waren Gyaltsen die Verstrickungen erspart geblieben, die junge Mönche seines Alters im allgemeinen plagen mochten. Einsgerichtet folgte er seinem Ziel, nicht drängend, nicht fordernd, nicht sehnsuchtsvoll, sondern einfach friedvoll vorwärtsschreitend. Die älteren Lamas hatten diesen Novizen sorgfältig geschult und ihm die kostbaren Lehren Buddhas nicht nur vermittelt, sondern hatten ihn den Sinn des Dharma auch erfahren lassen. Er hatte gelernt, die Temperatur seines Körpers so zu steuern, daß ihm stets behaglich warm war, eine wichtige Kunst in einem Land wie Tibet, in dem Bäume rar und viel zu kostbar waren, um sie zu verbrennen. Auch hatten die Lamas ihn gelehrt, sich rasch fortzubewegen, so rasch, daß er fast zu fliegen schien. Doch diese Formen der Körperbeherrschung waren Grundkenntnisse, wenngleich sie ihm die Pforten zu den inneren Welten öffneten. Wenn der Geist in bezug auf den Körper so viel vermochte, was mußte dann noch alles möglich sein? Unermüdlich hatte er geübt, und endlich hatte er beglückt erfahren, daß die Dinge dieser Welt nur Tore sind, durch die man die wirkliche Welt schauen konnte. Die kurzen Blicke, die er anfänglich erhaschte, hatten ihn mit einer Glückseligkeit erfüllt, die er nie für möglich gehalten hätte. Dies war also das wirkliche Leben, das wahre Glück!

Seine Lehrer hatten ihm geholfen, die Vergänglichkeit auch dieses Glücksgefühls zu erkennen, und so war er friedvoll geblieben, nahm das Glück, wenn es ihm beschieden war, ohne an ihm zu haften, und folgte weiter seinem Weg. Sein Geist war ruhig geworden wie ein stiller See. Wenn Gedanken kamen, ließ er sie wieder ziehen, ohne ihnen Gewicht zu geben. Sie gingen wie die Wolken, die an den Gipfeln der Bergriesen vorüberzogen, und er blieb klar und friedvoll zurück.

Der dumpfe Klang des Gongs weckte den jungen Mönch aus seiner Versenkung, er rief zur abendlichen Andacht. Abschiednehmend ließ Gyaltsen den Blick noch einmal in die Runde schweifen und kletterte dann zielstrebig den Abhang hinab, dem Lhakhang, dem großen Tempel entgegen. Von allen Seiten strebten dunkelrot gekleidete Mönche dem mit schweren Decken verhängten Eingang zu. Die meisten hielten Gebetsketten in den Händen, und ihre Lippen murmelten heilige Mantras. Ein Arbeitsmönch hielt die schweren Decken hoch, und Gyaltsen schlüpfte in den Innenraum. An der Stirnseite des Tempels, gegenüber dem Eingang, stand die Statue Buddhas, das Abbild Shakyamunis, des Erleuchteten. Auch wenn es nicht Brauch gewesen wäre, hätte sich Gyaltsen vor ihm in den Staub geworfen. Es zog ihn geradezu zu Boden. *„Sang gye la kyab su tschio*“, murmelte er, „ich nehme Zuflucht zu Buddha, dem Erleuchteten.“

Die flackernden Butterlampen tauchten den Tempel in geheimnisvolles Licht. Die farbigen Mandalas an den Wänden schienen zu tanzen, die Abbilder der Buddhas und der Mahakalas wurden lebendig. Gyaltsen erhob sich vom Boden und nahm auf der niedrigen Bank in der Reihe seiner Brüder Platz. Schon erklang das Muschelhorn, Zimbeln und Gong wurden dreimal geschlagen, und der große Lama stimmte den Eingangsgesang an:

„Sang gye tschö dang tsog kji thschog nam la
Dschang tschub bar du dag ni kjab su tschi
Dag gi dschin sog gji pä sö nam kji
Dro la pän tschir sang gye drub par shog.“

„Bis zur Erleuchtung nehme ich Zuflucht zum Buddha, zur Lehre und zur höchsten Gemeinschaft“, sang Gyaltsen mit klarer

Stimme. „Möge ich zum Wohle aller Wesen Buddhaschaft erlangen." Für ihn war dieses Gebet mehr als eine bloße Formel, die er tagtäglich mehrere Male wiederholte. Er empfand jedesmal das kostbare Geschenk, das ihm der Buddha vor so vielen hundert Jahren gemacht hatte. Prinz Gautama war den Weg gegangen, hatte auf alles irdische Glück verzichtet und schließlich nach langen Jahren des Suchens die Erleuchtung erlangt. Dann hatte er diesen Weg in seinen Lehren genauestens festgehalten, so daß man ihm tatsächlich folgen konnte. Damit hatte er ihm, dem Tibeter Gyaltsen, die Möglichkeit gegeben, ebenfalls Befreiung aus dem Rad der Wiedergeburten zu erlangen. Bei dieser Aufgabe unterstützten ihn die älteren Mönche, die Lamas, die höchste Gemeinschaft aller für den Dharma Wirkenden. Und schließlich strebte Gyaltsen danach, Buddhaschaft zu erlangen, um allen Wesen zu helfen, an diesem höchsten Glück der Befreiung teilzuhaben.

„O Herr unendlichen Mitgefühls, Thugdsche chenpo, Chenrezig, Avalokiteshvara, ich bete zu dir. Hab Erbarmen mit mir, mit deinen Geschöpfen in diesem Land und auf der ganzen Erde", betete er. Dieser Aspekt des unendlichen Bewußtseins war ihm besonders nahe. Thugdsche chenpo hätte eingehen können in das Land ewiger Glückseligkeit, ins Dewachän, doch er hatte auf die ewige Buddhaschaft verzichtet und war zum Wohle aller Wesen zur Erde zurückgekehrt. Welch unermeßlich mitleidvolle Tat! Strahlend erschien ihm dieser Aspekt Buddhas in seinen Meditationen und wies ihm den Weg des Bodhisattva. Auch Gyaltsen wollte zuerst die Erleuchtung erlangen, denn wie konnte er seinen Mitmenschen helfen, wenn er selbst den Weg nicht kannte? Konnte ein Blinder andere Blinde führen? Doch dann wollte er wie Thugdsche chenpo so oft zurückkehren, bis das letzte Wesen erlöst war. Andächtig vertiefte er sich in das Mantra des Bodhisattva. Ein Raunen ging durch den Raum, das gemeinsame Flüstern der Mönche: *„Om mani peme hung"*.

„Sem tschän tham tschä de wa dang de wä gju dang dän par gjur tschig", beendete der große Lama die Meditation. „Mögen alle Wesen glücklich sein und die Ursache des Glücks erkennen, mögen sie von Leid und der Ursache des Leids befreit sein", fiel Gyaltsen mit den Brüdern ein. „Mögen sie nie vom wahren Glück, welches ohne Leiden ist, getrennt sein. Mögen sie in großem Gleichmut verweilen, frei von Verhaftungen an Annehmlichkeiten und Verstrickungen in Unannehmlichkeiten." Gyaltsen lächelte. Er selbst kannte keinen anderen Zustand, hatte das wahre Glück erfahren, das dieser Gleichmut mit sich brachte. Wie sehr wünschte er, daß auch anderen Wesen dieses Glück zuteil werden konnte. Wieder erklang das Muschelhorn, und dreimal wurden Zimbeln und Gongs zusammengeschlagen.

Der große Lama begann das Schlußgebet: „Möge der kostbare und höchste Erleuchtungsgeist dort erwachen, wo er noch nicht erwacht ist, und möge er dort, wo er einmal erweckt ist, nicht abnehmen, sondern mehr und mehr zur vollen Reife gelangen."

Die Mönche erhoben sich. Bevor sie den Tempel verließen, erwiesen sie der Statue des Buddha die Ehre. Auch Gyaltsen warf sich zu Boden. Als er sich erhob, winkte ihn der Große Lama zu sich. Ehrfürchtig verneigte sich der junge Mönch vor dem alten Mann.

„Gyaltsen, ich möchte dich sprechen", sagte dieser, „komm gleich nach dem Abendessen zu mir."

„Gern, Rinpotsche", erwiderte Gyaltsen. Mit einer Handbewegung deutete der Abt ihm an, daß er entlassen sei. Langsam verließ der junge Mönch den Tempel. Gedanken der Neugierde entstiegen dem klaren See des Gleichmuts. Er hinderte sie nicht, noch ließ er sich von ihnen stören. Schweigend begab er sich in den Eßraum und verzehrte dort den Brei aus Gerstenmehl und Reis, den der Arbeitsmönch mit einer großen Kelle in seine Schüssel geschöpft hatte. Die anderen Mönche redeten leise miteinander.

Ihn sprachen sie erst gar nicht an, denn sie wußten, daß Gyaltsen nichts von Unterhaltungen hielt, die keinem tieferen Sinn dienten. Einer nach dem anderen verließen die Mönche den Raum, und die Arbeitsmönche räumten die benutzten Schüsseln in Körbe, um sie zum Reinigen zum Fluß hinunter zu tragen.

Die Klosteranlage bestand aus wenigen großen und vielen kleinen Gebäuden. Der Lhakhang, der Tempel, war das größte Bauwerk. Sein geschwungenes, reich mit bemalten Schnitzereien verziertes Dach war schon von weitem zu sehen. Auf seinem höchsten Punkt flatterte eine Fahne, auf deren Stoff heilige Gebete geschrieben waren. Um zur Klause des Abtes zu gelangen, überquerte Gyaltsen den mit Steinen gepflasterten Hof, auf dem bei Festlichkeiten die rituellen Tänze abgehalten wurden. Er ging an dem Haus vorbei, wo die jungen Novizen unterrichtet wurden, unter denen er sich einst selbst befunden hatte. Jetzt lagen die Räume verlassen da, denn abends wurde nicht gelernt. Aus dem Küchenhaus, das sich unmittelbar neben der Schule befand, hörte er dagegen noch Stimmen. Einige Arbeitsmönche schienen, dem Klang nach zu urteilen, Gerste für das morgige Frühstück zu stampfen, ein Mönch reinigte den Fußboden mit einem Reisigbesen und kehrte den Schmutz schwungvoll zur Tür hinaus.

Zielstrebig bog Gyaltsen zwischen zwei Häusern ab. Jeder Mönch bewohnte ein eigenes Häuschen, in dem sich neben dem Lager der Stuhl befand, auf dem er seine Meditationsübungen fortsetzen konnte, wenn ihn danach verlangte. Diese Übungen waren, im Gegensatz zu den täglichen Andachten, keine Pflicht. Außer den Fahnen, die fast auf jedem Dach flatterten, waren diese Häuschen schmucklos, wenn auch einzelne Mönche, die sich darauf verstanden, ihre besonderen Schutzgottheiten auf die Wände gemalt hatten. Im Gewirr der engen Gassen, welche die kleineren Wohnhäuser der Mönche miteinander verbanden, hätte sich ein

Fremder unweigerlich verirrt, doch Gyaltsen hatte fast sein ganzes Leben hier verbracht, und deshalb fand er sich selbst in tiefster Dunkelheit zurecht.

Der Weg führte jetzt steil den Hang hinauf. Hier befanden sich die Häuser der höheren Lamas und jener Mönche, welche die Meditation zu ihrem Lebensinhalt gemacht hatten, denn hier war es ruhiger. Gyaltsen kam auch an seiner eigenen Behausung vorbei, die sich vielleicht nur darin von den anderen unterschied, daß er sie peinlich sauber hielt, obwohl er nicht genau wußte, warum ihm dies so wichtig war. Ganz oben, etwas unterhalb der Kuppe, lagen die Klausen, in die sich die Mönche manchmal monatelang zurückzogen, um bestimmte Einweihungen zu verwirklichen. Auch Gyaltsen hatte lange in der Einsamkeit meditiert, und er hätte es sofort wieder getan, wenn der Große Lama, sein Meister, ihm dies empfohlen hätte.

Der Rinpotsche hatte die Klause, in welcher er jahrelang meditiert und die Erleuchtung verwirklicht hatte, zu seiner Wohnung gemacht. Er kam nur hinunter in den Lhakhang, um die Andacht zu halten. Sonst saß er stets auf seinem hohen Stuhl und studierte Schriften oder meditierte.

„Tritt ein, mein Sohn“, hörte Gyaltsen seine Stimme, als er sich der Klause näherte. Er trat über die Schwelle und warf sich seinem Lehrer zu Füßen. Dieser berührte ihn am Scheitel und sagte freundlich:

„Steh auf, Gyaltsen, ich habe mit dir zu reden.“ Gyaltsen erhob sich rasch und setzte sich auf die niedrige Bank, die für die Besucher des Meisters gedacht war. Erwartungsvoll blickte er den Rinpotsche an.

„Mein Sohn“, begann der Lama, „es bleibt mir nicht verborgen, daß dein Lebensziel die Verwirklichung des kostbaren Erleuchtungsgeistes ist. Die heilige Lehre Buddhas, der Dharma, liegt dir am Herzen wie kaum einem zweiten Mönch in diesem

Kloster. Du beherrschst die Schrift und die Grammatik deiner Sprache, bist belesen und fleißig."

„Mögen alle Wesen durch meine Verdienste die Erleuchtung erlangen", unterbrach Gyaltsen murmelnd die Lobrede seines Abtes. Der Rinpotsche lächelte und fuhr fort.

„Du kennst den Dharma nicht nur, du hast ihn trotz deiner Jugend bis zu einem hohen Grad verwirklicht, und deshalb möchte ich dir, wenn du einverstanden bist, eine Aufgabe übertragen, für die du wie kein anderer hier geeignet erscheinst."

„Es ist mein Glück und meine Erfüllung, meinem Meister zu gehorchen", antwortete Gyaltsen demütig.

„Ich möchte, daß du hinab ins Flachland wanderst, dorthin, wo die Sonne heiß vom Himmel brennt, in das Land, wo Buddha einst lebte und wirkte", fuhr der Rinpotsche fort. „Du wirst ein Dorf erreichen, wo du einem alten Mann begegnest, der ein kostbares Tantra verwirklicht hat, eine Lehre Buddhas, die uns hier im Schneeland fehlt. Bleibe bei ihm, erlerne seine Sprache, verwirkliche das Tantra, übersetze es in unsere Sprache und bringe es zurück zu uns. Willst du das für den Dharma und für dein Kloster zum Wohle aller lebenden Wesen tun?" Gyaltsen schwieg, doch nicht weil er seine Antwort hätte überlegen müssen, sondern weil ihn das Vertrauen überwältigte, das ihm der Abt entgegenbrachte. Eine so große heilige Aufgabe störte seinen Gleichmut auf, Tränen standen ihm in den Augen, und er vermochte nicht zu sprechen.

„Dann bereite dich auf deine Abreise vor", sagte der Lama, ohne von seinem Gefühlsausbruch Notiz zu nehmen. „Gute Nacht, mein Sohn!" Gyaltsen fiel vor ihm auf die Knie, der Rinpotsche berührte seinen Scheitel, und damit war er entlassen. Die klare, kalte Luft half ihm, sein Gleichgewicht zu finden. Langsam schritt er zu seiner Behausung und ließ sich dort auf dem Meditationsstuhl nieder. Heute nacht würde er nicht schlafen. Er schloß die Augen. Die aufgewühlten Wasser des Sees beruhigten sich, und seine Seele genoß die stille Glückseligkeit der anderen, der wahren Welt.

Der nächste Tag stand ganz im Zeichen seiner Abreise. Der Verwalter des Klosters überreichte Gyaltsen ein Bündel mit Nahrungsmitteln, Geschenken für den fremden Meister und anderen nützlichen Dingen. Dann versammelten sich alle Mönche im Lhakhang. Mit einer Zeremonie verabschiedete der Rinpotsche seinen Schüler und bat Buddhas und Bodhisattvas um Schutz und Gelingen für seine wichtige Mission. Gyaltsen verneigte sich vor dem Großen Lama und vor seinen Brüdern, warf sich ein letztesmal vor der Statue des Buddha nieder und versetzte sich in Trance. Dann verließ er den Tempel und stob davon, schnell wie der Wind.

„Lungom" hieß diese Technik, bei der die Füße kaum den Boden berühren. In weiten Sätzen sprang der junge Mann über das Land, die Augen einsgerichtet auf das Ziel im Süden geheftet. Er brauchte kaum Kraft für diese Art der Fortbewegung, und so machte er nur kurze Pausen, um etwas Wasser und Tsampa zu sich zu nehmen. Als er tiefer gelegene, dichter besiedelte Regionen erreichte, beendete er den schnellen Gang, denn er wollte kein Aufsehen erregen. Ruhigen Schrittes wanderte er und nahm freudig auf, was sich seinen Augen und Ohren bot.

Es war wesentlich wärmer als im kalten Hochland, deshalb senkte er seine Körpertemperatur, und als er trotzdem schwitzte, legte er die dünne Baumwollkutte an, die ihm der Verwalter vorsorglich eingepackt hatte. Je tiefer er kam, um so vielfältiger wurde die Vegetation, um so süßer dufteten die Blumen. In den schlanken Bäumen tummelten sich bunte Vögel, die seltsame Rufe ausstießen. Affen verfolgten einander in halsbrecherischer Geschwindigkeit von einem Baum zum anderen. Die Kühe hatten glatte Haut und nicht so dichtes, zottiges Fell wie die Yaks des Hochlands, die sich vor dem rauhen Klima schützen mußten. Hier im

Tiefland suchten die Büffel Schatten vor der gleißenden Sonne, und wenn sie einen Tümpel fanden, in dem sie untertauchen konnten, sah er nur noch ihre Naslöcher über der Wasseroberfläche.

Die Menschen, die weitaus zahlreicher vertreten waren, als im tibetischen Schneeland, schienen sanftmütig und freundlich. Die Frauen trugen farbige Kleider, die Männer oft nur einen Lendenschurz. Die Dörfer bestanden aus Lehmhütten, in denen die Menschen wohnten, und aus Pferchen für das Vieh. Kleine schwarze Schweine schnüffelten auf den staubigen Wegen nach Eßbarem, und magere Hunde kündeten seine Ankunft schon von weitem an. Dann kamen die Kinder, die sich in einer Traube an ihn hängten und ins Dorf begleiteten. Die Dorfbewohner, die ihn als Wandermönch erkannten, gaben ihm Nahrung und abends oft genug ein Lager. Von ihnen lernte er die Sprache, und dank seiner raschen Auffassungsgabe konnte er schon bald sagen, was er wollte. Gyaltsen wanderte zielstrebig, doch wenn man ihn nach dem Ziel seines Weges gefragt hätte, wäre er die Antwort schuldig geblieben. Er würde wissen, wann er angekommen war.

Das Dorf, das er an einem ganz bestimmten Tag erreichte, unterschied sich nicht von anderen Dörfern, durch die er auf seiner langen Reise gekommen war, und doch war es hier anders. Er spürte es, als er es von weitem erspähte. Eine bisher nicht gekannte Freude stieg in ihm auf, und er war sich sicher: Hier war sein Ziel, er war endlich angekommen. Er bog zwischen zwei Häusern in eine enge Gasse ein und klopfte an das Tor eines von Mauern eingefaßten Hofs. Das Tor öffnete sich, und ein alter Mann blickte ihn prüfend an. Dann lächelte er und sagte:

„Ich habe dich erwartet. Tritt ein.“ Gyaltsen trat in den Innenhof, an dessen Stirnseite sich ein niedriges, langgestrecktes Steinhaus befand. Seitlich davon sah er durch die offenen Eingänge in zwei Lehmhütten.

„Dies ist deine Hütte", erklärte der Alte und wies mit der Hand auf eine der Behausungen, „und das ist mein Haus." Er winkte Gyaltsen zu sich in das Steinhaus. Ein Diener betrat den Raum, in dem sich außer einem niedrigen Tisch und einer Truhe nur ein Lager befand, und stellte ein Tablett mit Früchten ab. Rasch entfernte er sich wieder. Der Alte hockte sich auf sein Lager und nahm eine Frucht.

„Iß, mein Sohn", sagte er einfach, und Gyaltsen setzte sich ihm gegenüber. Er mußte nichts erklären, es war alles klar, denn beide kannten ihre Bestimmung. Der junge Mann überreichte dem Meister die Geschenke seines Klosters: wertvolle Türkise, aus Silber getriebene Schalen für Butterlampen, mit Mantras verzierte Zimbeln und ein auf Leinwand gemaltes Bild des Erleuchteten. Der Meister nahm die Gaben entgegen und verstaute sie in der Truhe.

„Wir beginnen morgen", sagte er. Gyaltsen begab sich in seine Hütte, legte die Decke auf sein Lager und ließ sich zur Meditation nieder.

Die Unterweisungen des Meisters waren ganz anders, als man es sich bei diesem Wort vorstellen mag. Er berührte Gyaltsen an der Stirn und hockte sich dann vor ihm mit gekreuzten Beinen auf den Boden. Ohne ein Wort zu sprechen, übermittelte er dem Schüler einen einzigen Satz und entließ ihn dann wieder. Gyaltsen kehrte in seine Hütte zurück und meditierte über diesen Satz, bis sich sein Sinn offenbarte. Dann schrieb er ihn auf einem großen Palmblatt in tibetischer Sprache nieder. Auf einem zweiten Blatt notierte er seine Erfahrungen mit diesem Satz und erklärte ihn für jene, die ihn nicht selbst zu verwirklichen vermochten. Zuweilen dauerte es viele Wochen, bis die Worte zu Fenstern wurden, durch die er die wahre Welt erblickte. Er verließ dann die Hütte nur, um seine Notdurft zu verrichten. Das Essen stellte ihm der Diener vor die Türe. Manches Mal war er überzeugt, den Sinn entschlüsselt zu haben, doch der Meister ließ sich nicht täuschen und schickte ihn unerbittlich zurück.

Gyaltsen übte dieses neue Tantra mit großer Hingabe. Immer klarer wurde sein Blick, immer tiefer sein Friede, immer umfassender seine Liebe. Und dann kam der Tag, an dem er erkannte, daß er schon immer in der wahren Welt gelebt hatte, daß nichts anderes als diese wahre Welt existierte und daß alles andere nur scheinbar wirklich war. In strahlender Klarheit offenbarte sich ihm das Licht der Erleuchtung, und er verweilte darin, bis der Meister ihn am Scheitel berührte.

Es war das erstemal, daß der Alte seine Hütte betrat. Als Gyaltsen ihn mit den Augen der anderen Welt anschaute, lächelte er und sagte:

„Geh wieder nach Hause, mein Sohn, es ist Zeit.“ Gyaltsen erhob sich, rollte die Palmblätter zusammen, verstaute das kostbare Gut in seiner Decke und kniete zum Abschied vor dem Meister nieder. Dieser berührte ihn am Scheitel, und Gyaltsen spürte den Strom der Liebe zwischen sich und seinem Guru. Der Alte hob ihn auf und sah ihn zum Abschied lange schweigend an. Worte hätten das, was sich zwischen ihnen ereignete, nur gemindert. Der Tibeter nahm sein Bündel auf und verließ den Ort, an dem er zwei Jahre lang gelernt hatte, ohne sich noch einmal umzusehen. Die Verbindung zwischen ihm und seinem Meister war von anderer Art. Sie würde durch die räumliche Trennung nicht verändert werden. Das, was zwischen ihnen war, würde bleiben und sogar den Tod überdauern.

Der junge Mann wandte sich nun zielstrebig nach Norden. Die Menschen sammelten sich um ihn, wo immer er auch sein mochte, und baten um seinen Segen, denn die Liebe, die aus seinen Augen strahlte, verriet ihn. Er segnete sie, und seine Liebe erinnerte sie daran, daß auch in ihnen, in jedem einzelnen von ihnen, ein Meister schlummerte. Als die Berge langsam höher wurden, legte er sein tibetisches Gewand an, versetzte sich in Trance und eilte seinem Kloster entgegen. Der Anblick der gewaltigen Berge machte ihn froh. Tief atmend genoß er die frische Luft, und er labte sich am eiskalten Wasser der wilden Gebirgsflüsse.

Als er den steilen Weg zum Kloster erklomm, ertönte eine der großen langen Trompeten, die auch zur Nachrichtenübermittlung genutzt wurden. Gyaltsen lächelte. Sie hatten ihn bereits erspäht! Die Novizen rannten ihm johlend entgegen, von kleinen, kläffenden Hunden begleitet, und geleiteten ihn hoch zum Tor, wo ihn die Mönche und der Rinpotsche erwarteten. Demütig sank Gyaltsen vor seinem Abt auf die Knie. Der Große Lama berührte seinen Scheitel, hob ihn auf, und sie schauten einander mit wissenden Augen an. Doch der tiefere Austausch mußte warten, denn nun schrien die Mönche alle gleichzeitig begeistert ihren Willkommensgruß, und zu allem Überfluß bliesen die Musiker kräftig in ihre Instrumente.

Die Brüder geleiteten Gyaltsen zum Platz vor dem Lhakhang, wo sie einen großen Thron für den Abt und einen kleineren daneben für ihn unter einen Baldachin gestellt hatten. Als sich beide dort niedergelassen hatten, machten die Mönche den Platz frei, die Musiker ordneten sich, und bald boten maskierte Tänzer in prächtigen Kostümen zum Klang der Instrumente ein lehrreiches Schauspiel. Gyaltsen erkannte, daß sie den Kampf der Mahakalas gegen die Dämonen darstellten, und er genoß die Darbietung nach der langen, entbehrungsreichen Wanderung. Als die Tänzer geendet hatten, reichten die Mönche Buttertee und Tsampa herum. Dazu gab es „Mokmok“, mit Fleisch gefüllte Teigtaschen in Brühe, ein wahres Festessen. Dann versammelten sich alle zur abendlichen Andacht im Lhakhang.

„Sang gye tschö dang tsog kji thschog nam la
Dschang tschub bar du dag ni kjab su tschi“

„Bis zur Erleuchtung nehme ich Zuflucht zum Buddha, zur Lehre und zur höchsten Gemeinschaft", sang Gyaltsen erfüllt. Wie wunderbar klang dieses Gebet im Chor der Mönche, wie neu nach drei Jahren Abwesenheit! Glücklich rezitierte er das Mantra Chenrezigs und erneuerte sein Gelübde, so lange auf die Erde zurückzukehren, bis auch das letzte Wesen erleuchtet sei. Der Rinpotsche nickte ihm kurz zu. Nach dem Abschlußgebet wartete Gyaltsen auf den alten Mann, und zusammen verließen sie den Lhakhang. Schweigend schritten sie zur Klause des Abts. Der Rinpotsche setzte sich auf seinen Stuhl, Gyaltsen hockte sich vor ihn auf den Boden. Liebevoll sah der alte Mann seinen Schüler an, und Gyaltsen erwiderte den Blick. Worte waren überflüssig, wenn die Liebe sprach.

Gyaltsen wickelte die beschriebenen Palmblätter aus seiner Decke und überreichte sie dem Lama. Der Abt nahm sie ehrfürchtig entgegen, das neue Tantra, den neuen Weg zur wahren Welt.

„Du wirst die Brüder darin unterweisen", sagte der Abt, und Gyaltsen nickte.

„Jetzt unterweise mich", bat der Rinpotsche und schloß die Augen. Auch Gyaltsen schloß die Augen und verband sich mit dem klaren, reinen Bewußtsein des Großen Lamas. Die Liebe der anderen, der wirklichen Welt ergriff ihn, und Tränen strömten über sein Gesicht, ohne daß er es merkte. Dann führte er den Rinpotsche in den Zustand des neuen Tantras ein, indem er seinen eigenen Geist hineinversetzte. Der alte Mann folgte ihm mühelos, und Gyaltsen empfand mit ihm die Freude des Erkennens. Die wahre Welt, der reine Zustand klaren Lichts und makelloser Liebe nahm sie auf, und als sie am nächsten Morgen kurz vor Sonnenaufgang die Augen wieder öffneten, hatten der Alte und der Junge alles miteinander geteilt, was es zu teilen gab.

„Wir wollen die Sonne begrüßen", sagte der Lama, und Gyaltsen half ihm den Berg hinauf zu seinem Lieblingsplatz. Gemeinsam erwarteten sie das sanfte Glühen, mit dem sich die Sonne ankündete, und folgten den ersten Strahlen, die sich wie Finger über den Himmel reckten. Leise murmelten ihre Lippen Gebete. Sie beteten für ihr Land, für die ganze Erde und alle lebenden Wesen, die verkörperten und die nichtverkörperten. Als die Sonne rötlichgolden über den vom ewigen Eis bedeckten Gipfel im Osten erschien, schaute der alte Lama den jungen an und sagte:

„Ich möchte, daß du mein Kloster leitest, wenn ich meinen Körper verlassen habe."

„Das möge in weiter Ferne liegen", wehrte Gyaltsen erschrocken ab.

„Nicht in allzu weiter Ferne", entgegnete der Rinpotsche lächelnd. „Ich werde dich darauf vorbereiten." Dann zog er den Kopf des jungen Mannes zu sich herab und küßte ihn auf die Stirn.

„Laß uns hinabsteigen, Bruder", sagte er einfach.

* * *

Gyaltsen unterwies die Mönche im neuen Tantra. Die Novizen lehrte er die Sprache des Tieflandes, denn es warteten noch viele Schätze der heiligen Lehre darauf, verwirklicht und ins Tibetische übersetzt zu werden. Jeden Abend besuchte er den Abt und erhielt von diesem die Ermächtigungen zu den heiligen Ritualen. Die Nächte verbrachte er damit, diese Ermächtigungen meditierend in Erfahrung umzusetzen. Als der Alte ihm schließlich alles übermittelt hatte, was er selbst verwirklicht hatte, übertrug er Gyaltsen immer öfter die Leitung der Zeremonien im Lhakhang. Der Körper des Rinpotsche wurde immer gebrechlicher, sein Blick dagegen strahlender und freier.

Es kam der Tag, wo der Abt die höchsten Lamas des Klosters bei sich versammelte. Er lehnte sich an dicke Kissen, doch er schaute überirdisch klar und liebevoll. Da Gyaltsen ahnte, was geschehen würde, schickte er den Diener des Großen Lama hinunter zu den Mönchen. Sie sollten sich im Lhakhang versammeln und für ihr Oberhaupt meditieren.

„Ich werde diesen Körper jetzt verlassen", sagte der Rinpotsche ruhig. „Ich möchte, daß ihr meinen Geist begleitet und die Rituale für mich vollzieht. Die Obhut für dieses Kloster übertrage ich Gyaltsen Rinpotsche." Er winkte ihn zu sich heran und nahm einen Gegenstand von seinen Knien.

„Ich schenke dir die Statue des Bodhisattva Thugdsche chenpo, denn ihm gehört dein Herz. Meine heiligen Schriften sollen von jetzt an auch dir gehören, zum Wohle aller Wesen. Knie nieder, Bruder." Gyaltsen fiel vor ihm auf die Knie. Tränen standen in seinen Augen, denn wenn er auch wußte, daß sein Meister bald von allem Leid befreit sein würde, konnte er sich ein Leben ohne ihn kaum vorstellen. Von seiner frühen Kindheit an hatte der Rinpotsche ihn angeleitet und über ihn gewacht.

„Wir werden uns in einem späteren Leben wiedersehen", sagte der Rinpotsche leise. „Das Band zwischen uns wird nie zerreißen. Fasse dich, mein Bruder, denn ich möchte dich segnen." Damit legte er Gyaltsen die Hand auf den Scheitel, und die Kraft und der Segen des Rinpotsche strömten in ihn ein. Allumfassende Liebe umhüllte ihn und linderte den Abschiedsschmerz.

Der Rinpotsche segnete alle Lamas und schloß dann die Augen. Bald verklärte sich sein Antlitz. Ruhig und friedlich saß er da. Von seiner Gestalt schien ein Leuchten auszugehen. Die Lamas versenkten sich ebenfalls. Plötzlich war der ganze Raum mit klarem Licht erfüllt. Die Hellsichtigen schauten, wie sich der Geist des Rinpotsche sanft von seinem Körper löste, und Gyaltsen begann, die rituellen Formeln des Todes zu sprechen.

Sechs Wochen dauerten die Rituale zum Tode des Großen Lamas. Der Körper des Rinpotsche war auf einem hohen Scheiterhaufen verbrannt worden, eine Ehre, die in dem holzarmen Land nur den höchsten Lamas zukam war. Danach setzten die Mönche

Gyaltsen Rinpotsche auf den Thron des Großen Lamas, und es gab keinen unter den Brüdern, der ihm diesen Platz mißgönnt hätte. Gyaltsen blieb in seinem Herzen ein einfacher Mönch. Er behielt seine Klause und leitete das Kloster in Demut und Liebe. Seine Hingabe galt Chenrezig, dem Herrn des grenzenlosen Mitgefühls. Ihm diente er, und täglich wiederholte er das Gelübde des Bodhisattva, so lange auf die Erde zurückzukehren, bis auch das letzte Wesen erlöst sein würde.

„Gewa diji njurdu dag Tschagja tschenpo drub gjur nä
Drowa tschikjang malü pa deji sala gö par schok."

ཨོཾ་མ་ཎི་པདྨེ་ཧཱུྃ

Kapitel 15

Zwischenspiel im Zwischenreich

„Du hattest recht!" Alaia blickte ihren Helfer unglücklich an.

„Du wolltest es nicht anders", antwortete der Helfer freundlich. Sie saßen auf den Kissen im Tempel, dessen Fenster in allen Farben herrlich strahlten. „Du wolltest ein geistiges Leben auf der Erde führen, koste es, was es wolle! Erinnere dich, Alaia." Sie nickte langsam.

„Ich weiß", sagte sie leise, „es war mir nicht klar, daß es so schwer werden würde." Sie schwieg eine Weile und fragte dann:

„Muß ich denn wieder auf der Erde inkarnieren?"

„Nein", antwortete der Helfer, „du mußt nicht, du darfst. Hast du den göttlichen Plan vergessen? *„Den neuen Weg – ein Gottesleben in den Welten der Materie, den Samen auszubringen in das Erdreich einer neuen Dimension. Belebte Materie, begabt mit eigenem Willen, von Ihm ermächtigt, das noch Getrennte zu vereinen, die Dunkelheit in Licht zu wandeln, die Zweiheit in die Einheit zu geleiten."* Erinnerst du dich nicht, Alaia?" Sie nickte langsam.

„Ich erinnere mich an jedes Wort, doch ich fürchte mich vor neuen Verkörperungen, vor dem Leid, das sie mit sich bringen, den Verstrickungen, die ich so mühsam wieder auflösen muß. Der Buddha lehrte, wie man diesem Kreislauf entkommen könne. Ich habe das Leid der Verkörperung diesmal hinter mir gelassen. Warum sollte ich es freiwillig wieder auf mich nehmen?"

„Du wirst dich entscheiden müssen", antwortete der Helfer. „Du hast jetzt die Möglichkeit zu wählen."

„Du meinst den neuen Weg“, sagte Alaia nachdenklich. „Du hast schon oft davon gesprochen, doch in mir lebt ein Teil, der nichts lieber will, als dieser Erde zu entfliehen.“ Der Helfer blickte sie voller Mitgefühl an.

„Ich verstehe deinen Schmerz“, sagte er, „und ich will versuchen, dir die Wahl zu erleichtern. Du erinnerst dich an die Kurve, mit deren Hilfe ich dir den Entwicklungsweg der Menschheit beschrieben habe, und an das Kaleidoskop?“ Alaia nickte. „Dann werde ich dir diesen Entwicklungsweg jetzt farbig darstellen. Ich gebe dir damit ein Modell, das dir verstehen hilft, den neuen Weg zu begreifen. In diesem Modell symbolisiert jede Farbe einen Teil, der auf seine Weise zum großen Ganzen beiträgt. Wenn nur ein Farbton fehlt, kann das Ganze nicht gelingen. Was meinst du, aus welcher Farbe entwickelte sich die Schöpfung?“ Alaia dachte eine Weile nach. Dann sagte sie:

„Es muß eine Farbe sein, in der alles enthalten, doch noch nicht manifest ist: das klare Licht!“

„Das klare oder weiße Licht enthält alle Farben“, bestätigte der Helfer, „doch sichtbar werden sie erst, wenn sie auf Materie treffen, sich mit Materie verbinden. Deshalb ist das klare Licht tatsächlich die noch nicht manifestierte Schöpfung. Und welche Farbe symbolisiert den göttlichen Willen?“

„Ich denke, es war die Farbe Blau, denn wenn ich ganz den Willen des Einen lebte, nanntest du das Leben ‚ein blaues Leben‘“.

„Du bist ein Wesen, das sich mit dem Willen des Einen verband, um materielle Form anzunehmen. Dein eigener Wille und dein Ich-Bewußtsein waren noch nicht ausgeprägt und unbedeutend für dein Lebensziel. In Atlantis warst du noch so sehr von Seinem Geist durchdrungen, daß die Farbe jenes Lebens ein helles, durchlichtetes Blau war.“

„Herr, es ist Dein Wille, der geschieht, Dein Wille! Dein Wille ist mein Wille, war mein Wille und wird es immer sein“, flüsterte Alaia.

„Aus Seinem unteilbaren Sein gebar Er Myriaden von Facetten Seiner unendlichen Möglichkeiten", fuhr der Helfer fort, *„gleich einem funkelnden Diamanten, in dessen regenbogenfarbig glitzernden Feuerspiegeln doch nur Er zu sehen ist, und Er schuf Leben: Universen, Galaxien, Sternenstaub, Mondenlicht, Sonnenfeuer – und dich. Geborgen in Ihm, in Seinem Willen, Seiner Macht, Seiner Weisheit, Seiner Liebe bist du immer jetzt im ewigen Augenblick des Seins."* Alaia liefen Tränen über die Wangen.

„Ich habe solche Sehnsucht", schluchzte sie, „warum darf ich nicht endlich wieder zurück nach Hause?"

„Weil der Weg nach Hause nicht *zurückführt*", antwortete der Helfer, „er führt *nach vorn.* Erinnere dich: *‚Untrennbar, unteilbar, unlösbar bist du von Ihm, und doch entstand in dir das Bild, daß du dich trenntest, teiltest, löstest ... und selbst bist? Durch wen, wenn nicht durch Ihn, gespeist von Seiner Liebe, Weisheit, Allmacht wuchs dies Bild und prägte sich dir ein. Ein Sein getrennt von Ihm und doch in Ihm, denn ewig gilt nur Er, zählt nur Sein Wille. Der neue Weg – ein Gottesleben in den Welten der Materie, den Samen auszubringen in das Erdreich einer neuen Dimension. Belebte Materie, begabt mit eigenem Willen, von Ihm ermächtigt, das noch Getrennte zu vereinen, die Dunkelheit in Licht zu wandeln, die Zweiheit in die Einheit zu geleiten.'"* Der Helfer ließ ihr Zeit, sich zu beruhigen. Schließlich flüsterte sie:

„Der neue Weg! Dann ist es wirklich Sein Wille?"

„Ein Ich, ein eigenes Sein, ein Teil von Ihm? Ein Sein aus Ihm und dir? Vertrauensvoll geborgen wagtest du den Schritt, die unermeßlich große, unfaßbare Tat. Vertrauensvoll, da Er es ist, der will, und du nicht weißt, was du dir anderes wünschen könntest. Es sei!"

„Ein eigenes Sein", wiederholte Alaia, „du hast es schon so oft erklärt, und doch sträubt sich etwas in mir gegen dieses Ich-Bewußtsein. Es will zurück und keinesfalls nach vorn ins Unbekannte."

„Ich will dir eine Geschichte erzählen“, begann der Helfer, und Alaia beugte sich erwartungsvoll vor.

„Die Geschichte beginnt zu einem Zeitpunkt, als der Eine die Erde schon erschaffen hatte. Die ersten Menschen hatten sich bereits inkarniert, und der Eine sah, daß sie allein nicht gut zurecht kamen. So befahl er seinen Engeln, ihnen zu helfen. Alle Engel stimmten freudig zu, außer einem, der immer zur Rechten Gottes gesessen hatte und Ihm am nächsten stand. Dieser lichtvolle Engel sträubte sich, seinen Platz an Gottes Seite aufzugeben, doch der Allwissende, dessen Entscheidungen immer richtig sind, warf ihn aus dem Himmel. Der Engel stürzte hinab zur Erde, und bei diesem Sturz verlor er seine Krone. Die Edelsteine, welche die Krone geschmückt hatten, lösten sich, fielen herab und fanden einen Platz in den Herzen der Menschen. Jener Teil in dir, der den neuen Weg verwirft und nur zurück zur Quelle will, entspricht dem Edelstein aus der Krone des Lichtengels. Du kannst entscheiden, ob du ihn erlösen willst oder ob du seinem Rufe nachgibst.“
Alaia schwieg nachdenklich.

„Laß dir von den Farben den neuen Weg beschreiben“, fuhr der Helfer fort. „Sie haben dir schon einmal geholfen, den göttlichen Plan zu verstehen.“

„Die Farben...“ Alaia hielt inne und hing ihren Gedanken nach, dann fuhr sie fort: „Ja, ihnen könnte ich vertrauen. Sie haben mich noch nie getäuscht, denn sie können nicht anders: Sie *müssen* die Wahrheit abbilden.“

„Dann laß dich von ihnen führen“, schlug der Helfer vor, „bist du bereit?“ Alaia nickte. „Welche Farbe nimmst du in dem Augenblick wahr, in dem du dich auf der Erde inkarnierst?“
„Ich sehe jedesmal ein rosafarbenes Licht, bevor mir das Bewußtsein schwindet.“

„Die Farbe Rosa entsteht, wenn das klare Licht des Geistes mit dem Rot der Materie zusammentrifft und diese – zum Beispiel bei

der Zeugung eines Kindes – mit Leben erfüllt. In Seiner unendlichen Liebe befruchtet der Eine die Materie mit Seinem Bewußtsein. Deshalb nimmst du kurz vor der Inkarnation die Farbe Rosa wahr. Der Geist, dargestellt durch das klare Licht, senkt sich in die Materie hinein, symbolisiert von der Farbe Rot, und es entsteht ein Mensch mit einem Körper, der seiner Stofflichkeit nach zur Materie gehört. In diesem Menschen wohnt indes auch das Geschenk, das der Eine ihm in Seiner All-Liebe verlieh: der freie Wille. Dieser Wille ist tatsächlich vollständig frei. So beginnt der Mensch eigenständig zu denken, zu planen und zu urteilen und übernimmt immer mehr die bewußte Kontrolle über sein Leben. Erinnerst du dich, welche Farbe im Kaleidoskop diesen Zustand ausdrückt?"

„Die Farbe Gelb", antwortete Alaia.

„Je mehr der Mensch diesen Teil seiner selbst entwickelt, der auch ‚das Ego' genannt wird, um so mehr fühlt er sich selbst als Lenker seines Schicksals. Gott wird für ihn zu einem Märchen, an das er nicht mehr glaubt. So entfernt er sich immer weiter von seiner Quelle und entwickelt ein differenziertes Ich-Bewußtsein. Jene Menschen, welche die Erinnerung an den Einen lebendig in sich erhalten hatten, mußten einen entsagungsreichen Weg gehen, wenn sie sich wieder mit Gott vereinen wollten!"

„Es blieb ihnen nur der alte Erleuchtungsweg", antwortete Alaia.

„Und der bedeutete letztendlich die Aufgabe des ausgeprägten Ich-Bewußtseins", fuhr der Helfer fort. „Das Ego hörte auf zu existieren, der Mensch wurde wieder eins mit dem Willen des Schöpfers."

„Welche Farbe bildet diesen Zustand ab?" fragte Alaia.

„Der Zustand, den die Menschen ‚Erleuchtung' nennen, wird von der Farbe Gold symbolisiert. Das Gelb des reinen Wissens geht durch das Feuer der Erkenntnis und wird zu Gold."

„Dann lebte ich ein goldenes Leben in Tibet", stellte Alaia fest.

„Ein vollkommen goldenes Leben", bestätigte der Helfer, „ohne deinem persönlichen Ich-Bewußtsein zu viel Raum zu geben, ganz hingegeben dem klaren Licht und der Liebe des Einen. Doch das Ich-Bewußtsein ist ein viel zu kostbares Gut, um einfach verworfen zu werden. Damit meine ich nicht die Herrschaft des Ego, durch welche sich die Individualität äußert. Das Ego ist ein wichtiges Werkzeug. Es hilft, den Verstand und den Willen zu entwickeln und das Gefühl für das eigene Ich auszubilden. Doch es verfügt natürlich nicht wirklich über Wissen, obwohl es dies vorgibt. Dann maßt es sich göttliche Befugnisse an und glaubt, vollkommen ohne den Einen auszukommen. Deshalb muß das Ego einen tiefgreifenden Transformationsprozeß durchlaufen, in dessen Verlauf alle Muster der Dualität geklärt werden. Für den einzelnen Menschen bedeutet das harte Arbeit. Das Ego wird geschliffen wie ein Diamant, bis es zum demütigen Diener des Geistes geworden ist."

„Dann muß man es nicht bekämpfen, wie die alten Meister lehren?" fragte Alaia.

„Nein, denn für den neuen Weg brauchst du dein Ich-Bewußtsein und damit das Ego. Je klarer dieses Ego wird, um so natürlicher tritt es auf seinen Platz zurück."

„Doch wie kann es den Menschen, die sich ganz mit ihrem Ego identifizieren, gelingen, den neuen Weg zur Quelle zu finden?" fragte Alaia.

„An jenem Punkt, an dem sich die Menschheit am weitesten von ihrem Schöpfer entfernt hatte und nur noch das gelbe Ego regierte, inkarnierte sich das Christusbewußtsein im Menschen Jesus", erklärte der Helfer. „Der Geist des Einen, symbolisiert durch das weiße Licht, in dem alle Farben unsichtbar existieren, senkte sich in die Materie, dargestellt durch Rot, und verband sich mit ihr."

„Und wie wirkt sich dieses Bewußtsein für die Menschen aus?" fragte Alaia.

„Jesus, der Christus, wirkte Wunder und gab die Grundsätze einer neuen Lehre, doch entscheidend wichtig waren sein Tod und seine Auferstehung. Er durchlitt körperlich den Zustand der Kreuzigung, in dem sich alle Menschen befinden, denn der freie göttliche Geist eines jeden ist gekreuzigt in den Dimensionen von Zeit und Raum, den Prinzipien der Dualität. Durch Seine Auferstehung ermöglichte Jesus allen Menschen, sich von diesem Kreuz zu befreien."

„Die Christen in Glenmore verkündeten den Menschen, durch den Tod und die Auferstehung Jesu seien alle ihre Sünden gesühnt. Wie ist das mit dem Gesetz des Karmas zu vereinbaren?" fragte Alaia.

„Das Gesetz des Karmas gilt für das Prinzip der Dualität", antwortete der Helfer. „Mit Seiner Auferstehung überwand Jesus Christus diese Dualität und damit das Gesetz des Karmas. Deshalb können sich die Menschen durch das Christusbewußtsein von den starren Mustern der Dualität befreien, ohne dafür ihr Ich-Bewußtsein opfern zu müssen. Das Christusbewußtsein öffnete allen Menschen die Möglichkeit, das Blau des göttlichen Plans langsam wieder ihrem gelben Ego zuzufügen, so lange, bis das Gelb nur noch in ihrem Innersten schwingt und die Menschen bewußte Diener Gottes auf Erden geworden sind. Diese Transformation wirkt sich auch auf den Körper aus, und da der Körper der Materie zugehört, nimmt auch die Erde teil an der Verbindung von Geist und Materie, farblich ausgedrückt durch Königsblau, das aus dem Blau des höheren Willens und dem Rot der Materie gemischt wird. Im Violett vereinen sich schließlich Geist und Materie und münden in Magenta ein..."

„In dieser Farbe sind doch alle Farben enthalten", unterbrach Alaia, „genau wie im klaren oder weißen Licht, doch jetzt sichtbar und erfahrbar." Der Helfer lächelte und fuhr fort:

„Deshalb ist Magenta die Farbe der Menschheitserleuchtung und der Erleuchtung unseres Planeten. Hier vereint sich der individuelle Mensch wieder mit seinem Schöpfer. Er wird zum Partner Gottes, zum Mitschöpfer, der bewußt und aus freiem Willen in Einklang mit dem göttlichen Plan handelt. Der Planet Erde, Gaia, wird durch diesen Prozeß zu einem leuchtenden Stern."

„Gaia, die Erde, wird zum Stern? Was meinst du damit?" fragte Alaia.

„Durch ihre Verbindung mit dem Geist beginnt die Materie zu leuchten. Sie ist dann von der gleichen Art wie der Auferstehungsleib Christi. In späteren Jahren werden die Menschen, die dieses Mysterium erahnen und danach suchen, vom heiligen Gral sprechen."

„Das kann ich mir nicht wirklich vorstellen", entgegnete Alaia.

„Irgendwann wird es einen Augenblick geben, an dem du dieses Mysterium erfährst", antwortete der Helfer. „Bis dahin mußt du dich mit dem Bild zufriedengeben."

„Befinden sich alle Menschen auf der gleichen Entwicklungsstufe?" fragte Alaia.

„Ein bestimmter Teil der Menschheit macht ähnliche Schritte", antwortete der Helfer, „doch jedem steht es frei, seine Entwicklungsschritte in der ihm gemäßen Geschwindigkeit zu vollziehen. Denk daran, die Farbkurve ist nur ein Modell, kein festgelegtes Muster, nach deren Reihenfolge sich jeder richten müßte. Auch handelt es sich bei der Reise von Rot zu Magenta nicht um qualitativ zu bewertende Stufen in dem Sinne, daß ein Mensch auf der roten Stufe weniger entwickelt ist als einer, der gerade eine grüne Phase durchläuft. Es gibt verschiedene Ebenen, auf denen man einen Zustand empfinden kann. Rot auf seiner höchsten Ebene ist genauso wertvoll wie grün oder violett. Um die wahre Aussage einer Farbe zu erfassen, muß man sie einige Male durchleben. Sie schwingt im Innern und wird sich im richtigen Augenblick offenbaren."

„Ich verstehe", antwortete Alaia. „Dann leben also alle Farben, die ich in meinen verschiedenen Leben zum Ausdruck brachte, in mir?"

„Jede einzelne entfaltet sich in dir und bringt die Dimensionen aller anderen Farben ebenfalls zum Schwingen. Es ist ein Prozeß, der gleichzeitig stattfindet. Doch die Bindung der Erde an Raum und Zeit macht es notwendig, ihn nacheinander darzustellen."

Alaia dachte einen Augenblick lang über das Gehörte nach. Dann sagte sie:

„Ich sollte mich bei den Christen inkarnieren. Wenn das Bewußtsein, das durch ihren Religionsstifter in die Welt gebracht wurde, so entscheidend ist, muß ich mich wohl damit auseinandersetzen."

„Es wäre sicherlich nicht falsch", antwortete der Helfer. „Ist dir klar, warum du auf deine Erleuchtung verzichten mußt, wenn du den neuen Weg beschreiten willst?"

„Wenn mich die Erleuchtung von der Erfahrung meiner Individualität entfernt und ich die Individualität zuerst durch mein Ego ausdrücke, muß ich wohl mit diesem Ego leben, mit allem, was es mich kosten wird", antwortete Alaia.

„So ist es", bestätigte der Helfer. „Du wirst mit diesem Ego leben und an ihm arbeiten müssen. Das ist viel schwerer, als sich von allem Irdischen zurückzuziehen, denn du mußt die negativen Muster, die durch die Dualität entstehen, in dir verwandeln und so auf eine höhere Ebene heben."

„Muß ich den neuen Weg gehen?" fragte Alaia.

„Du mußt nicht", entgegnete der Helfer, „du kannst ebenso gut entscheiden, den alten Weg zu nehmen und dein ausgeprägtes Ich-Bewußtsein letztlich aufzugeben. Der alte Weg bleibt bestehen, der neue führt weit darüber hinaus, doch ob du ihn beschreiten willst, bleibt dir frei überlassen. Ich lasse dir Zeit, diese Entscheidung zu treffen, denn sie will gut überlegt sein." Damit stand der Helfer auf und schritt langsam die Stufen des Tempels hinab. Alaia blieb zurück. Die Sonnenstrahlen fielen durch die farbigen Fenster und malten bunte Flecke auf den Boden. Die Kerze auf dem Altar brannte still.

Auf der einen Seite winkte die Erleuchtung, die Glückseligkeit, wo es weder Fragen noch Antworten gab, nur Licht, Liebe und Klarheit. Auf der anderen Seite das Unbekannte, der neue Weg mit all den Fallen und Unwägbarkeiten, aber mit dem herrlichen Ziel, bewußt am göttlichen Plan mitzuwirken und Mitschöpfer Gottes werden zu dürfen.

„Vertrauensvoll geborgen wage ich den Schritt, die unermeßlich große, unfaßbare Tat. Vertrauensvoll, da Du es bist, der will, und ich nicht weiß, was ich mir anderes wünschen könnte!" sagte plötzlich eine Stimme in ihrem Innern.

„Ich hatte keine Ahnung, worauf ich mich einlassen würde", antwortete sie trotzig, „wieso sollte ich mich daran halten?"

„Du hast alles in Kauf genommen, du wußtest genau, daß dir der neue Weg alles abverlangen würde, damit du alles gewinnen kannst, was ein Geschöpf überhaupt zu gewinnen vermag. Betrüge dich nicht selbst!" widersprach die innere Stimme. Beschämt senkte Alaia den Blick. Sie erkannte plötzlich, daß sie die Vorteile des neuen Weges gern für sich in Anspruch nehmen, die Schwierigkeiten dagegen nur ungern tragen wollte. Sie stand auf, stellte sich vor den Altar und hob die Arme mit zusammengelegten Handflächen vor die Brust.

„Ich will den neuen Weg bis zu Ende gehen", sagte sie mit fester Stimme. „Der Eine helfe mir, die Schwierigkeiten zu tragen und den Mut nicht zu verlieren. Es sei!"

Der Helfer stand plötzlich hinter ihr und legte ihr die Hände auf die Schultern. Sie lehnte sich dankbar gegen ihn.

„Es sei, Alaia", wiederholte er, und sie erkannte, daß die Stimme in ihrem Innern die Stimme des Helfers gewesen war. Erstaunt drehte sie sich zu ihm um. Er lächelte in ihr fragendes Gesicht, und sie wußte, daß er nicht antworten würde. Rosafarbenes Licht fiel durch die Öffnung der Kuppel. Sie ließ sich in diesen warmen Farbstrom sinken und flog auf ihm der neuen Inkarnation entgegen.

Kapitel 16

Der Kreuzritter

Das Pferd tänzelte nervös, Schaum troff in Flocken von seinem Maul. Der junge Reiter im Sattel beugte sich vor und tätschelte ihm beruhigend den Hals.

„Ruhig, Marôn, ruhig, du wirst dich an den Trubel hier gewöhnen müssen. Dies ist erst der Anfang, wir sind ja gerade erst angekommen!“

Jean d'Argent ließ seinen Blick zufrieden über die Menschenmenge schweifen, die sich auf der Wiese vor dem kleinen Städtchen versammelt hatte. Männer, Frauen und Kinder hatten ihr Lager im Schatten der von Hausrat überquellenden Ochsenkarren aufgeschlagen. Unzählige Rauchwolken schraubten sich von den Feuerstellen in den Himmel, Speisen brodelten in Töpfen, Kinder schrien, Hunde bellten, und Schweine und Hühner kratzten im Dreck. Inmitten jedes Lagers aber flatterte die Standarte mit dem roten Kreuz, die deutlich machte, warum die Leute solche Mühen auf sich genommen hatten: Das Heer Christi sammelte sich, um die Heiden aus Jerusalem, der Burg des Herrn, zu vertreiben. Die einfachen Leute waren dem Aufruf ebenso gefolgt wie die Ritter, denn es würde nicht mehr lange dauern bis zu Seiner Wiederkunft, und dann sollte Er glanzvoll in Seiner Burg Einzug halten können. Außerdem hatte der Papst persönlich versprochen, daß allen Streitern Christi die Sünden vergeben seien. Diese beruhigende Aussicht und die Begeisterung für das hohe Ziel hatten die Menschen hier zusammengeführt, denn von diesem Sammelpunkt aus sollte der Zug beginnen. Immer noch trafen neue Ochsenkarren ein, vollbesetzt mit Menschen. Die Männer gaben ihren Ochsen brüllend Befehle, Frauen und Kinder saßen da in dumpfem Staunen, da sie noch nie zuvor so viele Menschen gesehen hatten. Jeans Gedanken schweiften zurück zu jenen Ereignissen, welche die Bewegung der Massen ausgelöst hatten.

Vor einigen Wochen war Papst Urban II. durchs Land gezogen. Da er die Christen hatte wissen lassen, daß er eine wichtige Botschaft für jeden einzelnen von ihnen habe, hatte der Comte d'Argent seinen Sohn Jean Philipp nach Clermont geschickt, wo der Papst in der Kathedrale zu predigen gedachte. Doch es waren so viele Menschen in die Stadt gezogen, daß sie unmöglich alle in die Kirche paßten, und der Papst beschloß, seine Ansprache draußen vor der Stadt auf einer Wiese zu halten. Eilends war eine Tribüne gezimmert worden, Urban war vor die Stadt getragen worden, und rasch kam er auf den eigentlichen Zweck seines Anliegens zu sprechen. In einer flammenden Rede berichtete er von den furchtbaren Zuständen im Heiligen Land und von den Martern und Qualen, welche die dort lebenden Christen von den Heiden zu erdulden hätten. Die Wiederkunft des Herrn stehe nahe bevor, doch Sein Land, Seine Stadt Jerusalem, die Burg Christi, befände sich fest in der Hand der Ungläubigen.

„Nicht ich rufe euch, sondern Gott der Herr selbst ist es, der euch bittet: Zieht für ihn in den Kampf und verjagt die Heiden aus dem Heiligen Land. Helft euren Brüdern in Christo gegen die Ungläubigen und befreit die Burg des Herrn, damit Er Einzug halten kann in Jerusalem. Ich rede zu euch, doch es ist Christus, der Herr, der es euch befiehlt!"

„Deus le volt!" rief jemand in der Menge. „Der Herr will es!" und dieser Ruf pflanzte sich fort, bis keiner sich ihm mehr entziehen konnte. Die Menge taumelte glückselig in religiösem Eifer. Dann sprach der Papst von der Vergebung der Sünden, die auf jeden wartete, der sich an der Pilgerfahrt beteiligte, besonders aber auf jene, die im Kampfe für das heilige Ziel starben. Die zurückgelassenen Güter befänden sich im Schutz der Kirche, also in guten Händen.

„Bringt eure Angelegenheiten in Ordnung! Verkauft eure Habe und rüstet euch aus für den heiligen Kampf. Gibt es einen unter euch, der nicht für Christus kämpfen wollte? Bald naht die Wiederkunft des Herrn, und dann wird er über jene den ewigen Lohn ausschütten, die für ihn gestritten haben. Wehe aber den Elenden, die sich ihrer heiligen Pflicht entzogen haben! Ihnen soll es nicht besser ergehen als den Heiden!"

„Nieder mit den Heiden!" schrie die Menge, „der Herr will, daß wir für ihn kämpfen!"

„Deus le volt! Deus le volt!"

Ein allen bekannter, hochangesehener Bischof trat im Ornat vor den Papst, beugte die Knie und bat um Erlaubnis, mitziehen zu dürfen. Jetzt war der Bann gebrochen. Die Menschen sanken zu Boden, niemand blieb stehen, und auch Jean kniete, von heiligem Eifer ergriffen. Christus der Herr brauchte seine Hilfe! Jean Philipp d'Argent war trotz seiner Jugend ein Mann der Tat. Wenn der Herr ihn rief, würde er diesem Ruf folgen!

„Sprecht mir alle nach!" rief der Papst. „Ich gelobe bei Jesus Christus, unserem Herrn..."

„Ich gelobe bei Jesus Christus, unserem Herrn", antwortete die Menge im Chor.

„...daß ich Sein Streiter sein will und nicht eher davon ablasse, bis Jerusalem, die Heilige Stadt, befreit ist," sprach der Papst.

„...daß ich Sein Streiter sein will und nicht eher davon ablasse, bis Jerusalem, die Heilige Stadt, befreit ist," wiederholte die Menge.

„Der Bann soll mich treffen, wenn ich dieses Gelübde breche!" sprach der Papst, und die Menge wiederholte gehorsam seine Worte.

„Das wird nie geschehen“, dachte Jean voller Inbrunst, „nie werde ich den Herrn verraten!“

„Comte d'Argent, wo sollen wir das Lager aufschlagen?“ fragte schüchtern der Knappe, der das kostbare, von Jeans Mutter gestickte, Banner trug, und riß Jean aus seinen Gedanken.

„Ich weiß nicht, Josquin“, antwortete er. Der Knappe hatte recht. Bald würde sich die Dämmerung über das Land senken, und sie wußten noch nicht, wo sie sich zum Schlafen niederlegen sollten. Suchend schweifte sein Blick über die Ochsenkarren, die Feuerstellen und die unzähligen Menschen, er bemerkte den kotigen Boden und die scharrenden Hühner, und plötzlich nahm er auch den Gestank der Notdurft von Tieren und Menschen wahr.

„He, Ritter, was tut ihr hier beim einfachen Volk?“ vernahm er plötzlich eine Stimme hinter sich. Ein Mann ritt direkt auf sie zu und versicherte sich: „Ihr seid doch ein Ritter?“ Jean erwiderte stolz:

„Jean Philipp d'Argent, ältester Sohn des Comte Jean Louis d'Argent, ausgezogen, um die heilige Stadt Jerusalem zu befreien.“

„Paul d'Orteuille“, stellte sich der Mann vor, „ich freue mich, Comte d'Argent, daß ihr euch zu den Streitern Christi rechnet. Ich sehe, daß ihr gerade erst eingetroffen seid und nicht wißt, wo ihr euch niederlassen sollt. Folgt mir, ich bringe euch zur Unterkunft der Ritter.“ Mit diesen Worten drückte der Mann seinem Pferd die Fersen in die Flanken und sprengte davon. Erschrocken sprangen die Menschen aus der Bahn, die Hühner flatterten wild mit den Flügeln, und die Hunde kläfften wütend.

„Auf geht's, Marôn“, rief Jean und folgte dem Ritter, wenn auch viel langsamer, denn er bewegte sein Pferd vorsichtig um Mensch und Tier herum.

Josquin, der Knappe, der schon befürchtet hatte, die Nacht im Hühnerdreck verbringen zu müssen, murmelte erleichtert: „Dem Himmel sei Dank“, und folgte seinem Herrn mit wehendem

Banner, das Packpferd am Zügel. Sie ritten seitlich am Lager des einfachen Volkes vorbei auf einige kleine Steinhäuser zu, die von den Bauern, welche die umliegenden Felder bewirtschafteten, bewohnt wurden. Paul d'Orteuille sprang vom Pferd und warf die Zügel seinem Knappen zu, der ihn bereits erwartete.

„Folgt mir, Comte d'Argent", rief er Jean zu, „ihr müßt hungrig sein."

„Josquin..." begann Jean, doch der andere unterbrach ihn:

„Mein Knappe wird sich um alles kümmern, was dein Knappe wissen sollte. Mach schon, Pierre, schlaf nicht ein!"

Jean sprang vom Pferd, das Josquin in Empfang nahm, und folgte dem Ritter in die Wohnstube der Bauernfamilie, welche in den Eßraum der Streiter Christi umfunktioniert worden war. Die Hausfrau war gerade dabei, das gebratene Schwein zu zerteilen, welches ihr Mann über einem Feuer auf dem Hof gebraten hatte, und schaufelte die Fleischbrocken auf die Teller, die ihr von den um den Tisch sitzenden Männern entgegengestreckt wurden. Nach der Gier zu urteilen, mit der sich diese über das Essen hermachten, mußten sie völlig ausgehungert sein. Keiner schien die Ankunft der Neuankömmlinge zur Kenntnis zu nehmen. Die Männer schmatzten geräuschvoll, ohne sich vom Essen in ihrer Unterhaltung stören zu lassen.

„Freunde, seht her!" machte Paul d'Orteuille mit erhobener Stimme auf sich aufmerksam, „ich bringe euch einen tapferen Ritter, den jungen Comte Jean Philipp d'Argent. Er wird an unserer Seite gegen die Heiden kämpfen!" Alle Augen richteten sich gleichzeitig auf Jean, der das unangenehme Gefühl nicht loswurde, wie ein Pferd auf dem Roßmarkt begutachtet zu werden.

„Willkommen in unserer Runde", rief schließlich ein Hüne und hob den Becher, „laßt euch bei uns nieder!" Die Männer rückten zusammen, Jean wurde auf eine Bank gedrückt, und gleich stand ein Becher Wein vor ihm.

„Wir trinken auf das Gelingen unserer Pilgerfahrt!“ rief d‘Orteuille.

„Deus le volt!“ antworteten die Ritter im Chor, hoben die Becher, und viele von ihnen leerten sie in einem Zuge.

„Mehr Wein!“ rief einer der Ritter, und die Tochter des Bauern, die schüchtern in einer Ecke saß, sprang auf und füllte die Becher, die ihr ungeduldig entgegengehalten wurden, aus einem großen Krug. Klatschend schlug einer der Ritter auf ihr Hinterteil, die Männer grölten, und das Mädchen verbarg sich ängstlich wieder in seiner Ecke.

Jean hatte nur einen kleinen Schluck Wein getrunken. Staunend betrachtete er die Männer in der Runde. Es schienen wilde Gesellen zu sein, die zahlreichen Narben in den Gesichtern kündeten von Gewalt und Kampf. Einige trugen die Wappen ihres Geschlechts auf den ledernen Wämsen, andere zierten metallene Brustplatten, auf die das heilige Kreuz graviert war. Haare und Bart der Männer schienen den Kamm, mit dem ihn seine Mutter täglich traktierte, seit langem nicht gespürt zu haben. Der Mann zu seiner Rechten, der dem Mädchen auf das Hinterteil geschlagen hatte, widmete sich zufrieden seinem Getränk.

„Auf uns, die Streiter Christi!“ rief er; die Becher wurden erhoben und in einem Zug geleert. „Auf uns, auf uns!“ „Deus le volt!“ johlten die anderen und kippten den Wein hinunter. Knarrend öffnete sich die Tür, und Jean konnte im Zwielicht einen Priester erkennen, der zielstrebig auf den Tisch zusteuerte und sich ächzend auf einen Stuhl fallen ließ.

„Mon dieux“, rief er und winkte dem Mädchen, „ich bin durstig! Mein Kind, bring mir Wein.“ Das Mädchen trat schüchtern aus seiner Ecke, füllte den Becher des Priesters und gleich auch die der Ritter, denn sie hoffte, daß diese es in Gegenwart des Kirchenmannes nicht wagen würden, sie zu belästigen.

„Bonjour, mon pére “, rief d‘Orteuille, „ich hoffe, euer Tagewerk war von Erfolg gekrönt.“

„Was soll ich sagen“, antwortete der Priester, nachdem er den Becher zur Hälfte geleert hatte, „es gibt mächtig Ärger. Den Edelleuten laufen die Knechte davon, weil sie Streiter Christi werden wollen, und der Adel verlangt, daß die Kirche es ihnen untersagt. Doch wir können ihnen diesen Dienst beim besten Willen nicht verwehren.“

„Schwierig, schwierig“, antwortete d‘Orteuille grinsend, „und was wollt ihr mit solch einem kampferprobten Heer anfangen?“

„Habt ihr sie gesehen?“ grölte ein anderer. „Mistgabeln und Äxte sind ihre Waffen. Selbst Frauen erheben ihre Küchenmesser gegen die Heiden!“

„Sie werden durchhalten oder sterben. Die Vergebung ihrer Sünden ist diesen Leuten Lohn genug“, antwortete der Priester achselzuckend und leerte seinen Becher. Das Mädchen sprang auf und füllte nach.

„Diese Einfaltspinsel, diese Toren!“ rief der Hüne, der rechts neben Jean saß. Dann verzog er sein Gesicht zu einem lüsternen Grinsen und fragte den Priester: „Und wie steht es mit unseren Sünden, mon pére, gibt es für heute nacht genügend...? Na, ihr wißt schon...“ Die Männer brüllten vor Lachen, einige schlugen sich begeistert die Hände auf die Schenkel, die Becher wurden gehoben und geleert. Als wieder Ruhe eingekehrt war, sagte der Priester salbungsvoll:

„Comte de Revois, denkt an eure Frau und eure Kinder. Enthaltet euch, dann ist euch der Lohn Gottes um so gewisser.“ Wieder grölten die Männer, als habe der Priester etwas Lustiges geäußert. Jean blickte unsicher von einem Mann zum anderen. Er hatte nicht verstanden, was der Ritter in der Nacht haben wollte und warum die Männer über den Tadel des Priesters so lachten. Alle anderen schienen Bescheid zu wissen, und er hoffte inständig, daß sie ihn nicht fragen würden. So vertiefte er sich in seine Mahlzeit und lachte einfach mit, wenn die anderen lachten.

„Comte d'Argent, leert euren Becher", rief d'Orteuille und warf einen abgenagten Knochen hinter sich, „laßt es euch gut ergehen. Morgen ziehen wir los, und es ist fraglich, wann ihr wieder ein so gutes Mahl zu schmecken bekommt."

„Ich danke euch, doch ich bin müde und möchte mich so bald wie möglich zur Ruhe begeben", antwortete Jean und wandte sich dann an den Priester: „Wird morgen früh die heilige Messe gelesen?" In den Augen des Priesters blitzte ein kurzes Erstaunen auf, doch dann antwortete er:

„Ihr seid ein ernsthafter junger Mann. Die Glocken werden euch zur Messe rufen. Ich wünschte euch eine gute Nacht, Comte."

Jean erhob sich von seinem Platz und nickte den Rittern zu. D'Orteuille sprang auf und begleitete ihn zu der Scheune, wo die Knappen ihren Herren die Nachtlager bereitet hatten.

„Wenn ihr für diese Nacht ein Mädchen wünscht, das euch wärmt, dann laßt es mich wissen", flüsterte d'Orteuille. Jean, dem plötzlich klar geworden war, was die Ritter angedeutet hatten, errötete.

„Ich danke euch, Comte d'Orteuille, das ist nicht nötig", antwortete er hastig mit einer kurzen Verbeugung. „Ich wünsche euch eine gute Nacht." Er schlüpfte in die Scheune, wo ihn Josquin schon mit einer Kerze erwartete. Erleichtert kroch er unter seine Decken und flehte lange zu Gott, daß dieser den Rittern die Sünde gegen die Keuschheit vergeben möge. Der Ältere ging grinsend zum Haus zurück.

Der Comte de Revois, der sich hinter dem Haus erleichtert hatte, stieß zu ihm.

„Der kleine d'Argent ist noch ein rechter Grünschnabel", sagte er nachdenklich, „einer von der gottesfürchtigen Sorte. Hoffentlich macht er uns keinen Ärger!"

„Die meisten sind nur aus Mangel an Gelegenheit religiös", entgegnete d'Orteuille sorglos. „Der Junge wird schnell genug merken, woher der Wind bläst. Wenn er die Vergnügungen erst einmal für sich entdeckt hat, wird er keinen Gedanken mehr an die Regeln der Kirche verschwenden."

„Ich hoffe, du hast recht", entgegnete der andere wenig überzeugt. „Wir können keinen Tugendwächter brauchen!" Eine Gelächtersalve brandete aus dem Haus, und sie beeilten sich, um den Spaß nicht zu verpassen.

* * *

Am nächsten Morgen erhob sich Jean bei Sonnenaufgang und wies seinen Knappen an, die Bündel zu schnüren und Marôn herauszuputzen. Nach dem Morgengebet begab er sich ins Bauernhaus und nahm mit den Rittern das Frühstück ein. Einige der Männer hatten gerötete Augen, und ihnen fiel das Sprechen sichtlich schwer. Die Knappen hatten ihre liebe Mühe damit, ihre betrunkenen Herren auf die Pferde zu hieven, wo diese sich an den Sattelknäufen festhalten mußten, um nicht herabzustürzen. Ein Ritter hatte dem Wein so übermäßig zugesprochen, daß er, nachdem ihn drei Knappen auf sein Pferd gehoben hatten, auf der anderen Seite gleich wieder hinabstürzte und weiterschnarchte. Die Männer brüllten vor Lachen und gossen einige Kübel Wasser über ihm aus, ehe er sich grunzend und rülpsend erhob.

Die Glocken der Kirche des Städtchens läuteten, doch die zahlreichen Streiter Christi sammelten sich vor den Stadtmauern, um die letzte gemeinsame Messe zu feiern. Die Ritter saßen hoch zu Roß in einem großen Halbkreis um den improvisierten Altar herum, die Knappen standen neben ihnen und hielten stolz die prächtigen Standarten mit dem roten Kreuz. Als der Bischof nach einer flammenden Ansprache den Treueid erneuerte, stiegen die Ritter von ihren Rössern, knieten nieder und gelobten feierlich, die Heilige Stadt zu befreien. Priester zogen durch die Reihen, schwenkten kleine Weihrauchkessel und besprengten die Knienden mit geweihtem Wasser. Der Bischof segnete das Heer zum letztenmal und empfahl die Menge dem Schutze des Herrn.

„Deus le volt!“ rief ein Mann, und wieder pflanzte sich der Ruf fort, bis sich jeder einzelne daran beteiligte. Dann schwangen sich die Ritter auf ihre Rösser und stoben davon. Der Zug des einfachen Volkes setzte sich viel langsamer in Bewegung. Die Ochsenkarren rollten die holprigen Straßen hinter den Reitern her, und die Menschen, die oft genug nicht weiter als bis ins Nachbardorf gereist waren, begrüßten jedes neue Dorf mit dem Ruf: „Jerusalem, das ist Jerusalem!“

* * *

Jean freute sich, daß es nach den wochenlangen Vorbereitungen endlich losging. In seinem Trupp ritten die Männer, die er am Vortage kennengelernt hatte. Der Priester war ebenfalls unter ihnen. Paul d'Orteuille hatte sein Pferd neben Jean gelenkt und erzählte ihm von den unermeßlichen Reichtümern, die jeder Ritter durch die Befreiung des Heiligen Landes zu erwarten habe. Gold, Edelsteine, Landgüter, ja, ganze Städte sollten die Streiter Christi unter sich aufteilen dürfen. Er schwärmte von der Schönheit der Frauen, die sie aus den Harems der Ungläubigen befreien und die ihnen, den christlichen Rittern, zu Füßen liegen würden.

„Der Herr will, daß die Seinen reich werden und die Freuden der Welt genießen“, sagte er. „Er läßt uns die gebratenen Tauben in den Mund fliegen, und die schönsten Weiber werden uns zu Diensten sein. Freut euch, Comte d'Argent, wir reiten wunderbaren Zeiten entgegen. Doch, im Vertrauen gesprochen, ihr solltet euch etwas üben, was die Frauen anbelangt, sonst seid ihr nicht imstande, euch später aus dem Überfluß die richtigen auszuwählen.“

Jean schwieg zu solchen Reden, denn seine Ziele waren andere. Er strebte nicht nach Reichtümern, denn der Landbesitz und das Herrenhaus seines Vaters waren ihm genug. Da er der Älteste war, würde ihm dieser Besitz zufallen. Auch nach Frauen stand ihm nicht der Sinn. Wenn er sich, nach Beendigung der Pilgerfahrt, verheiraten würde, dann sollte es eine französische Christin sein, wert, die Mutter seiner Kinder zu werden und damit das Geschlecht derer von Argent fortzuführen. Bis dahin wollte er keusch bleiben.

Jeans Ziel war tatsächlich die Befreiung Jerusalems. Er stellte sich diese Befreiung in den glühendsten Farben vor. Vor seinem inneren Auge sah er die Streiter Christi voller Inbrunst betend in die Heilige Stadt einziehen. Die Ungläubigen würden staunend zurückweichen vor so viel Frömmigkeit und sich voller Freude dem wahren Glauben anschließen. Daß ein Kampf dabei entstehen und Menschen zu Tode kommen könnten, lag außerhalb seiner Vorstellungskraft. Er überlegte sich auch nicht, woher der Reichtum kommen sollte, von dem d'Orteuille mit glänzenden Augen erzählte, und daß die früheren Eigentümer ihre Schätze den Streitern Christi wohl kaum freiwillig überlassen würden. Für ihn war das Christsein eine Realität, die Töten, Plündern und Schänden ganz einfach ausschloß.

Solange sie in Frankreich waren, fanden die Ritter Bauern, die stolz darauf waren, die Streiter Christi beherbergen zu dürfen, und ihnen Nahrung und ihre Häuser und Scheunen zur Verfügung stellten. Der Priester achtete darauf, daß sich die Ritter gut benahmen, den Frauen nicht nachstellten und nicht so viel Wein tranken, daß sie am nächsten Morgen nicht weiterreiten konnten. Wer am Tage nicht auf sein Pferd zu steigen vermochte, blieb zurück, und dieser Schmach wollte sich keiner aussetzen.

Jean paßte sich den Gewohnheiten seiner Mitreisenden an und bemühte sich, zu trinken, wenn sie tranken, und zu lachen, wenn diese lachten. Er hörte höflich zu, wenn sie ihm von der zu erwartenden Beute erzählten, beteiligte sich jedoch nie an ihren Reden. Der Comte de Revois beobachtete ihn mit Argwohn, doch Paul d'Orteuille fand das übertrieben.

„Laß ihn einfach, Louis", empfahl er dem Freund, „der Kleine benimmt sich doch ganz manierlich. Er braucht nur etwas Zeit, bis er vergißt, was ihm eine Mutter eingebleut hat. Ich wette mit dir: Wenn er Beute machen kann, wird er sich die Gelegenheit sicher nicht entgehen lassen."

Sie zogen quer durch Europa und erreichten bald Gebiete, wo niemand mehr ihre Sprache verstand. Die Hütten der Bauern wurden immer ärmlicher, und immer seltener waren diese bereit, die Nahrungsmittel, welche die Großfamilie eine ganze Woche lang ernährt hätte, den gefräßigen Streitern Christi an einem einzigen Abend in den Rachen zu werfen. Es kam zum ersten Übergriff. Vier Ritter aus Jeans Trupp hielten den Bauern und seine Söhne mit ihren Schwertern in Schach, die anderen nahmen sich ein Schwein aus dem Stall, töteten es und zwangen die Frauen, ihnen den Braten zuzubereiten. Jean sah schweigend zu und steckte dem Bauern kurz vor der Abreise ein Goldstück zu, das dieser in fassungslosem Erstaunen anglotzte. Abends betete Jean still zu Gott und flehte um Erbarmen für die maßlosen Ritter. Ihn verletzte besonders, daß der Priester den Männern keinen Einhalt gebot. Er legte zwar nicht selbst Hand an, doch er stellte die Räuber auch nicht zur Rede.

Je weiter sie nach Süden kamen, um so ungebärdiger benahmen sich die Streiter Christi. Bald stand es auf der Tagesordnung, sich das Vieh für die Abendmahlzeit zu stehlen, und Jean pries den Herrn, der es seinem Vater eingegeben hatte, ihm so viele Goldstücke mit auf die Pilgerfahrt zu geben. Heimlich bezahlte er mit diesem Schatz das Geraubte. Doch dann geschah etwas, was Jean in tiefe Verwirrung stürzte.

Der Tag war heiß gewesen, die Sonne brannte unbarmherzig auf die schwere Kleidung der französischen Ritter. Wasser war knapp, und die Männer waren äußerst schlecht gelaunt. Der Hof, dem sich der Trupp näherte, schien gut bestellt zu sein. Draußen wühlten schwarze Schweine im Schlamm, im Garten wuchs Gemüse, und man hörte das Muhen von Kühen aus dem Stall. Eine junge hübsche Frau bemerkte die Reiter und lief ins Haus, um ihre Familie zu warnen. Jean sah das Glitzern in den Augen seiner Gefährten, und es gefiel im gar nicht. Der Bauer trat aus dem Haus, doch er sprach eine unverständliche Sprache, und die Ritter machten sich nicht die Mühe, ihm ihr Anliegen zu verdeutlichen. Einige saßen ab und packten sich zwei Schweine, der Bauer griff mit seinen Knechten ein, ein Ritter zog sein Schwert, Mistgabeln und Äxte tauchten aus dem Nichts auf, und plötzlich entbrannte ein heftiger Kampf. Jean zog sich entsetzt zurück und beobachtete wie gelähmt, wie seine kampferprobten Gefährten erst den Bauern und dann nacheinander alle Männer umbrachten. Die Frauen flüchteten mit ihren Kindern ins Haus, doch als die Ritter ihr blutiges Geschäft beendet hatten, brachen sie durch die Tür, und bald darauf verrieten die Schreie der Frauen, was sie dort mit ihnen trieben. Jean hielt Ausschau nach dem Priester, doch als er ihn nirgends entdecken konnte, fiel es ihm wie Schuppen von den Augen: Der Priester beteiligte sich an der Schändung!

Grölend und beladen mit Beute, das Blitzen der Sieger in den Augen, kamen die Männer aus dem Haus. Der Priester war noch damit beschäftigt, seine Beinkleider zu ordnen. Die Plünderer trieben das Vieh aus dem Stall, und einer warf eine brennende Fackel, die er aus der Feuerstelle gezogen hatte, auf das mit Stroh gedeckte Dach.

„Was tut ihr da?“ brüllte Jean. „Es sind doch noch Menschen im Haus!“

„Menschen?“ entgegnete de Revois zynisch, „Menschen sind mir dort nicht begegnet.“ Das trockene Stroh brannte wie Zunder, und rasch stand das Dach in Flammen. Die Frauen und die Kinder! Er mußte sie retten! Jean stürzte verzweifelt auf das Haus zu, doch d'Orteuille hielt ihn mit Gewalt zurück.

„Seid ihr von Sinnen?“ schrie er ihn an. „Dort lebt keine Maus mehr!“ Da begriff Jean, daß seine Gefährten auch das Leben der Frauen und Kinder nicht geschont hatten. Tränen strömten ihm über das Gesicht, er warf sich auf sein Pferd und sprengte davon.

„Wir sollten ihn zurückhalten“, sagte der Priester.

„Der fängt sich schon wieder“, meinte d'Orteuille, „es scheint sein erster Kampf gewesen zu sein. Er wird sich daran gewöhnen.“

„Ich weiß nicht“, entgegnete de Revois, „der Kleine benimmt sich wie ein Mädchen! Ob sich das jemals ändert, wage ich zu bezweifeln.“

„Ich werde mit ihm reden“, versprach der Priester.

* * *

Jean kam erst in der Nacht zurück zum Trupp, der in einem Wäldchen nahe der qualmenden Ruine sein Lager aufgeschlagen hatte. Am nächsten Morgen war er schweigsam und vermied es, die Gefährten anzuschauen. Der Priester lenkte sein Pferd neben ihn.

„Comte d'Argent, wollt ihr mir nicht euer Herz erleichtern? Braucht ihr geistigen Beistand?“ fragte er, doch Jean antwortete nicht.

„Ihr habt das mißverstanden, junger Freund“, fuhr der Priester fort. „Diese Menschen waren Heiden, Ungläubige, die wir vom Land des Herrn vertreiben mußten. Ihre Frauen sind vom Teufel besessen, ihre Kinder Schlangenbrut, deshalb ist es für ihr eigenes Seelenheil am besten, wenn wir sie daran hindern, noch mehr Schuld auf sich zu laden.“

„Es wundert mich, daß ihr selbst den Mut besessen habt, einer vom Teufel Besessenen beizuwohnen“, antwortete Jean bitter. Der Priester schlug erschrocken ein Kreuz.

„Gott ist mein Zeuge“, rief er dramatisch, „ich war zugegen, um für die Seelen der Gestorbenen zu beten!“ Jean würdigte ihn keiner Antwort, und so gab der Geistliche auf. Abends verzehrten die Männer das erbeutete Fleisch, von dem Jean keinen Bissen essen wollte. Er hielt sich an das Getreide, das er in seiner Satteltasche aufbewahrte, und kochte sich einen Brei daraus. Bald legte er sich abseits von den Gefährten schlafen.

„Der Kleine macht Ärger!“ stellte de Revois fest.

„Gebt ihm noch ein paar Tage. Er hat noch nie zuvor gesehen, wie Menschen getötet werden, und leidet immer noch darunter“, antwortete der Priester.

„Ihr könnt mir erzählen, was ihr wollt!“ entgegnete de Revois. „Er wird uns eine Menge Ärger machen, das hab ich im Gefühl!“

Jean blieb von diesem Tage an für sich. Auch Paul d'Orteuille gab auf, mit ihm zu reden, denn er bekam keine Antwort. Die Ritter waren schlecht gelaunt, der „Frömmler“ verdarb ihnen den Spaß, und sie berieten insgeheim, wie sie ihn am besten loswerden könnten. Eine Zeitlang hielten sie sich zurück und schonten die Bevölkerung des Landes, doch als sie das einsame Gehöft erblickten, in dessen Garten ein junges Mädchen Unkraut jätete, sah Jean dasselbe Glitzern in ihren Augen.

„Gott will, daß wir Seine Heilige Stadt befreien!“ rief er verzweifelt. „Er will nicht, daß wir Seine Geschöpfe töten.“

„Halt den Mund, Kleiner“, antwortete de Revois, „du bist nicht unser Priester.“ Er grinste boshaft und fragte: „Hochwürden, was meint ihr dazu?“

„Den Streitern Christi sind auf ihrer Pilgerfahrt alle Sünden vergeben“, antwortete der Priester salbungsvoll. Der Comte stieß einen Schrei aus, und die Meute sprengte auf den Hof, mordete die Männer, schändete die Frauen, plünderte das Anwesen und steckte es danach in Brand. Der Priester beteiligte sich nicht am Morden, doch Jean sah, wie auch er eine Frau in die Scheune zerrte. Die Verzweiflung drohte ihn zu übermannen. Er hatte einen heiligen Eid geschworen, die Burg des Herrn zu befreien. Doch diese Menschen benahmen sich schlimmer als Tiere. Es konnte nicht der Wille Gottes sein, andere Menschen zu quälen und zu töten. Das widersprach Seinem Gebot. Was sollte er tun? Weiter zuschauen, wie seine Gefährten wüteten, ohne ihnen Einhalt gebieten zu können? Selbst der Priester beteiligte sich an dem wüsten Treiben! Doch wenn er, Jean, die Pilgerfahrt verließ, wäre er vogelfrei. Jeder könnte ihn töten, denn er hätte den heiligen Eid gebrochen. Plötzlich kam ihm der erlösende Gedanke: Es gab noch viele andere Ritter, die dem Heiligen Land entgegenzogen. Er könnte versuchen, einen solchen Trupp zu finden und sich diesem anzuschließen. Das schien der Ausweg zu sein, nach dem er gesucht hatte. Sein Entschluß stand im selben Augenblick fest. Er fühlte wieder Frieden, nahm das Bündel mit seiner persönlichen Habe vom Packpferd und schnürte es auf seinen Braunen. Dann betete er für die Erschlagenen.

Als die Männer befriedigt zurückkehrten, teilten sie die Beute und brieten das geraubte Schwein. Sie saßen im Halbkreis um das Feuer und feierten ihren Sieg mit dem Wein der Ermordeten. Jean trat vor sie hin, worauf sie erstaunt verstummten.

„Ich werde euch verlassen“, sagte er mit ruhiger Stimme, „noch heute nacht, denn ich kann das, was ihr tut, nicht mit dem heiligen Ziel vereinbaren.“

„Halt‘s Maul, Kleiner“, schrie de Revois, doch Jean ließ sich nicht beirren und fuhr fort:

„Ich werde versuchen, mich anderen Rittern anzuschließen, doch um euer und der Gemordeten Seelenheil willen werde ich dem Bischof euer wüstes Treiben melden. Auch den Priester kann ich nicht verschonen, denn ich sah euch, mon pére, wie ihr die Frau in die Scheune zerrtet. Sie scheint eure Art von Gebet nicht geschätzt zu haben." Die Männer schauten ihn ungläubig an.

„Was ist, Josquin, willst du bleiben oder mit mir kommen?" fragte er seinen Knappen.

„Ich bleibe!" antwortete der Junge, doch wagte er nicht, seinen Herrn dabei anzuschauen.

„Dann wünsche ich dir Gottes Segen", antwortete Jean, nahm das Banner, schwang sich auf sein Roß und ritt ohne Abschied davon. Die Männer blieben schweigend zurück.

„Ich habe es gleich gewußt!" Der Comte de Revois schäumte vor Wut. „Ich habe euch oft genug gewarnt. Der Kleine bringt es fertig, daß der Bischof uns exkommuniziert!"

„So weit dürfen wir es nicht kommen lassen", stimmte d'Orteuille zu, „da hast du recht, Louis. Ich habe ihn tatsächlich unterschätzt."

„Du hast geirrt, Paul", entgegnete de Revois grimmig. „Sieh zu, daß du die Angelegenheit für uns in Ordnung bringst. Du hast ihn ja schließlich angeschleppt!" Paul d'Orteuille wurde blaß.

„Was meinst du damit, Louis?" fragte er erschrocken.

„Das weißt du ganz genau, mein Lieber", antwortete de Revois kalt.

„Er ist ein Christ, ein französischer Ritter!" widersprach d'Orteuille.

„Dein Pech, Paul", antwortete de Revois, „oder was meint Ihr, Mon Pére?"

„Die Sünden eines Streiters Christi auf der Pilgerfahrt sind ihm vergeben", antwortete der Priester, und ein feines Lächeln umspielte seine Mundwinkel.

* * *

Jean verbrachte die Nacht im Schutze eines dichten Strauches. Noch vor Morgengrauen ritt er weiter. In seinem Herzen war wieder Friede eingekehrt, wenn ihm auch in bezug auf seine Gefährten etwas mulmig zumute war. Doch lieber wollte er sterben, als solche Untaten weiter bezeugen zu müssen. Er ritt durch einen Hohlweg, rechts und links von steil ansteigendem Gelände eingegrenzt, von dichtem Gebüsch bewachsen. Als er den Hufschlag hörte, freute er sich zuerst, denn er hoffte, auf eine Schar Ritter gestoßen zu sein, der er sich würde anschließen können. Doch etwas in ihm ahnte das Verhängnis. Er schlug ein Kreuz und empfahl seine Seele Gott. Die Reiter sprengten heran, und er erkannte an ihrer Spitze Paul d'Orteuille. Der Priester ritt gleich hinter ihm.

„Wen müssen meine Augen dort erblicken?" rief der Comte zynisch. „Einen Streiter Christi, der sein Gelübde gebrochen hat. Du weißt, Kleiner, daß ich dich töten darf."

„D'Orteuille, ihr wißt, daß das nicht stimmt. Ich werde mich anderen Rittern anschließen, sobald ich sie gefunden habe", antwortete Jean.

„Ausreden, nichts als Ausreden, Kleiner! Dein Leben ist verwirkt. Der Priester wird für deine Seele beten, obwohl er nicht glaubt, daß das bei dir etwas nützen wird."

„Mein Leben müßt ihr euch holen, d'Orteuille", entgegnete Jean, sprang vom Roß und zückte sein Schwert.

„Genau das werde ich tun, Kleiner", rief der Comte, sprengte herbei und stieß dem im Kampfe Unerfahrenen die Klinge ins Herz. Blutüberströmt brach Jean zusammen. Der Priester sprach ein Gebet über dem Sterbenden. D'Orteuille wischte seine Klinge am Gras sauber und nahm die Zügel von Jeans Pferd.

„Ist er tot?" fragte er den Priester.

„Im Namen des Vaters, des Sohnes und des heiligen Geistes, Amen", schloß der Kirchenmann sein Gebet. „Ja, Comte, er ist verschieden."

„Wir wollen ihn anständig begraben, wie es einem Christen geziemt“, sagte d‘Orteuille und winkte seine Männer herbei, um eine Grube auszuheben.

„Seiner Mutter werden wir berichten, daß er im Kampfe gegen die Ungläubigen fiel“, sagte der Priester.

„Im Kampfe gegen die Ungläubigen“, murmelte d‘Orteuille, „so könnte man es nennen.“

Kapitel 17

Das Mosaik der Leben

Alaia war empört. „Sie haben ihren Glauben überhaupt nicht ernstgenommen", beschwerte sie sich beim Helfer. „Sie dachten nicht daran, sich an die Gebote des Herrn zu halten, und die Pilgerfahrt diente ihnen ausschließlich zu ihrer Bereicherung!"

„Ich hatte dir angekündigt, daß du dich mit dem Ego auseinandersetzen mußt", antwortete der Helfer. „Nur in der Auseinandersetzung wird es dir gelingen, die Schattenseiten der Dualität zu verwandeln."

„Wie soll ich das Ego transformieren?" fragte Alaia. „Ich hatte nicht den Eindruck, daß ich die Streiter Christi dazu hätte bringen können, etwas an ihrem Verhalten zu ändern."

„Du sollst nicht das Ego anderer Menschen ändern, sondern das deine", korrigierte der Helfer. „Es ist überhaupt nicht möglich, andere Menschen zu ändern. Ändern kann nur jeder sich selbst."

„Warum sollten sich die Menschen ändern? Es schien mir, daß die meisten ganz zufrieden mit sich waren", wandte Alaia ein. „Sie hatten Freude daran, andere zu quälen, zu berauben und zu töten."

„Du vergißt das Karma", erwiderte der Helfer. „Diese Männer werden ernten, was sie gesät haben. Sie werden ihrerseits in diesem oder in einem nächsten Leben gequält, beraubt und getötet, und im Zwischenreich werden sie mit ihren Untaten konfrontiert. Du darfst mir glauben, daß sie lernen werden, welche Früchte ihr Verhalten trägt. Ihr höheres Selbst wacht darüber. Darum mußt du dich nun wirklich nicht kümmern. Halte dich lieber an dein eigenes Ego."

„Dann müßte ich mich mit ihm beschäftigen", wandte Alaia ein, „und dieser Weg dünkt mir gefährlich, da es mir eher scheint, daß das Ego mich verwandelt und mit seinen Begierden vom reinen Pfad Gottes abbringt."

„Da mußt du dich nicht sorgen", beruhigte sie der Helfer, „denn dein eigenes höheres Selbst wacht über deinem Weg. Bei ihm bist du in den besten Händen. Doch in einem Punkte gebe ich dir recht: Je mehr du dich auf dein Ego einläßt, um so deutlicher wird es dir seine Schattenseiten präsentieren, und zwar nicht nur jene Anteile, die du dir selbst durch dein Verhalten erschaffst, sondern auch Aspekte, an denen du teilhast, weil du zur Menschheit gehörst. Du wirst die verschiedenen Elemente erleben und jene auswählen, die dich wirklich bei deinem Lebensziel unterstützen. Natürlich wirst du Fehler machen. Niemand kann etwas Neues erlernen, ohne sich zu irren, doch aus den Fehlern lernst du das meiste."

„Geht es wirklich nicht anders?" fragte Alaia bedrückt.

„Das ist leider nicht zu umgehen", antwortete der Helfer. „Da du unweigerlich Fehler machst, wenn du etwas Neues ausprobierst, könntest du andernfalls keine neuen Erfahrungen sammeln und müßtest dich mit der Zuschauerrolle begnügen. Deine Entwicklung würde stagnieren, und du würdest zu einem ängstlichen Geschöpf, das immer auf den Schutz der anderen angewiesen bleibt. Ein Mitschöpfer Gottes kannst du auf diese Weise kaum werden. Strebst du solch ein Leben an?"

„Nein, das wäre furchtbar", antwortete Alaia einsichtig. „Welche Fehler habe ich im letzten Leben gemacht?"

„Du hast nicht wirklich hingeschaut", antwortete der Helfer. „Du warst so sehr von deinem hohen Ziel durchdrungen, daß du die Ziele deiner Mitstreiter überhaupt nicht wahrnahmst. Wenn du ihre Reden ernstgenommen hättest, hätte dir gleich am ersten Abend klar sein müssen, daß diese Männer etwas ganz anderes beabsichtigten als du. Die Erde ist nicht Sirius, Alaia. Du hast die Dualität wieder nicht genügend berücksichtigt."

„Du hast recht", erwiderte sie beschämt, „ich war in jenem Leben wohl ziemlich gutgläubig."

„Idealistisch und naiv", bestätigte der Helfer. „Es ist gut, wenn du deinen hohen Idealen folgst, doch verliere deine Mitmenschen dabei nicht aus dem Auge. Wenn du alles nur aus deiner Sicht beurteilst, siehst du im anderen immer nur dich selbst und bist nicht fähig, deine Mitmenschen wirklich wahrzunehmen. Der Fehler, der dich in jener Inkarnation dein Leben kostete, war indes ein anderer: Du hast dir angemaßt, über deine Gefährten zu richten!"

„Sie taten doch tatsächlich Unrecht!" protestierte Alaia.

„‚Richtet nicht, auf daß ihr nicht gerichtet werdet!'" antwortete der Helfer ernst. „Jesus meinte damit, daß kein Mensch in der Lage ist, die wahren Beweggründe eines anderen zu beurteilen. Denke an deine erste Inkarnation zurück, an den Medizinmann Brabag. Damals hast du deine Macht mißbraucht, weil dir diese Erfahrung fehlte, und dafür hast du dein Karma getragen. Überlasse die Beurteilung eines Menschen seinem eigenen höheren Selbst, dem göttlichen Funken in ihm. Auch du wirst Schuld auf dich laden, wenn du die Aspekte des Ego tiefer ergründest."

„Ich soll diese schlimmen Muster annehmen?" fragte Alaia entsetzt.

„In gewissem Umfang", antwortete der Helfer. „Erst wenn du sie selbst erlebt hast, kannst du sie erkennen und verwandeln. Dabei wirst du dein Ego Schritt für Schritt transformieren, bis es einem funkelnden Diamanten gleicht, der dir bei deinem hohen Ziel dient."

„Es gibt wirklich keine andere Möglichkeit?" fragte Alaia traurig.

„Nein", antwortete der Helfer. „Du kannst das Ego nur verwandeln, wenn du es in all seinen Aspekten zutiefst ergründest und annimmst. Wenn du diesen Weg achtsam gehst, wirst du ihn abkürzen. In einigen hundert Jahren erhältst du machtvolle Hilfsmittel, welche dir die letztendliche Transformation erleichtern. Hab keine Angst, Alaia, du versinkst nicht im Strudel. Dein Höchstes Selbst führt dich und sorgt dafür, daß du auf der anderen Seite geläutert hervorkommst."

„Welche Muster werde ich erleben müssen?" fragte Alaia gefaßt.

„Du wirst das Phänomen der Sexualität ergründen müssen, denn damit hast du dich noch nicht genügend auseinandergesetzt", antwortete der Helfer, „und du wirst dich vermehrt als Frau verkörpern."

„Als Frau kann ich so gut wie nichts ausrichten!" rief Alaia.

„Dann erfahre diesen Zustand und lerne damit die Position der Hilflosen kennen", antwortete der Helfer.

„Es sei!" erwiderte sie ergeben.

* * *

Leben reihte sich an Leben. Alaia verkörperte sich jetzt öfter. Sie hielt sich, bis auf wenige Ausnahmen, vor allem im christlichen Kulturkreis auf. Das Phänomen der Sexualität beschäftigte sie viele Inkarnationen lang als Täter und als Opfer, wobei sie in ihren männlichen Leben eher Täter, in ihren weiblichen eher Opfer war.

So inkarnierte Alaia in Italien als Mann, der, seiner Berufung folgend, als Mönch in ein Kloster ging, welches für sein hartes Leben und die Selbstkasteiungen seiner Mitglieder bekannt war. Eines Abends beobachtete er eine junge Frau, die unbekleidet in einem See ein Bad nahm. Die Lust übermannte ihn, und er vergewaltigte die Frau. Drei Jahre später traf er sie bei einer Armenspeisung wieder, ohne sich ihr jedoch zu erkennen zu geben. Das Kind an ihrer Hand sah ihm so ähnlich, daß er sich erschrocken in eine Einsiedelei zurückzog. Von dort aus wetterte er gegen die sündigen Weiber, die in Gestalt Evas die Menschheit ins Verderben stürzten.

Danach inkarnierte Alaia als Mädchen, das mit ansehen mußte, wie seine Eltern in den Wirren des Dreißigjährigen Krieges ermordet wurden. Sie fand Unterschlupf in einer Herberge für Soldaten. Tagsüber mußte sie hart arbeiten, nachts zwangen die Männer sie zum Geschlechtsverkehr. Als sie schwanger wurde, jagten die Soldaten sie aus dem Haus. Sie flüchtete sich in ein Kloster, doch die dort lebenden Nonnen erklärten sie für sündig. Sie halfen ihr zwar bei der Geburt ihres Kindes, doch nahmen sie ihr gegen ihren Willen den kleinen Sohn weg und gaben ihn dem Prior des Klosters, damit das Kind ohne Sünden aufwachse. Sie selbst wurde gezwungen, sich täglich zu kasteien, zu fasten und dabei schwere Arbeit zu leisten. Da sie von schwacher Konstitution war, hielt sie das harte Leben nicht lange aus, wurde krank und starb.

In Südfrankreich inkarnierte Alaia wieder als Mann, der sich für ein Leben als Mönch entschied und in ein Kloster eintrat. Als Beichtvater machte er die Bekanntschaft eines schönen Mädchens. Er verfiel ihren Reizen und überredete sie, sich nachts mit ihm im Wald zu treffen. Dort verführte er sie und versprach ihr, mit ihr zusammen in ein anderes Land zu fliehen, um sie dort zur Frau zu nehmen. Doch sein Enthaltsamkeitsgelübde machte ihm ein äußerst schlechtes Gewissen. Er suchte nach einem einfachen Ausweg, meldete das Mädchen der Inquisition und beschuldigte sie, ihn sexuell verhext zu haben. Sie starb auf dem Scheiterhaufen, und er wurde seines Lebens nicht mehr froh.

Im nächsten Leben inkarnierte Alaia als Frau, die wegen ihrer Heilkunst überall hoch angesehen war. Einmal geschah es, daß sie zu spät gerufen wurde, und der Kranke starb unter ihren Händen. Wenige Tage später klopften die Diener der Inquisition an ihre Tür und brachten sie zum hochnotpeinlichen Verhör in den Kerker. Irgendwann im Laufe der Folter gab sie zu, mit dem Teufel verbündet gewesen zu sein, und starb auf dem Scheiterhaufen.

Daraufhin entschied Alaia im Zwischenreich, daß ein mönchisches Leben der Erforschung der Sexualität nicht dienlich sei, denn sie erkannte klar, daß ihre Verfehlungen aus den Mönchsinkarnationen die furchtbaren Erfahrungen in den darauffolgenden Leben nach sich gezogen hatten. So verzichtete sie schweren Herzens auf das vertraute Leben im Kloster und experimentierte mit den verschiedenen Formen weiblicher Inkarnation. Diese zeichneten sich mehr oder weniger dadurch aus, daß sie nicht daran dachte, sich den Regeln der männlich dominierten Tradition zu beugen.

Sie inkarnierte als Tochter eines Burgherrn in Kärnten. Schon früh lernte sie reiten und schießen wie ein Mann. Ihr Vater war stolz auf sie, doch als er sie verheiraten wollte, lehnte sie stolz einen Partner nach dem anderen ab, da sie, entgegen der herrschenden Tradition, ihren Ehemann selbst bestimmen wollte. Nach einigen abgelehnten Freiern wurde ihr Vater zornig und sperrte sie in ihrem Zimmer ein. Er drohte ihr an, sie eigenhändig zu erschießen, wenn sie den nächsten Mann nicht ehelichte. Dann versprach er sie einem um viele Jahre älteren Trunkenbold, der eine große Burg in der Nachbarschaft besaß. Dieser Burgherr begehrte nicht sie, sondern wollte mit der Heirat sicherstellen, daß ihr Vater sich seinen räuberischen Beutezügen nicht entgegenstellte. Die Ehe wurde so rasch geschlossen, daß ihr keine Zeit blieb, sich dagegen aufzulehnen. Bei den darauffolgenden Feierlichkeiten betrank sich ihr Mann und vergewaltigte sie danach. Dies wiederholte sich jeden Tag, bis sie schwanger wurde. Da sie diesen Mann abgrundtief haßte und ihm den Triumph eines Kindes nicht gönnen wollte, wartete sie, bis er wieder einmal die Burg verließ, stieg auf den Söller und stürzte sich hinab.

Im Zwischenreich erkannte Alaia, daß sie nach dem Gesetz des Karmas kein Recht hatte, ihr Leben und vor allem das Leben ihres ungeborenen Kindes eigenhändig zu beenden. Deshalb inkarnierte sie als Frau eines Handwerkers in Brügge. Sie bewohnte eines der kleinen, schmalen, strohgedeckten Häuser an der Stadtmauer, versorgte den Haushalt und ihre drei Kinder, die sie zärtlich liebte. Sie befand sich gerade im Untergeschoß des Hauses, als sie den Brandgeruch wahrnahm, und stürzte die Treppen hinauf, um ihre im oberen Geschoß schlafenden Kinder zu retten. Die Flammen schlugen ihr entgegen, es gelang ihr nur noch, das Kleinste aus dem Bettchen zu zerren, das jedoch wegen des Rauchs auch schon das Bewußtsein verloren hatte. Das Strohdach brannte wie Zunder, ein schwerer Balken stürzte herab und erschlug sie auf der Treppe.

Sie lernte lange nicht, sich den männlich dominierten Traditionen zu beugen. Wenn sie einen Mann begehrte, dann gab sie sich ihm hin, ohne auf seinen Stand oder seine Clanzugehörigkeit zu achten. So inkarnierte sie sich als Frau bei den nordamerikanischen Indianern. Beim Pilzesammeln wurde sie von einem Krieger eines feindlichen Stammes überrascht. Dieser Mann wollte sie mit Gewalt nehmen, doch sie hatte sich augenblicklich in seine männliche Wildheit verliebt und gab sich ihm leidenschaftlich hin. Erstaunt ließ er es zu, daß sie ihn beim Fallenstellen begleitete. Die Männer ihres Clans suchten nach ihr, und als sie sie gefunden hatten, nahmen sie ihren Liebhaber gefangen, um ihn gegen Pelze und andere kostbare Güter auszutauschen. Sie dagegen wurde mit gefesselten Händen auf einem reißenden Fluß in einem Kanu ausgesetzt, das wenig später donnernd einen Wasserfall hinabstürzte.

Alaia erkannte im Zwischenreich, daß gewaltsame Lösungen nur schlimmes Karma schufen. Sie nahm sich vor, die Gesetze der Tradition im besten Sinne zu befolgen, ohne feindselig gegen das andere Geschlecht zu handeln. Um ihre Opferrolle im indianischen Leben auszugleichen, inkarnierte sie als Mann im Mittleren Osten bei den Beduinen. Dieser Mann entstammte einer begüterten Familie und konnte sich mehrere Frauen leisten, über die er nach seinem Gutdünken verfügte. Er behandelte die Frauen gut, und dafür schenkten diese ihm viele Söhne. Nach einem erfüllten Leben starb er in hohem Alter im Kreise seiner großen Familie.

So nahm die Gewalt in den Leben Alaias ab. Sie suchte neue Wege, um Unstimmigkeiten zu bereinigen. Oft ging es nun um die ganz normalen Probleme des Lebens wie Partnerschaft, Kinder, Arbeit, Krankheit und Tod oder um die Klärung von Beziehungen zu Menschen, die sie in ihren verschiedenen Leben immer wieder getroffen hatte. Dabei erfuhr sie, daß Haß viel mehr Bindekraft besaß als Liebe, da Liebe den Geliebten freigibt. Besonders schwierig erwiesen sich Verbindungen mit den früheren Gegnern aus Atlantis. Um diese äußerst schmerzhaften Beziehungen zu klären, waren enge verwandtschaftliche Bande nötig, da ansonsten beide Parteien einer solchen Konfrontation lieber aus dem Weg gegangen wären. Sie übte sich darin, diese Konflikte friedlich zu lösen und ihre Leidenschaft zu zügeln.

Die Spanne bis zur jeweils nächsten Verkörperung war dramatisch geschrumpft. Es gab so viel zu lernen und zu klären, denn alle Menschen spürten, daß die Erde vor wirklichen Neuerungen stand, und jeder wollte daran teilnehmen. Es kam der Augenblick, wo das Zwischenreich von einem gigantischen Lichtblitz aufgeschreckt wurde, der von der Erde hochgeschossen war. Diesem Blitz folgte eine riesige pilzförmige Wolke. Alaia, die sich gerade im Zwischenreich befand, erschrak.

„Atlantis", flüsterte sie, „die schrecklichen Blitze von Atlantis!"

Die Menschen hatten es also geschafft, die zerstörerischen Kräfte wieder zu entfesseln, und es schien, daß sie nichts dazugelernt hatten, denn die Seelen, die im Zwischenreich eintrafen, waren hochgradig verwirrt und bedurften großer Fürsorge. Die Lichtwesen im Zwischenreich hatten sich versammelt und festgestellt, daß die Menschheit mit ihrem freien Willen diesmal in der Lage sei, nicht nur einen Kontinent, sondern den Planeten zu sprengen. Der große Plan war dadurch zwar nicht gefährdet, denn Zeit spielte keine Rolle, doch solche schlimmen Ereignisse im Universum, die einige Male geschehen waren, schockierten die davon betroffenen Seelen zutiefst, und sie brauchten Jahrtausende, um sich davon zu erholen. Deshalb beschlossen die großen Lichtengel in Übereinstimmung mit dem göttlichen Plan, alles Mögliche dafür zu tun, um solch einen Unfall zu verhindern, ohne in den freien Willen der Menschen einzugreifen.

Die Helfer riefen jene Seelen zu sich, die das Licht auf der Erde stärken konnten. Sie baten sie, sich zu inkarnieren, wenn dies auch für einige nicht unter idealen Umständen geschehen konnte.

„Die Zeit des Experimentierens ist vorbei", sagte der Helfer, „denn mit dem zerstörerischen Blitz haben die Menschen ein deutliches Signal gegeben. Die Erde befindet sich in einer ähnlichen Phase wie in Atlantis. Die schwarze Bruderschaft hat ihre Kräfte gesammelt und offen demonstriert. Jetzt muß sich die weiße Bruderschaft inkarnieren und zeigen, daß sie gelernt hat, wie man mit den Konflikten der Dualität umgeht."

„Was wird diesmal auf mich zukommen?" fragte Alaia.

„Du wirst in deinem nächsten Leben mehr bewältigen müssen, als du es je getan hast. Es wird dir scheinen, als ob du in dieser Inkarnation den Stoff mehrerer Leben bearbeiten müßtest, so sehr werden sich die Ereignisse jagen. Vielen Menschen wird auffallen, daß die Zeit schneller zu fließen scheint. Das ist notwendig, damit ihr alle Muster transformieren könnt, die euch an eurer Lebensaufgabe hindern. Doch du wirst machtvolle Hilfe erhalten. Im nächsten Leben wird es dir gelingen, Kontakt zu mir aufzunehmen und dich an deine früheren Inkarnationen zu erinnern. Diese Erinnerungen werden dir helfen, deinen Lebensweg durch die Jahrhunderte zu verstehen und deine Schattenseite tiefgreifend zu verwandeln. Das alte Wissen wird wieder wach in dir, und du wirst mit vielen anderen anknüpfen an Atlantis, um die Erde in eine neue

Dimension zu heben. Außerdem wird dir Hilfe von einer Seite zuteil werden, von der du sie nicht erwarten würdest. Die Wissenschaft, die den Verstand zu ihrem Gott gemacht hat, wird in einem Aspekt über sich hinauswachsen und ihren Teil dazu beitragen, die Muster des Egos zu erklären. Mit Hilfe dieser neuen Wissenschaft wird es vielen Menschen gelingen, sich ihr Unbewußtes bewußt zu machen und zu verwandeln. Dadurch wird es möglich, sich Seelenregungen zu widmen, die in früheren Zeiten verdrängt wurden. Bist du bereit zu diesem Weg?"

„Ich habe Angst vor den Gegenkräften", antwortete Alaia. „Sie scheinen erstarkt zu sein, denn sie haben die zerstörerischen Kräfte wiederentdeckt."

„Wenn sich die Lichtarbeiter bereiterklären, ihren Teil dazu beizutragen, das Licht auf dem Planeten Erde zu stärken, wird sich nicht wiederholen, was in Atlantis geschehen ist. Die meisten von euch haben sich oft genug auf Gaia inkarniert, um mit ihren Schattenseiten vertraut zu sein. Ihr habt die Auswirkungen von Machtmißbrauch, Manipulation und Gewalt so häufig am eigenen Leib erfahren, daß ihr nicht mehr versucht seid, bei der Austragung von Konflikten auf diese Mittel zurückzugreifen. Außerdem werden sich, wie damals in Atlantis, Wesen von anderen Planeten als Menschen auf der Erde inkarnieren, um, unbelastet von karmischen Verwicklungen, dabei zu helfen, daß sich das Trauma von Atlantis nicht noch einmal wiederholt."

„Warum mußte Atlantis, warum mußte all das Wunderbare dort zerstört werden?" fragte Alaia. „Du versprachst, mir diese Frage in späterer Zeit zu beantworten." Der Helfer lächelte.

„Jetzt wirst du meine Antwort verstehen, Alaia", antwortete er. „Es hätte nicht unbedingt so kommen müssen, doch daß es geschah, zeigt, daß die Entwicklung zu rasch vorangeschritten war. Ihr nutztet Kräfte, die weit über das Fassungsvermögen des einzelnen hinausgingen. Diese ungeheure Beschleunigung mobilisierte starke Gegenkräfte. Auf der einen Seite gab es einfach zu viele Menschen, die diese großen Schritte nicht nachvollziehen konnten. Sie hätten die raschen Schwingungen der durchgeistigten Materie nicht aushalten können und wären jämmerlich zugrunde gegangen. Ihnen wäre der Planet Erde verschlossen geblieben, was nicht ihrem freien Willen entsprach und damit auch nicht dem großen Plan Gottes. Auf der anderen Seite gab es zu viele Menschen, deren Schattenseite noch nicht genügend geklärt war, um mit den kosmischen Energien verantwortungsvoll umzugehen. Die Gefahr war zu groß, daß diese Kräfte weiterhin mißbraucht worden wären. Das Gelingen eures Werkes hätte also genau das Gegenteil von dem bewirkt, was es bewirken wollte: Tod und Zerstörung in einem viel größeren Umfang als beim Untergang von Atlantis."

„Dann waren wir zu schnell mit dem, was wir für die Erde wollten", sagte Alaia betroffen. „Und wir meinten, Gottes Willen zu erfüllen!"

„Ihr habt ihn erfüllt", antwortete der Helfer, „doch anders, als ihr glaubtet. Auf diesem Planeten braucht alles seine Zeit. Du kannst einen Prozeß nicht unbegrenzt beschleunigen, sonst verhinderst du ihn."

„Ich möchte aber keine Zeit vergeuden!" wandte Alaia ein. Der Helfer lachte.

„Diese Gefahr sehe ich bei dir nicht. Laß dir Zeit, Alaia, du bist schnell genug. Schau, der für den irdischen Menschen gangbare Weg ist klarer geworden. Zuerst muß der Mensch in der Dualität sein Ego zutiefst verwandeln. Dann kann er das Höchste in sich finden und aus eigener Kraft entwickeln. Dieses Höchste ist die wahre Liebe, die bedingungslos alle Wesen umfaßt. Diese Liebe hat nichts mit dem zu tun, was die Menschen normalerweise darunter verstehen. Sie kann sich nicht, wenn sie nicht erwidert wird, in Haß verwandeln, schließt niemanden aus, will niemanden verändern und nimmt jeden so, wie er ist. Diese Kraft wirklicher

Liebe ersetzt die Macht kosmischer Energien, denn in dieser Kraft ist alles enthalten. Die Verwandlung geschieht also im Innersten eines Menschen und dringt von dort nach außen. Bist du bereit, diesen Weg weiter zu beschreiten, auch wenn er dir Opfer abverlangen wird?"

„Ja, das möchte ich!" antwortete Alaia mit fester Stimme. „Ich will alles mir Mögliche tun, um alles in mir zu verwandeln, was mich von der Erfüllung meines Höchsten Zieles abhält."

„So sei es!" sagte der Helfer. Der rosafarbene Lichtstrahl trug mich mit sich fort, meiner neuen Inkarnation auf Erden entgegen.

Ausklang

„Die Flamme loderte rot, orange und golden. Sie entsprang meinem untersten Chakra, füllte meine Beine aus, trat aus den Fußsohlen aus und drang tief in die Erde ein, bis sie sich mit dem Feuer im Erdkern vereinte. Ich spürte, wie ich mich unendlich nach unten ausdehnte, fühlte die Verbindung zur Erde, rot, heiß und liebevoll. Plötzlich sah ich den ganzen Planeten von außen. Ganz allmählich begann er zu glühen und zu leuchten, bis er in dunkelrotem Licht erstrahlte. Regenbogenfarbenes Licht umtanzte ihn in sich immer wieder neu bildenden Figuren. Auf einmal schimmerte auch ich in diesen Farben und mit mir alle Menschen, Tiere und Pflanzen. Immer prachtvoller leuchtete die Materie, immer lichtvoller. Als ich den Blick nach oben lenkte, sah ich, daß sich alle Farben in einem hellen Magenta vereinten. Ich spürte, wie ich mich ausdehnte, bis ich den Raum zwischen Erdkern und Himmel ausfüllte. Die Zeit stand still. Ich verweilte in einem Augenblick der Ewigkeit, eins mit dem Schöpfer, den Geschöpfen und der Erde."

Die Erde ein strahlender Stern! Ich hatte es gesehen, wenn auch nur in meiner Innenwelt. Dieses Erlebnis entfernte den letzten Stachel des Unfriedens aus meiner Seele. Wenn das, was ich geschaut hatte, Wirklichkeit werden konnte, dann lohnte sich jedes Opfer. Ich verstand, daß mein Schicksal mit dem Schicksal der Erde verwoben war. Wenn es mir gelang, die Flammen der Liebe aus mir heraus in die Erde zu lenken, würde ich meinen Teil dazu beitragen, diese zu erlösen.

Doch zuerst mußte ich wohl bei mir und meiner Schattenseite beginnen. Mein Helfer hatte mir für die jetzige Inkarnation nicht zuviel versprochen: Die Ereignisse jagten einander und zwangen mich, die geforderten Schritte zu tun. Oft wehrte ich mich dagegen; denn die klare Einsicht in die Notwendigkeit einer einschneidenden Veränderung stellt sich dummerweise meist erst dann ein, wenn man die Herausforderung angenommen hat. Von einer höheren Warte aus benahm ich mich wie ein scheuendes Pferd, das auf der Suche nach dem Ausweg erst einmal gegen alle Zäune rennt, bis es endlich durch das weit geöffnete Gatter in die Freiheit sprengt. Vielen anderen Menschen erging es ganz ähnlich. Zu bestimmten Zeiten kannte ich kaum jemanden, der sich nicht mit existentiellen Fragen auseinandersetzen mußte.

Ich erhielt von allen Seiten Hilfe bei der Verwandlung meiner Egostrukturen. Die Grundvoraussetzung schuf ich, indem ich mich mit einem genügend feurigen Temperament inkarnierte, um vor Aggressionen nicht zurückzuschrecken. So hatte ich reichlich Gelegenheit, mich mit den Auswirkungen dieser Emotion auseinanderzusetzen. Als mich meine eigenen Forschungen auf diesem Gebiet nicht mehr weiterführten, suchte ich professionelle Hilfe. Auf diesem Wege begegnete ich der systemischen Familientherapie, die mich so faszinierte, daß ich mich zu einer Ausbildung entschloß.

Ohne einen Fachvortrag halten zu wollen, möchte ich kurz erklären, was die systemische Therapie von anderen Therapien unterscheidet, denn dabei handelt es sich nicht einfach um eine andere Vorgehensweise oder Methode, sondern um ein grundsätzlich anderes Denkmodell.

Die meisten Therapien gehen davon aus, traumatische Erlebnisse seien dafür verantwortlich, daß Menschen psychische Störungen entwickelten; finde man diese Ursache, löse sich das Problem auf. Nun beginnt die langwierige Suche nach dieser Ursache, die gut verdrängt im Unbewußten begraben liegt. Die Familie des Klienten wird oft nicht miteinbezogen, auch nicht das Umfeld, in dem er lebt.

Die systemische Therapie glaubt nicht an eine solche Ursache. Eine psychische Störung mag durch ein Ereignis ausgelöst worden sein, der tatsächliche Grund für die Störung liegt jedoch nicht nur in der seelischen Struktur des einzelnen, sondern im dem Beziehungsgefüge, in dem der Mensch lebt. Dieses Beziehungsgefüge ist die Familie, und dabei spielt es keine Rolle, ob der Mensch mit seiner Familie zusammenlebt.

In der Systemtheorie gibt es ein Gesetz, das besagt, daß sich Systeme selbst regulieren. Die Familie ist ein solches System. Alle Mitglieder beteiligen sich bewußt oder unbewußt daran, sie zu schützen und funktionstüchtig zu erhalten. Dabei reagieren alle Beteiligten nicht nur auf die von außen kommenden Einflüsse, sondern auch auf die, die innerhalb der Familie wirksam sind. Die Möglichkeiten eines jeden, Situationen zu bewältigen, sind dabei von Handlungsmustern geprägt, die in der jeweiligen Ursprungsfamilie gelernt wurden.

Sind die Strukturen eines Familiensystems in Unordnung geraten, reagieren wiederum alle Mitglieder darauf und entwickeln Strategien, um gegenzusteuern. Ist die Ordnung massiv gestört, bilden sich gestörte Verhaltensmuster aus, um das Gleichgewicht doch noch zu erhalten. Diese Verhaltensmuster mögen dem Laien zerstörerisch erscheinen. In der systemischen Therapie wird das Symptom jedoch nicht als Übel verurteilt, sondern als Wegweiser genutzt: alles entpuppt sich letztlich unweigerlich als ein die Familienstruktur stützendes Manöver.

Die systemische Therapie glaubt nicht an den gestörten Menschen. Sie wendet sich immer an den Gesunden und hilft ihm, seine krankmachenden Überlebensstrategien abzulegen, indem sie die Ordnung im Familiensystem Schritt für Schritt wiederherstellt.

Bei diesem Prozeß geht es fast nie um Opfer und Täter. Der Schuldbegriff wird nur auf die vorsätzliche, bewußte Schädigung eines Mitmenschen angewandt. Sonst gibt es nur Menschen, die sich, so gut sie eben können, mit ihren Lebensumständen auseinandersetzen, wobei jeder die Verantwortung für sein Tun übernimmt. Alte, jahrelang gehegte Feindschaften lösen sich auf, wenn der Klient erkennt, daß ihn seine Eltern aufgrund ihrer eigenen Prägung nicht besser behandeln konnten, auch wenn dies sicher wünschenswert gewesen wäre. Der Blickwinkel wird vom alten Täter-Opfer-Prinzip auf eine höhere Ebene gelenkt, in der Vergebung und Heilung möglich sind. Es geht nicht mehr darum, wer recht oder unrecht hat, wer schuldig oder unschuldig ist, sondern darum, jeden einzelnen in seinem Sein mit allen seinen Schattenseiten anzunehmen.

An diesem Punkt geschieht etwas ganz Wesentliches: Wie mein Helfer mir erklärte, neigen wir Menschen dazu, die Gesetze der Dualität, die eigentlich nur für die Materie gelten, auf unseren freien Geist anzuwenden. Deshalb glauben wir, daß nur einer von zwei streitenden Menschen im Recht sein könne, es nur eine Wahrheit gebe u.s.w. Die systemische Denkweise dagegen befreit den Geist aus der Verhaftung an die Dualität, da sie erlaubt, daß jeder Mensch in seiner Wahrheit lebt, die er sich aufgrund seiner Lebensumstände konstruiert. So existieren mehrere Wahrheiten gleichberechtigt nebeneinander. Diese Sichtweise schafft Entspannung und Frieden, denn jeder fühlt sich in seinen Gefühlen gewürdigt und verstanden. Wenn der Klient in diesem Sinne einen Schritt wagt, wirkt sich dies auf das ganze Familiensystem aus, selbst wenn die anderen Mitglieder nichts von der Therapie wissen. Dieses Wunder habe ich schon häufig erlebt.

Ich lernte im Laufe der Ausbildung, Teile von mir zu integrieren, deren Existenz ich immer geleugnet hatte. Zu meinem größten Erstaunen bemerkte ich, daß diese Schatten eigentlich gar nicht so schrecklich waren, wie ich gefürchtet hatte. Sie glichen eher unartigen Kindern, die trotz ihrer Unarten angenommen werden wollten. Sobald ich mich ihnen liebevoll zugewandt hatte, waren sie bereit, ihre Fehler einzugestehen, und halfen bereitwillig mit, sich zu verändern. Die Arbeit mit der systemischen Therapie entspannte mich mehr als alles, was ich zuvor unternommen hatte, um mit mir ins Reine zu kommen. Ich erlebte, daß Frieden mit mir und meinen Mitmenschen möglich ist, und erhielt zudem die Werkzeuge, diesen Frieden an meine Klienten weiterzugeben.

Viele meiner Wünsche sind in diesem Leben in Erfüllung gegangen. Mein Helfer hat sein Versprechen gehalten und steht mir zur Verfügung, wann immer ich ihn brauche. Aura-Soma weckte meine tiefsten Erinnerungen und half mir, mich an mein altes Wissen anzuschließen. Die Arbeit mit den farbigen Ölen unterstützt mich dabei, die Facetten meines Diamanten anzuschauen und sie noch klarer zu polieren. Die Farben begleiten die Entdeckungsreise in meine Innenwelt und führen mich darüber hinaus viel weiter, als ich es mir je vorzustellen vermochte. Ich bin dankbar, daß es durch die Flaschen jedem möglich ist, seinen verborgenen Inkarnationsplan sichtbar zu machen.

Ich habe meine engsten Freunde aus Atlantis wiedergetroffen und mein Karma an vielen früheren Gegenspielern gut gemacht. Wunderschön war die Begegnung mit Riona. Ich liebte sie vom ersten Augenblick an, und als wir uns nach einem Seminar das erstemal voneinander verabschiedeten, fühlte ich ein ähnlich schmerzhaftes Brennen im Herzen, als ob mich mein Geliebter verließe. Damals wunderte ich mich sehr über dieses Gefühl, heute begreife ich, daß es den Eli in mir an die Hannah in Riona erinnerte. Ascentia war Amerikanerin und viele Jahre älter als ich, doch wir verstanden uns, als ob wir uns schon immer kennen würden. Ich übersetzte ihre Workshops, in denen sie mit ihrer Stimme arbeitete und den Teilnehmern ihr Seelenlied sang. Wir gaben

Konzerte, in denen wir frei improvisierten und uns so tief aufeinander einstimmten, daß wir keine Probe brauchten, um harmonisch miteinander zu musizieren. Sie starb viel zu früh, immer noch zutiefst gefangen im Trauma von Atlantis. Leider wußte ich damals noch nicht, was ich heute weiß, sonst hätte ich ihr vielleicht helfen können, sich von den Schrecken zu befreien.

Ich bin noch lange nicht fertig mit der Arbeit an mir selbst, doch ich weiß jetzt, wer ich bin, woher ich komme und was ich auf der Erde soll. Das Trauma von Atlantis, das auch mich so lange in seinen Klauen hielt, hat keine Macht mehr über mich. Ich kann dem Einen wieder vorbehaltlos vertrauen, ohne jedoch meine eigene Verantwortlichkeit aufzugeben. Das Sprichwort der Sufis: „Vertraue auf Allah, aber binde zuerst deinem Kamel die Knie!“ ist zu meinem Wahlspruch geworden. Ich trage die Verantwortung für mich und meinen Umgang mit der Welt, dem Einen überlasse ich getrost den Rest.

Von Christiane Sautter
sind weiterhin erschienen:

Bücher

Dein Engel und du
ISBN 3-924161-22-4

Mira und der Kreidestrich
ISBN 3-924161-39-9

Kassetten für Kinder

Kindermeditation
ISBN 3-924161-83-6

Zur Ruhe kommen
ISBN 3-89568-006-0

Guten Morgen / Gute Nacht
ISBN 3-924161-30-5

Die Lieder der Feen
ISBN 3-924161-18-6

Die Elfen und das Christkind
ISBN 3-924161-48-8

ch. falk verlag

CHRISTIANE SAUTTER
Praxis für systemische Familientherapie
Lehrerin für Aura-Soma
Schafweide 5
88364 Wolfegg